Le LIVRE de POCHE

JEUNESSE

DICTIONNAIRE

ODILE GANDON

Odile Gandon est née en 1947. Après des études de lettres classiques, philosophie et histoire, elle a enseigné en collège et lycée pendant quinze ans. Devenue journaliste, elle a travaillé au Magazine littéraire et au mensuel pour lycéens Phosphore et réalisé des émissions de radio sur France Culture. Elle travaille actuellement dans l'édition.

DICTIONNAIRE
DE LA
MYTHOLOGIE
GRECQUE
ET LATINE

Odile Gandon

DICTIONNAIRE DE LA MYTHOLOGIE GRECQUE ET LATINE

Illustrations :
Edmond Baudoin, Luc Desportes,
Daniel Hénon, Florence Koenig,
Luc Weissmuller, Frédéric Wojtyczka

HACHETTE Jeunesse

À Juliette et Charles.

Introduction

Au détour d'une conversation, en lisant un article de journal, ou en écoutant parler à la télévision, on rencontre parfois un mot ou une expression, tout à fait courants en français, mais dont on ignore bien souvent qu'ils sont les échos d'histoires très anciennes... Quand on parle par exemple du « dédale » des rues, des « méduses » qui vous empêchent de vous baigner, ou de rêves « chimériques », on évoque, sans toujours le savoir, des légendes millénaires. Ces légendes sont nées autour de la Méditerranée et se sont transmises de génération en génération, chez les Grecs d'abord, puis chez les Romains. Elles appartiennent à ce vaste ensemble de récits poétiques et religieux que l'on appelle la mythologie gréco-latine. Dédale, Méduse et la Chimère sont des personnages « mythologiques ». Cette mythologie a la vie dure et, aujourd'hui encore, elle est présente parmi nous.

Quand les journalistes nous disent que le mode de scrutin est une « pomme de discorde » au sein du gouvernement, que tel homme politique est tombé « de Charybde en Scylla », ou que le déficit du commerce extérieur est le « talon d'Achille » des États-Unis, ils emploient, pour parler de l'actualité, des expressions mythologiques, qui remontent à la plus haute Antiquité. En français, comme dans toutes les langues européennes, la mythologie gréco-latine est un réservoir inépuisable de mots et d'expressions. À la fin du XIXe siècle, par exemple, quand le docteur Sigmund Freud a inventé la psychanalyse, il a donné le nom d'un héros mythologique à l'une de ses découvertes les plus importantes : le complexe d'Œdipe.

Ainsi, même sans être historien ou spécialiste de grec ou de latin, on a toutes les chances d'avoir affaire un jour ou l'autre à la mythologie... Que l'on vous propose de boire un vin qui serait un vrai « nectar », que l'on vous dise de trouver le « fil d'Ariane » pour sortir d'une situation difficile, que l'on vous parle d'un acteur de cinéma « beau comme Adonis » , ou que l'on vous réplique que vous n'êtes pas « né de la cuisse de Jupiter » !

Heureux qui, comme Ulysse, a fait un beau voyage..., écrivait au XVIe siècle le poète Joachim du Bellay. Ulysse est le héros d'un des récits mythologiques les plus célèbres. Et la littérature, française et étrangère, offre mille occasions de rencontrer la mythologie. Du Bellay, Ronsard et les poètes du XVIe siècle y font de fréquentes allusions, et les auteurs des siècles suivants, jusqu'au XXe siècle, ne cessent de s'inspirer de ces récits dont l'origine se perd dans la nuit des temps. Pour ne prendre que quelques exemples, Molière, dans *Amphitryon,* met en scène un épisode mythologique, Racine a tiré de la mythologie l'argument de sa *Phèdre* et de son *Iphigénie,* Fénelon a écrit un *Télémaque,* Voltaire un *Œdipe,* et, plus proches de nous, Jean Giraudoux, avec *Électre* et *La guerre de Troie n'aura pas lieu,* Jean-Paul Sartre avec *Les Mouches,* et James Joyce avec *Ulysse* nous entraînent à leur manière dans l'univers de la mythologie. Et quand les poètes invoquent les « Muses » , ils se réfèrent, eux aussi, à des personnages mythologiques...

En musique, en peinture, en sculpture, la mythologie est toujours vivante : de nombreux opéras, par exemple, racontent les légendes de Médée, d'Alceste, d'Ariane, de bien d'autres, et surtout d'Orphée, le héros musicien. Les musées de tous les pays offrent aux regards des « portraits » d'Aphrodite, d'Apollon, de Zeus ou d'Héraclès, et des tableaux où l'on voit des muses, des nymphes, des héros et des dieux. N'en citons que quelques-uns, car la liste serait interminable : Picasso et Matisse, par exemple, ont dessiné des Minotaures. Rodin, lui, a sculpté Orphée et Eurydice, et Icare dans sa chute.

On n'échappe pas à la mythologie, même au siècle de la science et de la technique. Comme si, il y a des milliers d'années, s'était constituée, à partir de ces récits, une réserve inépuisable pour l'imagination humaine. Sans prétendre englober toute la mythologie, ce petit dictionnaire se propose de vous donner les clefs de cet univers de culture et de rêve. Un « fil d'Ariane » en somme, qui aide à pénétrer dans un labyrinthe fantastique. Et pour commencer, glissez-vous dans le livre à la recherche de tous les personnages cités dans ces premières pages. Allez donc voir qui sont Ulysse, Aphrodite, Icare et les autres... À moins que vous ne préfériez en savoir plus, avant de vous lancer dans l'aventure.

QU'EST-CE QUE LA MYTHOLOGIE ?

On appelle « mythologie » un ensemble de mythes. Qu'est-ce qu'un « mythe » ? Le mot vient du grec *mythos,* qui signifie « histoire qu'on raconte », « légende ». Pour comprendre de quoi parlent les mythes, prenons un exemple dans les plus anciens textes grecs que nous connaissions : l'*Iliade* et l'*Odyssée* d'Homère, qui datent du VIIIe siècle avant Jésus-Christ. L'*Iliade* raconte les exploits des Grecs durant la guerre de Troie, et l'*Odyssée* le retour d'Ulysse, roi d'Ithaque, qui, après la guerre, erra dix ans sur les mers avant de rejoindre sa patrie. Écoutons le début du chant III de l'*Odyssée,* quand Télémaque, le fils d'Ulysse, court le monde à la recherche de son père :

« S'élevant des eaux splendides, et montant dans le ciel de bronze, le soleil éclaira les dieux et les mortels répandus sur la terre porteuse de blé ; alors, ils arrivèrent à Pylos, la ville de Nélée aux murailles bien bâties. Sur la plage, les habitants sacrifiaient des taureaux tout noirs au dieu qui ébranle le sol, Poséidon aux cheveux d'un bleu sombre. Assis sur neuf rangées de bancs, à raison de cinq cents hommes par rangée, ils commençaient à manger les premières grillades des neuf taureaux – un par rangée – et, pour le dieu, brûlaient les cuisses de l'animal. Le beau navire venu d'Ithaque arriva droit du large, l'équipage ramena et cargua les voiles, puis, à la rame, mit le bateau au mouillage, et débarqua. Télémaque à son tour descendit du navire. Athéna lui montrait le chemin [1]... »

1. Traduction de Victor Bérard.

Dans ces quelques lignes du grand poète, se trouvent rassemblés tous les éléments de la mythologie : les dieux immortels et les hommes mortels, la nature (le ciel, les astres, la terre, la mer), les activités des hommes (la culture du blé, la navigation, la construction des villes, les rites religieux). Ce passage donne aussi une indication sur ce qu'était la religion grecque. Poséidon et Athéna sont deux des nombreux dieux auxquels croyaient les Grecs. Ces dieux apparaissent très proches des hommes : on voit la déesse Athéna guider les pas de Télémaque, et, lors du sacrifice, les hommes partagent un repas avec Poséidon. Pour les Grecs, les dieux étaient présents dans la vie quotidienne, et les récits mythologiques mêlent les aventures humaines et divines...

Pour nous, sans doute, la présence de dieux et de créatures surnaturelles à côté des hommes est invraisemblable. Mais les Grecs anciens, eux, croyaient à ces mythes qui, transmis de génération en génération, étaient leur vérité. Ils leur permettaient de comprendre le monde dans lequel ils vivaient, ils maintenaient le souvenir des actions accomplies par leurs ancêtres, et leur servaient d'exemples pour apprendre à vivre.

À la fois explication du monde, histoire et morale, la mythologie grecque, adoptée ensuite par les Romains, constitue en quelque sorte la toile de fond de toute une civilisation, celle de l'Antiquité.

D'OÙ VIENNENT CES MYTHES ?

La mythologie grecque n'a pas été créée en un jour, par un poète génial qui aurait tout inventé à la fois. L'ensemble s'est construit peu à peu, à partir des traditions orales de peuples très divers. Dès le IIe millénaire avant Jésus-Christ, des envahisseurs venus du nord, les Indo-Européens, s'installèrent par vagues successives en Grèce continentale et dans les îles : ce sont les premiers Grecs. Ils apportaient avec eux leurs légendes et leurs croyances, qui se mêlèrent à celles des populations d'origine. N'oublions pas non plus que la Méditerranée, depuis la plus haute Antiquité, était le lieu d'une intense activité commerciale et maritime : les mythes, les légendes circulaient au rythme des navires, racontés dans les ports par des marins venus d'Asie ou d'Afrique. Ainsi, Aphrodite, déesse de l'amour, et Dionysos, dieu du vin, sont des divinités asiatiques importées dans la mythologie grecque, où ils ont peu à peu pris leur place... Cette « toile de fond » mythologique est donc faite de pièces rapportées : un véritable « patchwork » tissé au cours des siècles !

LA MYTHOLOGIE RACONTE L'HISTOIRE DES DIEUX...

Les Grecs et les Romains se représentaient leurs dieux sous une forme humaine. Les très nombreuses statues qui nous viennent de l'Antiquité, notamment celles réalisées par les grands sculpteurs grecs Phidias et Praxitèle, en témoignent. Dans tous les récits mythologiques, les dieux ressemblent aux hommes comme des frères... et ne sont guère plus sages. Sans doute les imaginait-on un peu plus grands, un peu plus forts, et parfois plus beaux, mais en fait, pour les Anciens, la seule véritable différence entre les hommes et les dieux était celle-ci : les hommes sont mortels, les dieux sont immortels. Différence fondamentale, qui confère aux dieux un pouvoir surnaturel, puisqu'ils échappent à la nature humaine soumise à la mort.

Les dieux de la mythologie gréco-latine ne meurent pas, certes, mais ils ne sont pas pour autant éternels, comme l'est, par exemple, le Dieu chrétien. Selon les religions juive, chrétienne ou musulmane, en effet, Dieu existe avant toute chose, de toute éternité, et c'est lui qui a créé le monde. Les Grecs, eux, pensaient qu'à l'origine du monde, les dieux n'existaient pas. La mythologie raconte comment ils sont nés, et comment ils ont vécu. Les dieux grecs ont donc une histoire. Cette histoire ressemble d'abord à un sombre drame familial : selon les récits mythologiques, des générations de dieux se sont affrontées, et, tour à tour, certains dieux ont pris le pouvoir par la violence. Au début, dit-on, il y avait le Chaos, c'est-à-dire qu'il n'existait ni nature, ni dieux, ni hommes. Tous les éléments du monde étaient déjà présents, mais mêlés les uns aux autres dans une sorte d'amalgame indistinct et sans forme. Du Chaos, on raconte que peu à peu ont émergé diverses figures, qui régnèrent sur les différentes parties du cosmos. Les premiers « enfants » du Chaos sont la Nuit (Nyx) et les Ténèbres (Érèbe). Nyx donne naissance au Ciel (Ouranos) et à la Terre (Gaia), qui sont les premiers dieux. De leur union naissent les Titans, dont le plus jeune est Cronos. Avec une violence inouïe, Cronos détrône son père. Puis à son tour, après une guerre terrible, qui secoue le monde divin tout entier, il est détrôné par son fils, Zeus, qu'il voulait dévorer comme il avait dévoré ses autres enfants. Alors, racontent les textes mythologiques, l'ordre a succédé au désordre. Autour de Zeus, une nouvelle génération de dieux gouverne le monde. On a appelé ces nouveaux dieux les « Olympiens », du nom d'une montagne de Grèce, où, disait-on, ils séjournaient : le mont Olympe.

Pour connaître en détail l'histoire sanglante et belliqueuse des origines telle que la raconte la mythologie, il suffit de partir à l'aventure dans les pages du dictionnaire, en prenant pour repères les noms des différents protagonistes de cette généalogie des dieux [2].

2. Voir liste p. 34.

Cette guerre de succession entre les dieux donne des informations très intéressantes sur l'histoire de la religion grecque elle-même. D'où vient en effet cette tradition des nouveaux dieux ? Les dieux olympiens sont en fait les dieux des envahisseurs indo-européens, les premiers dieux vraiment grecs, qui ont pris la place des dieux primitifs, ceux des populations plus anciennes de la Grèce.

Puissantes, souvent terrifiantes, ces divinités primitives, qu'on appelle « chthoniennes » (du mot grec *chthôn,* le sol), représentaient les éléments déchaînés et les forces brutes de la nature. On se les figurait sous des formes monstrueuses : serpents énormes, Géants, Héchatonchires (leur nom veut dire « aux cent bras »), Cyclopes à l'œil unique. Fruits d'une nature sauvage et féconde, ils sont tous nés des amours désordonnées de la Terre et du Ciel. Mais les nouveaux dieux n'ont pas fait disparaître les anciens. Les Olympiens, plus « civilisés » et plus proches des hommes, ont certes vaincu dans la lutte les terribles enfants d'Ouranos et de Gaia, mais ces dieux primordiaux sont restés dans la mythologie et ont trouvé leur place dans de nouveaux récits. Un beau mythe raconte ce choc entre divinités olympiennes et chthoniennes : c'est celui d'Apollon, olympien s'il en est, puisqu'il est fils de Zeus. Pour fonder son sanctuaire à Delphes, il dut vaincre un abominable dragon, le serpent Python, qui gardait les lieux, tout en massacrant bêtes et gens. Or Python était un fils de la Terre. Apollon le tua, et le récit de ce meurtre symbolise l'effacement d'un culte chthonien, auquel succéda un culte olympien.

... ET L'HISTOIRE DES HOMMES

Si elle raconte la naissance des dieux et leurs aventures, la mythologie raconte aussi les exploits des hommes. Les récits qui composent la « mosaïque » mythologique ont été, ne l'oublions pas, longtemps portés par la tradition orale, véritable bibliothèque vivante de la mémoire des hommes. On se racontait les exploits des ancêtres, la fondation de la cité, les misères des guerres d'autrefois, les longues expéditions de conquête ou de commerce, les voyages par terre ou sur mer. Et, de génération en génération, l'art des conteurs et l'imagination des auditeurs embellissaient les récits, mêlaient les dieux aux affaires des hommes... À partir de faits ou d'actions réelles, ils tissaient ainsi de merveilleuses légendes, que, de cité en cité, diffusaient des poètes chantants, les aèdes. Ainsi la guerre de Troie et le voyage d'Ulysse, événements qui datent vraisemblablement du XIIe siècle avant Jésus-Christ, ont été racontés oralement durant des siècles avant de prendre la forme de poèmes écrits, avec l'*Iliade* et l'*Odyssée* d'Homère, au VIIIe siècle avant Jésus-Christ. De même les cycles d'aventures héroïques de Thésée ou de Jason, l'histoire sanglante de la famille royale des Atrides, ou le destin tragique d'Œdipe et de ses enfants. Sans oublier la légende latine de la fondation de Rome par Romulus. Quelle est la part de vérité « historique » dans ces légendes terribles et merveilleuses ? Il y en a une, certes, et les historiens spécialistes de l'Antiquité utilisent la mythologie comme une importante source d'information. Mais dans l'Antiquité, l'Histoire, au sens d'une discipline comme nous l'entendons aujourd'hui, n'existait pas. Ce qu'il faut savoir, c'est que les Anciens, eux, croyaient à ces récits, parce qu'ils leur venaient de leurs ancêtres. Peu leur importait la question de l'exactitude historique !

Et pour entrer dans le domaine mythologique, il faut essayer de se mettre dans la peau d'un Grec du Vᵉ siècle avant Jésus-Christ, ou d'un Romain du Iᵉʳ siècle !

D'autres légendes sont à rattacher à l'histoire des hommes : ce sont toutes celles qui racontent l'origine des activités humaines. Comment a-t-on découvert le feu ? Comment a-t-on inventé la culture du blé ? Celle de l'olivier ? Comment a-t-on appris à forger le métal, à jouer de la musique, à soigner les malades ? À chacune de ces questions, un mythe apportait une réponse et racontait comment un dieu avait livré une parcelle de son savoir aux mortels. Ainsi, on disait qu'Athéna avait enseigné aux hommes la culture de l'olivier, et Déméter celle du blé, que Prométhée avait volé le feu aux dieux et qu'il avait appris aux hommes à forger le bronze et le fer, qu'Hermès avait inventé la lyre et la flûte et Orphée la cithare...

ENTRE LES DIEUX ET LES HOMMES : LES HÉROS

Les récits mythologiques mêlent l'histoire des dieux et celle des hommes. Dans les fêtes, dans les combats, dans la vie quotidienne, les dieux sont toujours présents. Qu'ils accompagnent les hommes, qu'ils les aident ou qu'ils les punissent, ils interviennent toujours dans leurs affaires. On est même allé jusqu'à imaginer que dieux et déesses pouvaient épouser des mortels et que de ces noces, rarement légitimes, naissaient des êtres mi-hommes, mi-dieux appelés *héros*. Achille, Hercule, Énée, Romulus sont des héros en ligne directe : leur père ou leur mère étaient un dieu ou une déesse. Dans le cas d'autres héros, il faut parfois remonter plusieurs générations pour trouver un ancêtre divin : ainsi, Ulysse a Zeus et Hermès pour arrière-grands-pères, Orphée la muse Calliope pour grand-mère, et Œdipe est le lointain descendant d'Arès et d'Aphrodite.

Si l'on organisait entre les dieux un concours de « paternité » de héros mythologiques, le grand vainqueur serait Zeus. À travers les légendes, on ne compte plus le nombre de mortelles qu'il a séduites, et dont il a eu un enfant : Alcmène, Danaé, Europe, Io, Léda, Niobé, Sémélé... pour n'en citer que quelques-unes.

En quoi un héros se distingue-t-il du commun des mortels ? Malgré le sang divin qui coule dans ses veines, il reste un mortel et, comme les autres hommes, il est soumis au destin qui règle la vie humaine. La légende tragique d'Œdipe en donne un terrible exemple. Mais le héros mythologique est doté de qualités « surhumaines » : il est plus vaillant au combat que les autres hommes, il est plus intelligent, plus habile. Il ose affronter les monstres et défier les oracles. Les dieux de la famille lui accordent souvent une protection spéciale, et il arrive parfois qu'après sa mort il devienne à son tour... un dieu immortel. Ainsi Héraclès.

Une bien étrange invention, ces hommes « divins » que l'on rencontre dans la tradition mythologique ! On peut l'expliquer ainsi : de nombreuses légendes, qu'il faudrait plutôt rattacher à l'histoire des hommes qu'à celle des dieux, étaient, nous l'avons dit, des récits d'événements réels qui s'étaient déroulés dans les temps les plus reculés. Mais pour donner plus d'importance aux ancêtres, rois ou chefs de guerre, dont on rapportait les exploits, chaque cité, chaque région du monde hellénique en faisait les descendants d'un dieu ou d'une déesse. Des arbres généalogiques précis sont en fait très difficiles à établir, car dans le moindre village reculé de la Grèce, on revendiquait une ascendance divine. Si on se réfère à toutes les traditions mythologiques locales, on a l'impression que les dieux sont passés partout et que, partout, ils ont laissé des traces, sous la forme de héros !

UNE GÉOGRAPHIE MYTHOLOGIQUE

Les personnages de la mythologie gréco-latine, qu'ils soient dieux, hommes ou héros, vivent et agissent dans des lieux bien précis. Ces lieux peuvent être réels ou imaginaires. Quand la légende raconte, par exemple, que Thésée est parti d'Athènes pour aller en Crète, elle situe l'action dans des lieux tout à fait réels, que vous pouvez trouver sur une carte. Dans le célèbre cycle légendaire des travaux d'Héraclès (Hercule pour les Romains), il est dit que le héros a tué un monstre redoutable, l'hydre de Lerne, et un fauve terrifiant, le lion de Némée. Eh bien, sur n'importe quel atlas un peu détaillé, vous trouvez, encore aujourd'hui, Lerne et Némée, et pour peu que vous fassiez un voyage en Grèce, vous pouvez vous y rendre sans difficulté. Au pied du Parnasse où, dit-on, séjournaient les Muses (et où, aujourd'hui, on fait du ski), vous pourrez voir l'endroit où, selon la légende, Apollon tua le serpent Python. Et Rome, la capitale de l'Italie actuelle, appartient aussi à la mythologie, ne serait-ce que par la légende de sa création. À chaque ville antique, à chaque lieu de culte étaient rattachés des mythes. Et aujourd'hui, toute visite de temple ou de site archéologique peut être l'occasion de les évoquer : Mycènes, Delphes, Olympie, Égine, Éleusis ont été le cadre d'épisodes mythologiques [3].

3. Voir carte p. 33.

La mythologie gréco-latine est ainsi enracinée dans un paysage très réel : celui du Bassin méditerranéen. Les montagnes, les collines, les arbres, la mer, les plages et les chemins dont parlent les mythes sont ceux que l'on peut encore voir aujourd'hui quand on voyage dans les pays du bassin méditerranéen, sur les traces d'Ulysse par exemple. La mythologie peut être ainsi un merveilleux guide de voyage...

Mais s'il vous prend l'idée de partir en Atlantide, de visiter le jardin des Hespérides, ou de descendre aux Enfers, ce sera une autre affaire ! Il vous faudra avoir beaucoup d'imagination, presque autant que les poètes de l'Antiquité qui, à la géographie réelle, en superposaient une autre, totalement imaginaire.

Cette géographie imaginaire inventait des

lieux dans les profondeurs de la terre et de la mer. Les Anciens se représentaient un royaume souterrain fabuleux, les Enfers, domaine des morts sur lequel régnait un des frères de Zeus, Hadès. Vous découvrirez, dans ce dictionnaire, des légendes qui racontent la descente aux Enfers des héros, les mésaventures des divinités souterraines, les errances des morts qui regrettent le monde des vivants. Sous la mer, on se représentait des continents engloutis, comme l'Atlantide. On imaginait le palais de Poséidon, dieu de la mer, ou le séjour maléfique des Sirènes, qui, par leurs chants magiques, envoûtaient les marins et les noyaient.

L'imagination géographique jouait aussi sur les régions lointaines. Les Grecs, commerçants et marins, étaient de grands voyageurs et connaissaient bien les pourtours de la Méditerranée. Les voyages légendaires que racontent les cycles héroïques de Thésée, de Jason et d'Hercule, ou l'*Odyssée* d'Homère, décrivent des lieux qui, même s'ils sont métamorphosés par le mythe, sont bien réels. Cependant, quand on évoquait ce qui se passait aux limites du monde connu, l'imagination prenait le dessus : vers le sud, c'était le pays des Lotophages, et plus loin encore, celui des

Pygmées. À l'ouest, au-delà des Colonnes d'Hercule (c'est ainsi qu'on appelait le détroit de Gibraltar), on plaçait le jardin des Hespérides. Au nord, s'étendait le mystérieux pays des Hyperboréens, et vers l'est, les royaumes légendaires de l'Asie. Au cours de l'histoire de l'Antiquité, les relations commerciales, les migrations et les conquêtes vont faire reculer les frontières du monde connu. Des récits de voyages, ou d'expéditions militaires, des descriptions plus « géographiques » compléteront peu à peu les légendes dans la connaissance de ces pays lointains.

LA MYTHOLOGIE EST-ELLE UNE RELIGION ?

Dans les récits mythologiques, même si les dieux ne sont pas toujours les personnages principaux, il est bien rare qu'il n'y ait pas une divinité quelque part. Peut-on dire pour autant que ces récits étaient pour les Grecs et les Romains des textes religieux au sens où la Bible est un texte religieux pour les chrétiens et les juifs ? Non, car on doit distinguer très nettement deux sortes de religions : les religions *polythéistes* (mot d'origine grecque qui signifie « avec de nombreux dieux »), et les religions *monothéistes* (mot d'origine grecque signifiant « avec un seul dieu »). La religion grecque et la religion romaine sont des religions polythéistes qui établissent entre les dieux et les hommes des relations complètement différentes de celles qui existent dans les religions monothéistes, comme le judaïsme, le christianisme et l'islam. Selon les religions monothéistes, Dieu est créateur du monde et des hommes, l'univers tout entier est son œuvre et dépend de lui. Quand il s'adresse aux hommes, Sa parole est révélée dans des textes sacrés, comme la Bible ou le Coran. Les religions polythéistes, comme celle des Grecs et des Romains, n'imaginent pas de dieu créateur de toutes choses. Certes, Zeus (Jupiter pour les Romains) est un dieu très important, mais ce n'est pas lui qui a créé le monde. Il est soumis, comme les autres dieux et déesses et comme les humains, à l'ordre de l'univers. Bien sûr, les dieux ont plus de pouvoirs que les hommes, mais aucun d'eux n'a de pouvoir sur tout, comme c'est le cas du dieu unique des religions monothéistes. Et les mythes ne rapportent pas la parole des dieux. Ils racontent l'histoire d'un monde où vivent des dieux et des hommes. Si l'on peut parler de religion à propos de la mythologie, c'est parce que les récits qui la composent mettent en scène les relations entre les hommes et les dieux, et font comprendre comment chacun doit se comporter. En fait, ce que propose la religion grecque, c'est que chacun reste à sa place : les dieux à leur place d'immortels, et les hommes à leur place de mortels. La plus grande faute que peut commettre un mortel, c'est de se prendre pour un dieu. Ainsi la mythologie raconte l'histoire d'Icare qui voulut, en volant, monter aussi haut que le dieu Soleil. Lisez son aventure, vous verrez comment les dieux ont remis à sa place ce jeune insolent. Mais il n'est pas bon non plus, dans l'ordre du monde, que les dieux se mêlent trop des affaires des hommes. Homère, dans son poème l'*Iliade,* raconte que, pendant la guerre de Troie, les dieux dans l'Olympe se chamaillaient presque autant que les Grecs et les Troyens sur le champ de bataille. Mais cela ne plaisait pas du tout à Apollon qui trouvait bien déplacées ces disputes entre dieux. Poséidon le provoqua en duel, et voici, selon Homère, ce qu'Apollon lui répondit :

« Si j'acceptais de lutter avec toi pour des hommes, pour cette pauvre race qui pousse et flétrit comme les feuilles des arbres, tu aurais le droit de me traiter de fou, et de penser que j'ai perdu tout sens de la mesure ! »

Pour les Anciens, il y avait la terre, le ciel, les hommes et les dieux. Chacun devait connaître sa place et y rester pour accomplir son destin : c'est cela que raconte, de manière poétique, la mythologie grecque. À travers les récits mythologiques s'exprime cette sagesse antique selon laquelle, au-delà des désordres et des violences du monde, il existe une harmonie profonde, faite de beauté et d'équilibre. Cette sagesse, on la retrouve aussi dans la religion antique qui a su inspirer aux hommes la construction de ces chefs-d'œuvre d'harmonie et d'équilibre que sont les temples grecs.

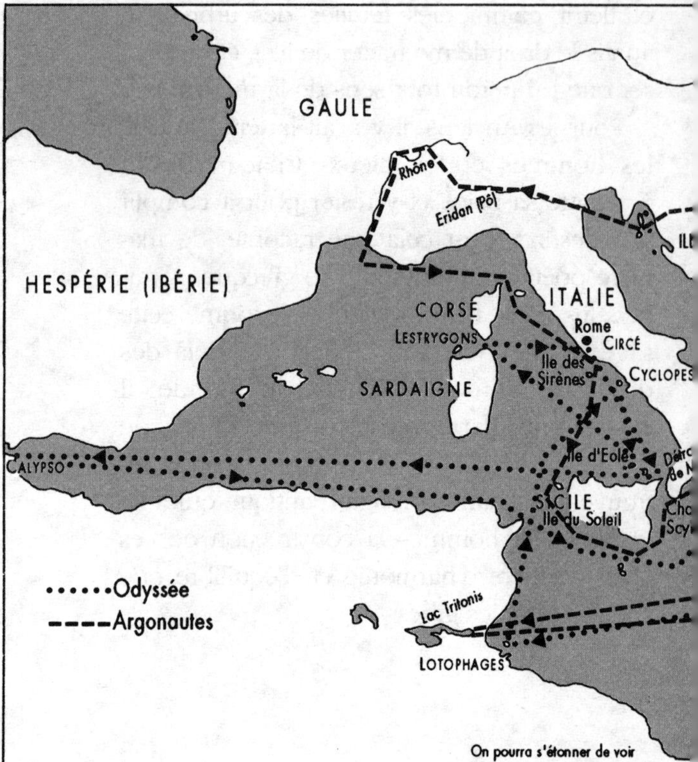

LES DEUX GRANDS PÉRIPLES MARITIMES DE LA MYTHOLOGIE

0 250 500 750 km

On pourra s'étonner de voir la nef Argo emprunter parfois la voie terrestre. Mais la géographie des Anciens n'était pas aussi précise que la nôtre : on pensait par exemple que le Danube reliait le Pont-Euxin (mer Noire) à la mer Adriatique et que le fleuve Eridan (Pô) rejoignait le Rhône. On pouvait ainsi imaginer que, par voie fluviale, la nef Argo avait parcouru le sud de l'Europe.

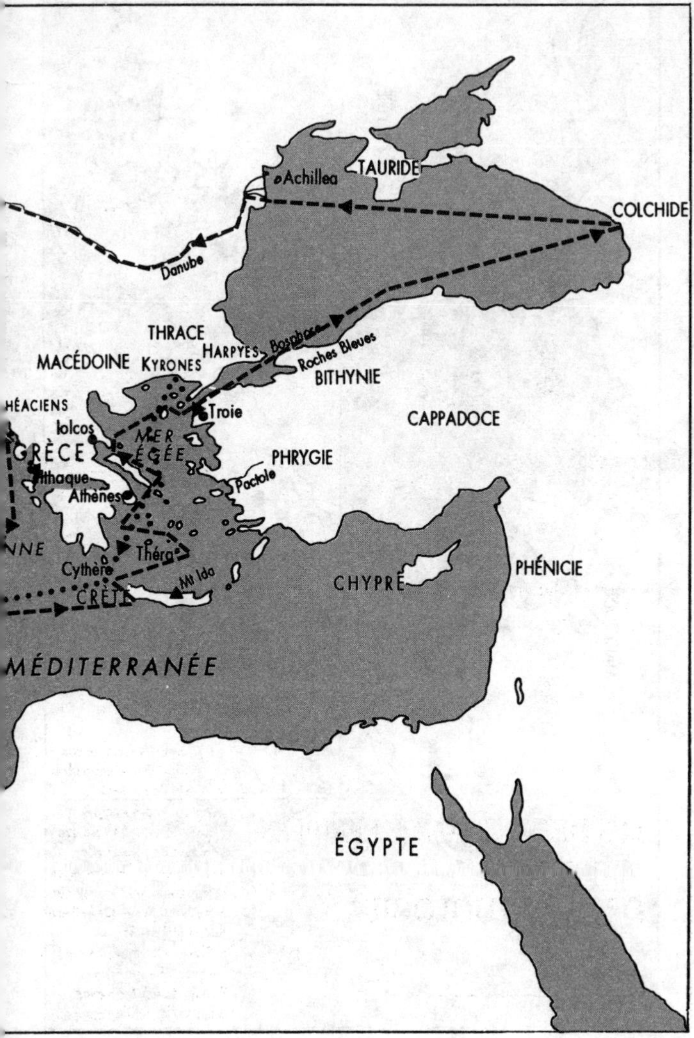
TAURIDE
Achillea
COLCHIDE
Danube
THRACE
HARPYES
Bosphore
Roches Bleues
MACÉDOINE
KYRONES
BITHYNIE
HÉACIENS
Troie
CAPPADOCE
Iolcos
MER
ÉGÉE
GRÈCE
PHRYGIE
Ithaque
Pactole
Athènes
NNE
Théra
PHÉNICIE
Cythère
Mt Ida
CHYPRE
CRÈTE
MÉDITERRANÉE
ÉGYPTE

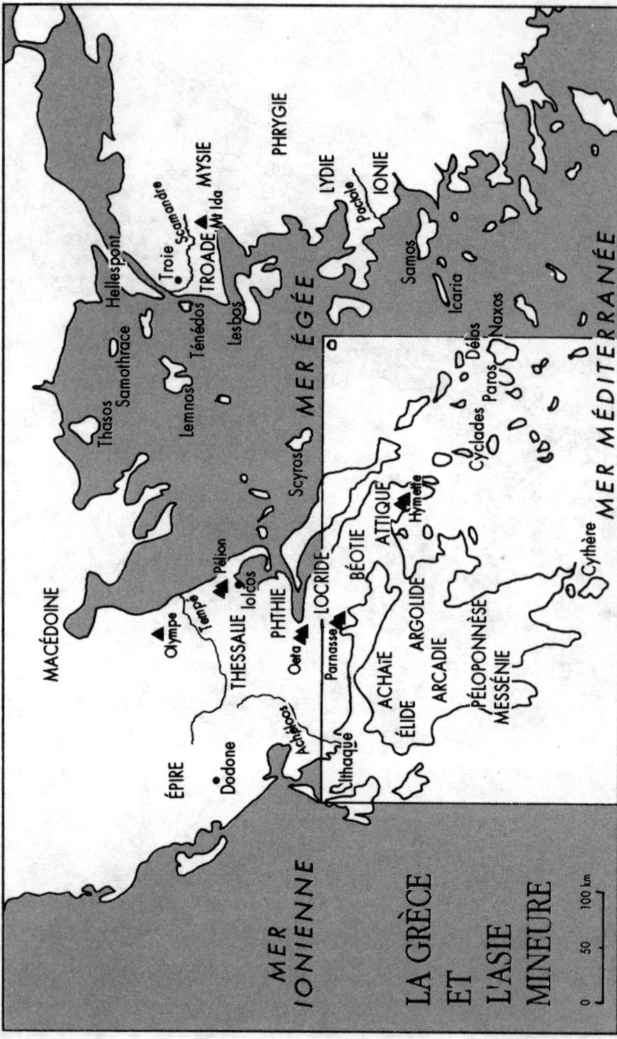
LA GRÈCE
ET
L'ASIE
MINEURE
0 50 100 km
MER IONIENNE
MER ÉGÉE
MER MÉDITERRANÉE
MACÉDOINE
ÉPIRE
Dodone
Achéloos
Olympe
Tempé
THESSALIE
Pélion
Iolcos
PHTHIE
Oeta
LOCRIDE
Parnasse
Ithaque
ACHAÏE
ÉLIDE
BÉOTIE
ATTIQUE
Hymette
ARGOLIDE
ARCADIE
PÉLOPONNÈSE
MESSÉNIE
Cythère
Scyros
Thasos
Samothrace
Lemnos
Ténédos
Lesbos
Hellespont
Troie
Scamandre
TROADE
Mt Ida
MYSIE
PHRYGIE
LYDIE
Pactole
IONIE
Samos
Icaria
Naxos
Délos
Paros
Cyclades

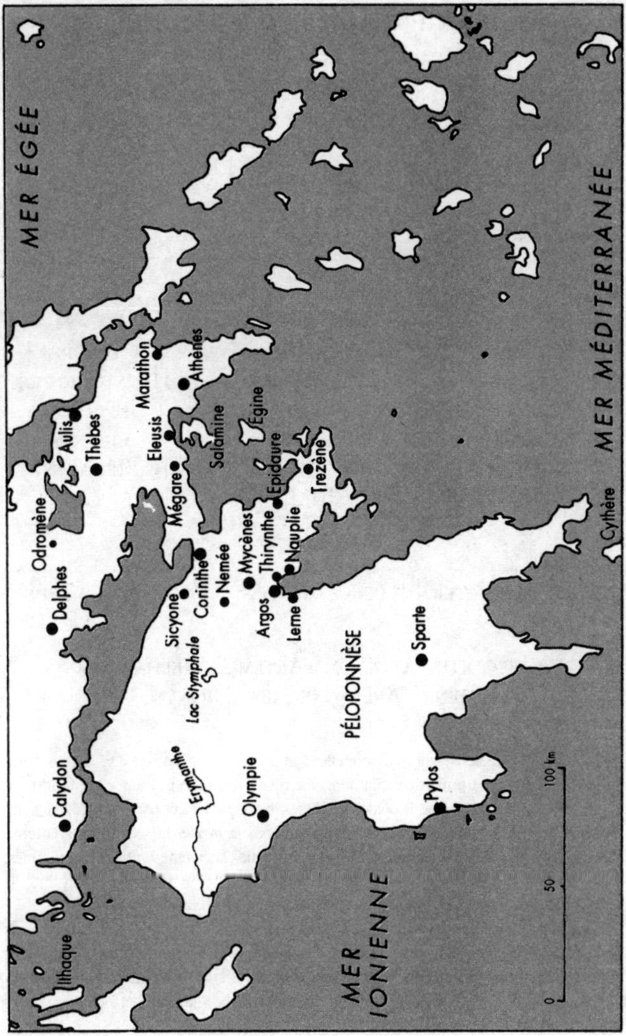
MER ÉGÉE
MER MÉDITERRANÉE
MER IONIENNE
PÉLOPONNÈSE
Ithaque
Calydon
Delphes
Odromène
Aulis
Thèbes
Marathon
Athènes
Eleusis
Salamine
Egine
Mégare
Epidaure
Trezène
Corinthe
Sicyone
Nemée
Mycènes
Thirynthe
Nauplie
Argos
Lerne
Lac Stymphale
Erymanthe
Olympie
Sparte
Pylos
Cythère
0
50
100 km

ARBRE GÉNÉALOGIQUE DES DIEUX

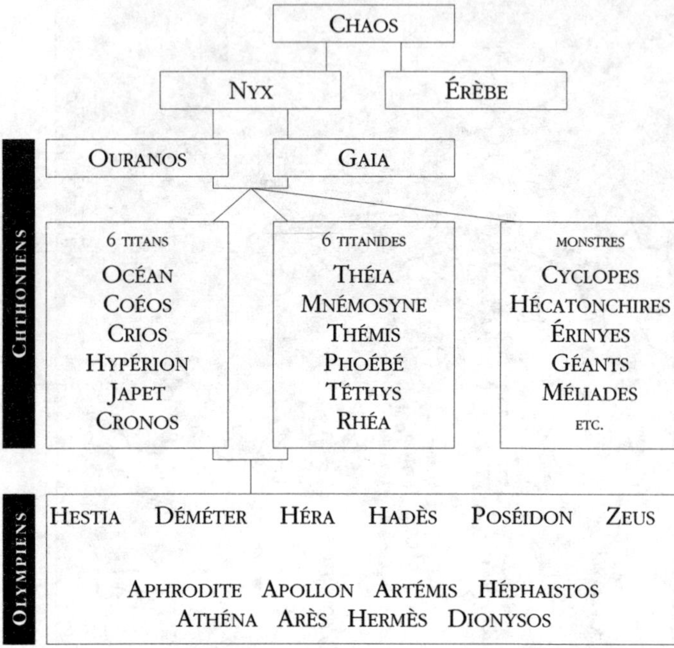

Les dieux olympiens sont traditionnellement au nombre de douze. Or, si vous faites le compte, vous en trouverez... quatorze, en deux générations. Pour comprendre ce mystère, il suffit de savoir que Poséidon et Hadès, bien que faisant partie de la famille, ne résidaient pas dans l'Olympe. Le premier régnait sous la mer et le second sous la terre. Cela dit, ils sont vraiment de la famille, et font partie, au même titre que leurs frères, sœurs, neveux et nièces, du conseil des « Grands dieux ». Sans vivre dans l'Olympe, ils méritent autant que les autres le nom d'« Olympiens », quoi qu'en dise la tradition.

Les Olympiens de la seconde génération sont tous enfants de Zeus, mais seuls Hépaistos et Arès ont pour mère l'épouse « légitime » du dieu, Héra. Pour connaître plus précisément les origines maternelles des autres dieux, il faut se reporter à leur légende. Car il était impossible de faire tenir sur le tableau ci-dessus le nom de toutes les autres « épouses » de Zeus...

Arbre généalogique des Atrides

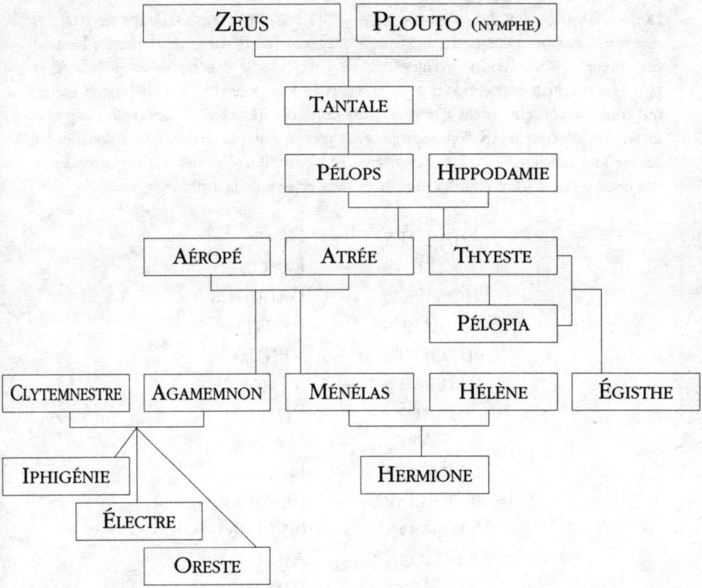

La famille des Atrides (fils d'Atrée, voir page 123) joue un rôle important dans les récits mythologiques. Bien que d'origine divine, cette famille est maudite depuis le crime abominable de l'ancêtre Tantale (voir page 445). Elle sera le théâtre de tous les désordres liés aux passions humaines non contrôlées: cannibalisme, assassinat, adultère, inceste. Il faudra attendre Oreste (voir page 359), à la cinquième génération, pour que la malédiction soit levée et que s'opère une réconciliation entre les dieux et les hommes.

Noms grecs / Noms latins

La mythologie grecque fut en grande partie adoptée par les Romains. Ce qui ne veut pas dire que les populations de l'Italie actuelle n'avaient pas de dieux ni de héros, bien au contraire. Mais les légendes inventées par les Grecs étaient si nombreuses, si variées, si pleines d'imagination poétique que les Romains les transposèrent sur leurs propres dieux, qui conservèrent leurs noms d'origine, mais devinrent très « grecs » dans leur comportement. Un dieu comme Apollon, si proprement grec, n'avait pas d'équivalent à Rome et fut adopté tout simplement avec son nom grec. Le tableau qui suit donne la correspondance des noms grecs et latins pour les principaux personnages de la mythologie.

Déméter	–	Cérès
Léto	–	Latone
Dionysos	–	Bacchus
Zeus	–	Jupiter
Aphrodite	–	Vénus
Hermès	–	Mercure
Hadès	–	Pluton
Arès	–	Mars
Artémis	–	Diane
Perséphone	–	Proserpine
Poséidon	–	Neptune
Apollon	–	Apollon
Héra	–	Junon
Héphaistos	–	Vulcain
Athéna	–	Minerve
Hestia	–	Vesta
Érinyes	–	Furies
Moires	–	Parques
Satyres	–	Faunes
Asclépios	–	Esculape
Pan	–	Faunus
Cronos	–	Saturne
Rhéa	–	Cybèle
Éros	–	Cupidon
Phoibos *(surnom d'Apollon)*	–	Phébus

Les noms suivis d'un astérisque (*)
font l'objet d'un article
à leur ordre alphabétique.

Achille

Fils de Pélée*, roi de la ville de Phthie, en Thessalie, Achille, le plus célèbre héros de la mythologie grecque, était un descendant des dieux. Son père, Pélée, bien que mortel, était un petit-fils de Zeus*, et sa mère, Thétis*, était une déesse, une Néréide, c'est-à-dire une fille de Nérée*, dieu marin très ancien. Thétis acceptait mal d'avoir des enfants mortels. Aussi, à chaque naissance, essayait-elle de les rendre

Achille

immortels en les plongeant dans le feu. Six fois de suite le résultat ne se fit pas attendre : les enfants moururent sur-le-champ. La septième fois, Pélée intervint : il en avait assez de voir disparaître ses enfants dans les flammes ! Il arracha le bébé, un garçon, des mains de sa femme. Le petit Achille, car c'était lui, n'eut que le talon brûlé, et survécut. Son père le confia au Centaure* Chiron, qui répara son talon avec l'os d'un Géant mort peu de temps auparavant. Ce Géant avait la réputation d'être très doué pour la course, et ce don fut ainsi transmis à Achille. Une autre version de la légende raconte que Thétis, plutôt que d'« immortaliser » Achille par le feu, l'avait plongé dans le Styx, le fleuve des Enfers*. Méthode moins dangereuse, certes, que le feu. Mais, lors de cette opération, Thétis tenait l'enfant par le talon : Achille avait donc le corps invulnérable, sauf au talon. D'où l'expression « talon d'Achille », pour désigner le point faible de quelqu'un.

Le jeune Achille fut élevé par le Centaure Chiron, dans les montagnes du Pélion. Son maître lui transmit ses connaissances en médecine, lui enseigna l'art de la chasse

Achille

et de la lutte, lui apprit à chanter et à jouer de la lyre, à dresser les chevaux et à se comporter avec courage et prudence. Pour le rendre fort et intelligent, il le nourrissait exclusivement d'entrailles de lions et de sangliers, de moelle d'ours et de miel. Achille reçut ainsi une éducation correspondant à l'idéal antique d'équilibre entre le corps et l'esprit. À son retour à Phthie, il se lia d'amitié avec Patrocle*, un cousin éloigné que son père avait recueilli. Les deux jeunes gens devinrent inséparables.

Quand les chefs grecs décidèrent de partir pour la guerre de Troie*, ils voulurent inviter Achille à se joindre à eux, bien qu'il n'ait pas été un prétendant d'Hélène* lié par serment à Ménélas*. Mais Thétis, à qui un oracle avait prédit la mort de son fils sous les murs de Troie, s'interposa. Avant même qu'il soit mis au courant de l'expédition, elle cacha le jeune homme en l'envoyant à la Cour du roi de Scyros... déguisé en femme. Il devait y partager la vie des filles du roi, sous le nom de Pyrrha (c'est-à-dire la « Rousse », à cause de la couleur de ses cheveux blond-roux). Mais Achille n'était

pas une femme ! Il fit un enfant à l'une des filles du roi : ainsi naquit le petit Néoptolème*, surnommé Pyrrhus (le « Roux »). Ulysse*, qui avait appris où se cachait le héros, imagina une ruse. Se faisant passer pour un marchand, il se rendit au palais de Scyros et se fit introduire dans le gynécée (l'appartement des femmes), avec des lots de bijoux dans lesquels il avait glissé une épée. Quand il déballa ses marchandises devant les femmes, l'une d'elles se précipita et saisit l'épée : c'était Achille, qui n'avait pu résister à l'appel des armes. Sa mère, éplorée, tenta de le retenir. « Plutôt que de risquer la mort en cherchant la gloire dans la bataille, lui dit-elle, tu pourrais avoir une vie longue et paisible en restant auprès de moi. » Peine perdue. Achille ne voulut rien entendre et se prépara à partir. Son père lui confia une armée de guerriers redoutables, les Myrmidons, et cinquante vaisseaux. Achille, accompagné de son fidèle Patrocle, rejoignit alors les Grecs à Aulis.

À son arrivée à Aulis, Achille apprend qu'Agamemnon s'apprête à sacrifier sa fille Iphigénie*, qu'il a fait venir sous prétexte de la marier à Achille. Le jeune homme est furieux de ce procédé, il veut sauver la jeune fille, qu'il rencontre alors pour la première fois. Mais comme il s'agit d'apaiser Artémis* et d'obtenir ainsi des vents favorables pour naviguer vers Troie, l'armée tout entière réclame la mise à mort. Iphigénie elle-même accepte, et Achille, le cœur plein de rancœur, assiste au sacrifice. Ses rapports avec Agamemnon, qui commande l'armée grecque, ne s'amélioreront pas au cours de la guerre. Durant les neuf premières années du siège de Troie, Achille accomplit exploit sur exploit. Il tue de vaillants Troyens, réputés invincibles et, comme la ville ne se rend toujours pas, il organise des expéditions punitives dans toute la région contre les rois alliés de Troie. C'est ainsi qu'il massacrera le père et les sept frères d'Andromaque*. Lors de la dixième année de siège, c'est au retour d'une de ces expéditions que la mésentente avec Agamemnon éclate au grand jour. Achille a ramené une captive, dont il est tombé amoureux, Briséis. Mais le roi, usant de son privilège de chef de l'armée, exige qu'il lui donne la jeune fille. La querelle s'envenime, et Achille décide qu'il ne combattra plus pour les Grecs et

Achille

se retire sous sa tente. Pire : il prie sa mère, Thétis, d'user de son pouvoir de déesse pour faire tourner la chance contre les Grecs. Et de fait, les Troyens, sous la conduite d'Hector*, le fils du roi de Troie Priam*, ne sont pas loin de vaincre définitivement les assaillants, menaçant même de brûler leurs navires. Mais Patrocle, qui s'est retiré du combat avec son ami, le supplie de le laisser rejoindre ses compatriotes en danger. Achille l'autorise à repartir au combat, lui prête ses armes et lui confie le commandement de ses terribles Myrmidons. Patrocle intervient dans les combats, renverse la situation, mais voici que, sous les coups d'Hector, il succombe... Le désespoir d'Achille est immense, il veut mourir, puis la colère l'emporte, il pousse son cri de guerre qui terrorise les Troyens, et, acceptant de se réconcilier avec Agamemnon, il se lance dans la bataille. Revêtu d'une nouvelle armure confectionnée par Héphaïstos lui-même à la demande de sa mère, il sème la terreur et la mort dans les rangs troyens. Bientôt, il se retrouve face à face avec Hector, le héros de Troie, le meurtrier de Patrocle, qui, malgré sa vaillance,

Achille

est saisi de peur et s'enfuit. Trois fois, il fait le tour des murs de la ville, poursuivi par Achille rendu fou de haine et de douleur. Enfin, Hector se retourne et, sachant qu'il va mourir, demande à son adversaire de rendre son corps à ses parents. Achille refuse, tue Hector et, attachant le cadavre à son char, le traîne autour de la ville sous les yeux horrifiés de sa famille et de toute la population. Il faudra que les dieux eux-mêmes interviennent pour qu'Achille accepte de rendre le corps de son fils au roi Priam. Après une trêve de douze jours pour les funérailles d'Hector, les combats reprirent. On raconte que Penthésilée, la reine de ces femmes guerrières qu'on appelait les Amazones*, vola au secours des Troyens. Dans la mêlée, elle fut mortellement blessée par Achille. Celui-ci, croyant avoir touché un soldat ordinaire, se pencha sur elle, lui retira son casque et, découvrant sa beauté, fut bouleversé et tomba amoureux. Un Grec qui assistait à la scène, Thersite, se moqua de lui, et de son amour pour une morte. Achille, fou de rage, le tua d'un coup d'épée et dut se faire purifier de ce meurtre par Ulysse.

Achille

Peu avant la chute de Troie, Achille reçut une flèche au talon, son seul point vulnérable. C'est Pâris*, le frère d'Hector, qui aurait tiré la flèche, mais on dit que c'est Apollon lui-même qui l'aurait dirigée vers son but. Ainsi que l'avait prédit l'oracle à sa mère, ainsi que l'en avait menacé Hector avant de rendre l'âme, Achille mourut sous les murs de Troie, sans assister à la victoire des Grecs. Ulysse et Ajax*, ses compagnons d'armes, réussirent à arracher son corps à la mêlée et le ramenèrent au camp grec où on lui fit de somptueuses funérailles, en présence de Thétis et des Nymphes*. Les Grecs lui élevèrent un tombeau sur le rivage, mais on dit que sa mère emmena le corps dans une île à l'embouchure du Danube, où il continuerait à vivre secrètement. Achille était le héros bien-aimé des Grecs, qui admiraient sa beauté, son courage, son amour de la gloire, auquel s'ajoutaient sa fidélité en amitié et, malgré la violence de son caractère, sa grande sensibilité. Aussi les Anciens avaient du mal à croire qu'il avait quitté le monde des vivants. Homère, qui raconte sa mort dans l'*Iliade,* le montre aux Enfers dans

Achille

l'*Odyssée.* Les marins grecs, eux, affirmaient qu'en passant près de l'île Blanche, à l'embouchure du Danube, ils entendaient des cliquetis d'armes le jour et le soir les chants d'un banquet : Achille, disaient-ils, continue à s'exercer à l'art du combat et à charmer ses compagnons par ses chants et sa lyre.

Achille fut le modèle d'Alexandre le Grand, qui, lui, ne fut pas un héros mythologique, mais un véritable personnage historique.

Agamemnon

Terrible destin que celui d'Agamemnon, fils d'Atrée*, le roi d'Argos. Après le meurtre d'Atrée, ses fils Agamemnon et Ménélas*, surnommés les « Atrides », trouvèrent refuge à la cour du roi de Sparte, Tyndare, dont Ménélas épousa la fille, Hélène*. Mais Agamemnon, lui, voulait reprendre le trône d'Argos. Aussi, à la mort du roi Thyeste*, son oncle, il retourna à Argos, tua son cousin Tantale* qui devait succéder à son père, massacra le fils nouveau-né de celui-ci, et s'empara du pouvoir. Non content de ces crimes, dignes de ceux de

son illustre famille, Agamemnon obligea la jeune veuve de son cousin, Clytemnestre*, à l'épouser. S'il avait su !

Agamemnon

Clytemnestre était la sœur d'Hélène, et des Dioscures*, Castor et Pollux. Ces derniers menacèrent Agamemnon de lui faire payer ses forfaits, et celui-ci préféra, pour la seconde fois, se réfugier auprès du roi Tyndare et de son frère Ménélas, à Sparte. C'est à la cour de Sparte qu'eut lieu une réconciliation générale, Castor et Pollux ayant consenti à pardonner pour rétablir la paix dans la famille. Tout semblait rentré dans l'ordre, et Agamemnon retourna à Argos, où il régna comme roi d'Argos et de Mycènes. Mais, dans le fond de son cœur, Clytemnestre, elle, n'avait pas pardonné à son époux. Certes, ils eurent trois enfants, Électre*, Oreste* et Iphigénie*, mais leur union fut maudite.

À la tête de deux royaumes, Agamemnon était un roi puissant. Et quand la guerre de Troie* se déclara, à la suite de l'enlèvement d'Hélène par Pâris*, fils du roi de Troie Priam*, les Grecs choisirent Agamemnon comme chef de leur armée. Alors commença à jouer la malédiction qui pesait sur les Atrides. Au départ des navires qui, à travers la mer Égée, devaient emmener les soldats vers Troie, les vents refusèrent de souffler : ainsi se manifestait la colère d'Artémis*, qui exigea pour rétablir le vent que le fils d'Atrée lui sacrifie sa plus jeune fille, Iphigénie. Encore une mort que Clytemnestre ne voulut pas pardonner. Durant le siège de Troie, Agamemnon enleva à Achille* une captive que celui-ci avait reçue dans sa part de butin. Une dispute violente opposa les deux hommes, et Achille, furieux, refusa de combattre tant qu'Agamemnon ne lui aurait pas rendu son bien. Cette colère d'Achille coûta très cher à l'armée grecque qui faillit perdre la guerre. Ce n'est qu'après la mort de Patrocle*, le meilleur ami d'Achille, qu'eut lieu la réconciliation. Les Grecs se rendirent alors maîtres de la ville de Troie, après dix ans de siège.

Du pillage de la ville, Agamemnon rapportait un somptueux butin, objets précieux, étoffes, armes et esclaves. Parmi les esclaves, Cassandre*, la jeune prophétesse, fille de Priam, dont il était tombé amoureux... Mais que s'était-il passé à Argos durant les dix ans qu'avait duré la guerre ?

Agamemnon

Clytemnestre avait confié l'intérim du pouvoir à Égisthe, le fils de Thyeste – celui-là même qui avait tué Atrée ! Comme dans une machine infernale, tout se met en place pour que s'accomplisse la malédiction qui depuis le crime du grand-père Tantale pèse sur la famille. Cassandre prévient Agamemnon : les plus graves dangers, pour lui et pour elle, les attendent à Argos. Le roi, prêt à défier les dieux et plein d'orgueil, ne l'écoute pas. Il rentre à Argos, fort de sa victoire contre les Troyens. Égisthe le reçoit comme il se doit, lui rend tous les honneurs et fait préparer un grand banquet. Avant de passer à table, Agamemnon veut se reposer, prendre un bain. Clytemnestre, qui ne laisse rien paraître de sa haine et de sa jalousie à l'égard de Cassandre, le lui prépare. Funeste repos pour Agamemnon, qui fut mis à mort par Égisthe et Clytemnestre. Selon Homère, l'assassinat fut commis pendant le repas, selon d'autres traditions, quand le roi était dans son bain. Cassandre, qui avait tout prévu, subit le même sort. Égisthe monta alors sur le trône d'Argos et de Mycènes. Il garda Clytemnestre à ses côtés, et les enfants d'Agamemnon, Électre et Oreste, furent chassés du palais. En a-t-on fini avec le destin de cette terrible famille ? Non, Oreste et Électre, à leur tour, vengeront leur père.

Agamemnon tient une place importante dans l'*Iliade* d'Homère, qui raconte la guerre de Troie et la colère d'Achille. Son retour à Argos et sa mort sont le sujet de la première pièce de la trilogie d'Eschyle, l'*Orestie*.

Ajax

Deux héros de la guerre de Troie* portent ce nom. L'un et l'autre avaient été prétendants d'Hélène* et, liés par un serment, ont donc participé à la guerre. Ils étaient tous deux cousins d'Achille*, mais ne se ressemblaient guère, sinon sur un point : la vaillance au combat.

1. Le premier est prince de Locride, fils d'Oïlée, et, dans l'*Iliade,* il est appelé « Ajax le Rapide ». En effet, il est petit, léger, court très vite, et son arme favorite est l'arc. Très courageux, il prend part à tous les grands combats autour de Troie. Mais il a très mauvais caractère et ne respecte pas

Ajax

les dieux. La nuit où Troie fut prise, il se lança à la poursuite de Cassandre*. Celle-ci se réfugia dans le temple d'Athéna*, derrière la statue, à laquelle elle se cramponna pour échapper à la violence de son poursuivant. Le jeune homme l'arracha de force et fit tomber la statue... Acte impie que la déesse ne lui pardonna pas. Quand il quitta Troie, elle provoqua une terrible tempête dans laquelle disparurent un grand nombre de navires grecs, dont celui qui portait Ajax. Mais celui-ci survécut au naufrage et se vanta d'avoir échappé à la colère de la déesse. Mal lui en prit : Athéna, saisissant la foudre de son père Zeus*, brisa d'un éclair le rocher sur lequel il s'était réfugié et le noya. Mais ce n'était pas tout : durant plusieurs années, dit-on, famines et épidémies s'abattirent sur la Locride, et, pour faire cesser ces calamités, les habitants durent envoyer à Troie chaque année des jeunes filles qui devaient être sacrifiées sur l'autel de la déesse. En fait, les Troyens tuèrent les deux premières arrivées, puis accueillirent les autres dont ils firent des prêtresses d'Athéna.

Ajax

2. Le second Ajax est considéré comme le plus vaillant des Grecs après Achille. Il était fils de Télamon, le roi de Salamine. Héraclès*, qui était un ami de son père, avait prédit que l'enfant serait noble et fort ; Télamon lui donna le nom d'Ajax, qui rappelle celui de l'aigle en grec (*aietos*). Très beau, grand et fort, le « grand » Ajax, comme le surnomme Homère, possédait un armement lourd et servait de rempart aux guerriers qui combattaient à son côté, notamment l'autre Ajax, qui s'abritait derrière lui pour tirer des flèches. Contrairement à son homonyme, il était calme, peu bavard, et craignait les dieux. Toujours prêt à aider ses amis, il soigna Ulysse* quand celui-ci fut blessé, et tenta de réconcilier Achille et Agamemnon* lors de leur querelle à propos d'une captive. Il se battit en duel avec le héros troyen Hector*, mais aucun d'eux ne fut vainqueur, et la nuit venant, le combat cessa. Les deux adversaires échangèrent des cadeaux pour se prouver leur estime mutuelle. Quand les Troyens attaquèrent les bateaux grecs, Ajax fut le pilier de la défense, mais, blessé, ne put repousser les assaillants.

C'est lui qui, avec Ulysse, ramena le corps d'Achille dans le camp grec.

Ajax

Or, ce personnage solide et rassurant fut frappé de folie. Après la mort d'Achille, sa mère Thétis* accorda les armes de son fils au plus courageux des Grecs. Tout le monde pensa qu'il s'agissait d'Ajax. Mais, par souci de justice, on demanda aux prisonniers troyens de voter. Ceux-ci désignèrent Ulysse comme le plus courageux des Grecs ! Ajax s'inclina, mais durant la nuit qui suivit, profondément vexé par ce choix, il fut saisi d'une folie vengeresse et massacra tous les troupeaux qui servaient de nourriture à l'armée grecque. Au matin, délivré de sa folie, il se rendit compte de ce qu'il avait fait et, ne supportant pas d'avoir si mal agi, se perça le cœur avec l'épée qu'Hector lui avait offerte lors de leur combat singulier. La folie et la mort d'Ajax sont le sujet d'une tragédie de Sophocle, et les Athéniens n'oublièrent pas le héros : chaque année, un culte lui était rendu dans son île natale de Salamine, proche d'Athènes.

Alceste

Pélias, roi d'Iolcos en Thessalie, avait quatre filles. La plus belle, la plus douce et la plus affectueuse était Alceste. Son père, qui l'aimait beaucoup, avait grand-peine à se séparer d'elle et, quand elle fut en âge de se marier, il posa de telles conditions aux éventuels prétendants qu'on pouvait penser qu'Alceste allait rester fille. Pélias demandait en effet au futur époux de lui amener un attelage formé d'un lion et d'un ours. Mais comment mettre deux animaux sauvages et pleins de force sous le même joug ? Voilà bien un exploit impossible à réaliser pour de simples mortels ! Admète, roi de Phères, une ville proche, avait aperçu la jeune fille et en était tombé fou amoureux. Or, il se trouvait que le dieu Apollon*, condamné à être l'esclave d'un mortel par suite d'un conflit avec Zeus*, accomplissait son temps de peine chez Admète. Celui-ci, tout en ignorant que son serviteur était une divinité, le traitait avec respect et bienveillance. Apollon décida donc de venir en aide à Admète et lui offrit un char attelé d'un lion et d'un ours

Alceste

qu'il avait lui-même domptés. C'est avec cet attelage que le roi de Phères vint demander la main d'Alceste, qui lui fut accordée. Les deux jeunes gens s'aimant tendrement, ce mariage était une promesse de bonheur... Cependant Admète, bien que très pieux, oublia le jour de ses noces de sacrifier à Artémis*, qui, comme toutes les divinités, était très susceptible et supportait mal ce genre d'oubli ! Le soir, quand les époux gagnèrent le lit nuptial, ils découvrirent des serpents dans la chambre : c'était signe de mort prochaine !

Affligés par ce présage, Admète et Alceste prièrent Apollon d'intervenir auprès de sa sœur et de calmer sa colère. Encore une fois, le dieu vint au secours du roi et obtint pour lui un délai de vie. Bien plus, il arracha au destin la possibilité pour Admète de ne pas mourir au jour qui serait fixé, à condition que quelqu'un accepte de mourir à sa place.

Admète et Alceste, qui eurent trois enfants, formaient un couple tendrement uni, exemple vivant de fidélité et de bonté. Quand l'effroyable Médée*, voulant mettre fin aux jours du vieux Pélias, imagina le stratagème qui consistait à le faire tuer par ses propres filles, seule Alceste refusa de participer à ce crime affreux.

Mais, malgré la protection des dieux, il faut que le destin s'accomplisse. Arrive le jour où Admète doit mourir. Il cherche autour de lui, interroge, supplie, mais en vain : il ne trouve personne, on s'en doute, pour prendre sa place au royaume des morts. Seule une petite voix se fait entendre : celle d'Alceste, qui aime tant son époux qu'elle est prête à mourir pour qu'il continue à vivre ! Admète refuse, mais la mort est là qui attend. Elle réclame une proie, et sentant Alceste décidée à se sacrifier pour son mari, elle l'emmène avec elle chez Hadès*, le sombre dieu des morts. Le roi est désespéré, la ville entière est plongée dans le deuil et les larmes... Mais voilà qu'Héraclès*, qui avait connu Admète lors de l'expédition des Argonautes*, arrive à Phères pour rendre visite à son ami. Dès qu'il apprend la cause de tant de douleur, il s'insurge : c'est trop injuste ! Le vaillant héros saisit

Alceste

ses armes et se précipite aux Enfers. Il veut se battre avec la mort elle-même pour lui arracher Alceste. La noble Perséphone*, épouse du dieu des morts, s'émeut : tant de dévouement de la part d'Alceste et tant de courage de la part d'Héraclès ! Elle, qui partage son temps entre le monde des vivants et celui des morts, a le pouvoir d'accorder parfois aux défunts de revoir la lumière du jour. Elle l'a fait pour Eurydice, mais la tentative a échoué, elle va le faire pour Alceste. Autorisant la jeune femme à rejoindre son époux, elle la confie à Héraclès et le héros la ramène à Phères auprès d'Admète.

Alceste et Admète vivront paisiblement et vieilliront l'un près de l'autre. L'amour et la bonté du couple royal de Phères seront donnés en exemple dans toute l'Antiquité, et au ve siècle avant notre ère, le grand poète grec Euripide célébrera le sacrifice d'Alceste dans une tragédie qui porte son nom. Beaucoup plus tard, au XVIIe et au XVIIIe siècle, Lully puis Gluck composeront des opéras tirés de la légende d'Alceste. L'épisode dramatique de la mort d'Alceste inspira aussi le sculpteur Rodin.

Amazones

Dans le lointain pays des Scythes (Géorgie actuelle), vivait un peuple de femmes guerrières, qui, disait-on, descendaient du dieu de la guerre Arès*. On les appelait les Amazones. Fières cavalières, armées d'arcs et de flèches, les Amazones faisaient grande impression sur les armées ennemies qui, elles, étaient toujours composées d'hommes. Et pour les hommes, se trouver devant des femmes en armes, c'était difficile à admettre, d'autant plus que les Amazones étaient d'excellents soldats. De l'avis de la plupart d'entre eux, une femme, à moins d'être une déesse comme Artémis* ou Athéna*, était faite pour faire des enfants et la cuisine !

Sous l'autorité d'une reine, les Amazones formaient une bien étrange société, dont les hommes étaient exclus, sinon pour des unions éphémères qui leur permettaient d'avoir des enfants. Mais les nouveau-nés du sexe masculin étaient soit tués, soit destinés à être des esclaves. Entraînées très jeunes à la chasse et au combat, les Amazones se coupaient le sein droit pour être plus à l'aise au tir à l'arc, ce qui explique leur nom, qui signifie en grec « qui n'a pas de sein ». Vivant à la dure, elles se nourrissaient uniquement du produit de leur chasse.

Deux reines des Amazones sont célèbres dans la mythologie. La première, Hippolyté, avait reçu du dieu Arès une superbe ceinture qui était le signe de son pouvoir. Ce fut l'une des tâches d'Héraclès*, lors de ses Douze Travaux, que de s'emparer de la ceinture d'Hippolyté. Hippolyté avait une sœur, Antiopé, qui fut enlevée par Thésée*, alors roi d'Athènes. La jeune Amazone, qui aimait Thésée, lui donna un fils, Hippolyte. Cependant, la reine des Amazones, pour arracher sa sœur à ses amours conjugales, envahit l'Attique avec son armée de femmes, mais elle fut vaincue et Antiopé mourut en combattant au côté de Thésée.

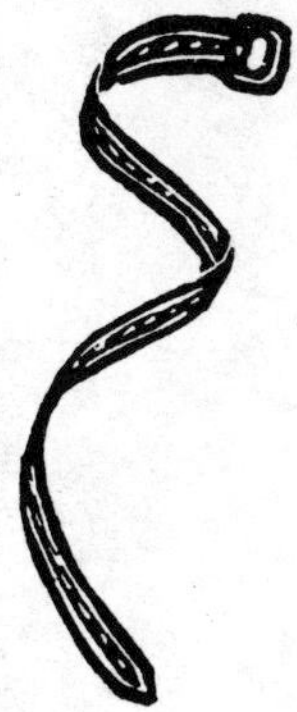

La seconde reine des Amazones, au nom devenu légendaire, est Penthésilée.

Lors de la guerre de Troie*, elle fut l'alliée du roi Priam* et, avec toute son armée, elle vola au secours des Troyens contre les Grecs. Mais Achille* se lança dans la bataille et, combattant avec rage, il tua Penthésilée, sans savoir qui elle était. Lorsqu'il lui retira son casque et sa cuirasse, comme c'était l'usage après la mort d'un ennemi, il découvrit que son adversaire était une femme et, de plus, très belle. Il tomba amoureux d'elle et fut saisi de désespoir à l'idée qu'elle était morte. Un de ses compagnons se moqua de lui, trouvant ridicule que le vaillant guerrier versât des larmes sur un cadavre de femme. Achille, ne supportant pas ses plaisanteries, le transperça de son épée. De l'amour d'Achille pour Penthésilée, le dramaturge romantique allemand Heinrich von Kleist tira le sujet d'une tragédie. Mais dans cette très belle pièce de théâtre, traduite en français par Julien Gracq, les rôles sont inversés et c'est Penthésilée qui met à mort Achille.

La mémoire de ces cavalières émérites s'est conservée en français dans le sens du mot « amazone », qui désigne une femme montant à cheval.

Andromaque

Fille du roi d'une ville d'Asie Mineure, proche de Troie, elle épousa Hector*, le vaillant fils du roi de Troie Priam*. Les deux époux eurent un fils bien-aimé, Astyanax*. Le père et les sept frères d'Andromaque, qui s'étaient ralliés à Priam lors de la guerre de Troie*, furent massacrés par Achille. Hector, qui commandait l'armée troyenne, fut à son tour tué par Achille* peu avant la chute de Troie. Quand les Grecs prirent la ville, ils se partagèrent les prisonniers, et Andromaque échut au fils d'Achille, Néoptolème* que l'on surnommait le « Roux » (*Pyrrhos* en grec). Celui-ci s'éprit d'elle et l'emmena avec Astyanax dans son royaume, l'Épire. Or, Néoptolème était fiancé à Hermione*, la fille de Ménélas* et d'Hélène*, qu'il épousa à son retour. Bien que n'aimant guère son mari, Hermione était jalouse d'Andromaque, car celle-ci eut plusieurs enfants de Néoptolème, alors qu'elle même ne pouvait en avoir. Néoptolème fut tué à Delphes, où il était venu consulter l'oracle, et, en mourant, il confia Andromaque au frère d'Hector, Hélénos, qu'il avait emmené en Épire, et

à qui il légua son royaume. Enfin un peu de bonheur pour Andromaque, qui retrouvait ainsi une famille troyenne. À la mort d'Hélénos, elle repartit en Asie Mineure avec un de ses fils, Pergamos, et fonda une nouvelle ville, Pergame, en souvenir de Troie (Pergame était la citadelle de Troie).

Toutes les traditions et tous les auteurs sont d'accord sur les premiers épisodes de la vie d'Andromaque : son mariage, la naissance d'Astyanax et la mort d'Hector, tels que les raconte Homère dans l'*Iliade*. Mais sur ce qui se passe après la prise de Troie, il existe des versions différentes. Au ve siècle avant notre ère, le poète grec Euripide insiste dans sa tragédie *Andromaque* sur la jalousie d'Hermione. Quant à Racine, il fait d'Andromaque un personnage de veuve fidèle et de mère dévouée au seul Astyanax, ce qui n'est pas tout à fait dans la tradition antique !

Antigone

Lorsque le roi Œdipe*, aveugle et vieillissant, fut banni de Thèbes, sa fille Antigone l'accompagna dans son exil. On imagine cette jeune fille, sévère et éplorée, guidant les pas de son malheureux père jusqu'à Colone, aux environs d'Athènes, où celui-ci devait mourir.

Antigone

Or, avant qu'Œdipe meure, Ismène, sa plus jeune fille, vint rejoindre son père et sa sœur à Colone et les mit au courant de la situation catastrophique dans laquelle se trouvait la ville de Thèbes. Étéocle et Polynice, les frères d'Antigone, se disputaient le pouvoir. Ils avaient d'abord décidé de se le partager : une année l'un régnerait, une année l'autre. Étéocle, en tant qu'aîné, était monté le premier sur le trône, mais à la fin de l'année, il avait refusé de laisser sa place à son frère. Chassé de Thèbes, Polynice avait trouvé refuge auprès du roi d'Argos, Adraste, dont il avait épousé la fille. Avec son beau-père, son ami Thydée et quatre autres chefs grecs, il préparait l'expédition des « Sept contre Thèbes » pour tenter de reprendre la ville à son frère. De son côté, Étéocle, avec le soutien de son oncle, Créon, tenta de faire revenir Œdipe à Thèbes, car sa présence, disait l'oracle, devait lui assurer la victoire contre Polynice et ses alliés. Mais Œdipe ne voulut rien entendre : il était âgé, il était allé au bout de son terrible destin et, à l'heure de la mort, ne cherchait qu'à se réconcilier avec les dieux. Quand Polynice, à son tour, sollicita le soutien de son père, celui-ci le lui refusa de même. Que ses fils accomplissent leur propre destin ! Et le vieux roi mourut sans connaître les sombres péripéties qui allaient suivre.

Antigone, le cœur brisé par la mort de son père, rentra avec Ismène à Thèbes où elle retrouva son cousin Hémon, le fils de Créon, à qui on l'avait fiancée. Mais l'armée des sept chefs, sous le commandement d'Adraste et de Polynice, mit alors le siège aux sept portes de la ville. Antigone pleura, et dès lors elle ne cessa de pleurer

Antigone

sur le destin funeste de sa famille. Polynice et ses alliés lancèrent l'assaut contre la ville. Mais les soldats thébains ripostèrent avec force et l'armée des sept chefs fut anéantie. Étéocle affronta son frère en combat singulier : ils tombèrent sous les coups l'un de l'autre.

Qui va gouverner à Thèbes ? Créon devient régent et c'est lui qui organise les funérailles des vaillants soldats morts au combat. Étéocle est enterré avec tous les honneurs dus à un roi, mais Créon refuse que Polynice soit inhumé : c'est, dit-il, un traître, un rebelle, il s'est allié aux ennemis de Thèbes et son cadavre doit rester sans sépulture. Alors Antigone s'insurge : pour elle, c'est un devoir sacré, un devoir envers les dieux que de rendre à son frère mort les honneurs funéraires. La raison d'État que brandit Créon, elle ne veut pas en entendre parler ! Contre les lois des hommes, mais selon les lois des dieux, elle doit enterrer son frère. Et, malgré l'interdiction formelle de Créon, elle va de nuit, à l'insu de tous, jeter quelques pelletées de terre sur la dépouille de Polynice. Crime d'État ! Le lendemain, Antigone est arrêtée, condamnée

à mort et jetée dans un cachot. Hémon intervient, supplie son père, rien n'y fait. Créon est intraitable : la désobéissance d'Antigone doit être punie. Mais quand on ouvre la prison pour mener la jeune fille à son dernier supplice, on la trouve morte : elle s'est pendue. Hémon, de désespoir, se tue sur son cadavre, et la femme de Créon, ne supportant pas la perte de son fils, se suicide à son tour. La malédiction qui s'acharnait sur Œdipe et sa descendance va-t-elle s'achever avec ces morts en série ? Dans cet enchaînement de malheurs, un dernier épisode survient dix ans plus tard : le fils de Polynice, Thersandros, s'alliera aux fils des autres chefs de l'expédition des Sept contre Thèbes. Cette fois-ci, le siège de la ville s'achèvera par une victoire des assaillants : Thersandros s'emparera du pouvoir à Thèbes et le cycle infernal prendra fin.

Les malheurs d'Antigone et de sa famille, la résistance farouche de la jeune fille aux lois de la cité sont des thèmes qui n'ont cessé de hanter l'imagination des hommes depuis l'Antiquité. De grandes œuvres littéraires les font revivre jusqu'à aujourd'hui. Après les tragédies antiques, *Les Sept contre Thèbes* d'Eschyle et *Antigone* de Sophocle, la légende a inspiré les dramaturges Robert Garnier au XVIe siècle, puis Bertolt Brecht et Jean Anouilh au XXe siècle.

Antigone

Aphrodite

Elle est belle, belle comme la mer transparente où jouent les reflets du soleil : c'est la déesse de l'amour, toute en charme et séduction. Les anciens Grecs disent qu'elle est née de l'écume (*aphros*) des vagues qui se brisent sur le rivage, d'où son nom : Aphrodite. On raconte aussi que, lors de la castration d'Ouranos, le Ciel – époux de Gaia*, la Terre –, quelques gouttes de semence tombèrent dans la mer. C'est ainsi fécondée par le Ciel que la mer donna naissance à la belle Aphrodite. Le poète Homère, lui, l'imagine fille de Zeus* et de l'ancienne déesse Dioné. Quelles que soient ses origines, nulle femme, nulle déesse ne l'égale en beauté. Une peau blanche comme l'écume, des yeux plus profonds que la mer profonde, des cheveux blonds qui brillent, telle la lumière méditerranéenne, elle répand autour d'elle un merveilleux parfum de fleurs. À peine est-elle sortie de la mer que le vent Zéphyr l'installe dans un magnifique coquillage nacré et, de son souffle, dirige cet étrange navire vers Cythère, puis sur les rives de l'île de Chypre. La légende est ici très proche de la réalité, car on sait que le culte de cette déesse est venu d'Orient, introduit par les marins phéniciens qui avaient des comptoirs à Chypre et à Cythère. De là les surnoms d'Aphrodite : « Cypris » (de Chypre) ou « Cythérée » (de Cythère). Quand elle toucha terre, dit la légende, des fleurs poussèrent sur son passage. Zéphyr la confia alors aux Heures, bienveillantes divinités des saisons, qui se chargèrent de son « éducation » : elles lui apprirent à être plus charmante et plus élégante encore, et lui firent cadeau d'une somptueuse ceinture d'or, qui devait la rendre irrésistible...

Enfin, voilà Aphrodite prête. Le temps est venu de la présenter au cercle des dieux. Quand elle arrive dans l'Olympe, c'est le coup de foudre ! Séduits, enchantés, les dieux la proclament « déesse de la beauté et de l'amour ».

Aphrodite

C'est pourtant le plus laid, le plus difforme d'entre eux, Héphaïstos* le Boiteux, qui obtient sa main. Ce mariage, le plus mal assorti de toute la mythologie, donne lieu à bien des légendes, où Héphaïstos gagne le titre de « dieu des cocus » ! Aphrodite commence par séduire Arès*, le vigoureux dieu guerrier. Mais voici qu'un matin, Hélios, le Soleil, qui a lui aussi quelque vue sur Aphrodite, surprend les deux amants encore endormis... et s'empresse d'aller avertir Héphaïstos. Celui-ci n'a plus qu'une idée : la vengeance. Dans les tréfonds de la terre, il fait forger par ses Cyclopes un filet magique, véritable piège qu'il est seul à savoir manœuvrer. La nuit venue, il se glisse dans la chambre de son épouse et referme son filet sur le lit où elle dormait avec Arès. Puis il convoque tous les dieux à voir le spectacle. Le malheur des uns fait le bonheur des autres : réunis autour des amants pris au piège, dieux et déesses se tordent de rire, lancent des plaisanteries grossières et se moquent d'Aphrodite et d'Arès... mais aussi d'Héphaïstos, qui ne sort pas tellement glorieux de cette affaire ! Enfin, le grave Poséidon*

demande au mari jaloux de mettre fin à la plaisanterie, et, pleins de honte, Aphrodite et Arès s'enfuient, l'une à Chypre, l'autre en Thrace. De leurs amours, dit-on, sont nés entre autres Deimos (la Terreur), Phobos (la Crainte) et Éros (l'Amour), qui, à coups de flèches, sème la passion dans les cœurs.

Ces exploits amoureux ne suffisent pas à Aphrodite. Elle séduit tour à tour Dionysos* et Poséidon. Elle se refuse à Hermès*, mais celui-ci, avec l'aide de Zeus, lui vole sa sandale, et, pour la récupérer, elle doit se soumettre : de cette union naît un garçon, Hermaphrodite, qui deviendra une étrange créature, mi-homme mi-femme.

Aphrodite

Mais il n'y a pas que dans l'Olympe que les caprices de la déesse provoquent désordre et scandale. La voici éperdument amoureuse d'un mortel, le jeune Syrien Adonis : quand il est tué par un sanglier qu'Arès, fou de jalousie, a lancé contre lui, Aphrodite fait naître de son sang des anémones rouges. Puis elle s'éprend follement d'un autre mortel, le beau Troyen Anchise : elle lui donne un fils, Énée, qui, après la chute de Troie, ira s'installer en Italie, où ses descendants fonderont Rome. Une grande famille romaine, la *gens*[1] Julia – dont était issu Jules César – s'affirmait descendante de Vénus (nom latin d'Aphrodite). La ville de Rome elle-même était sous la protection de la déesse, symbole de la force de vie.

L'amour selon Aphrodite, ce n'est pas seulement le charme et le plaisir : c'est aussi la cruauté, la jalousie et la vengeance. Non contente de rendre fous d'elle hommes et dieux, elle inspire souvent des passions funestes, et utilise

1. Le mot *gens* en latin sert à désigner les grandes familles patriciennes (nobles) de Rome. Famille au sens large, la *gens* regroupe tous ceux qui se réclament d'un ancêtre commun.

Aphrodite

le sentiment amoureux jusqu'à la folie pour se venger de ceux qui ne lui rendent pas suffisamment hommage. Dans le cœur de Myrrha, qui avait négligé son culte, elle suscite un amour incestueux pour son père ; dans celui de Phèdre*, elle allume une passion pour son beau-fils Hippolyte qui les conduira tous les deux à la mort. Le roi de Sparte, Tyndare, ne lui a pas réservé sa part lors d'un sacrifice : elle fait commettre à son épouse Léda* un adultère avec Zeus, et condamne sa descendance à des amours tumultueuses. Derrière les épisodes amoureux les plus cruels et les plus violents de la mythologie, il y a toujours un caprice ou une colère d'Aphrodite. Mais à ceux qui la vénèrent et la craignent, elle sait procurer plaisirs et bienfaits.

Si le charme d'Aphrodite agit sur les dieux, il en va tout autrement avec les déesses. Agacées par son comportement, jalouses peut-être, ces dames de l'Olympe ne la portent pas dans leur cœur. Héra* lui emprunte bien parfois sa fameuse ceinture d'or, qui rend irrésistible, pour arracher un temps son volage époux à ses multiples amours, mais elle a du mal à accepter qu'Aphrodite soit consacrée partout reine de beauté. Un jour, la dispute éclate. Lors d'un banquet donné pour les noces de Thétis* et de Pélée*, Éris, la Discorde, lance au milieu de la table une pomme d'or portant cette inscription : « À la plus belle. » Déjà les regards se tournent vers Aphrodite, mais Héra et Athéna* revendiquent aussitôt la pomme et le titre. Zeus, prudent, décide que ce ne sera pas un dieu, mais un mortel, qui fera l'arbitrage. On choisit Pâris*, fils du roi de Troie Priam*, et Hermès conduit les trois déesses sur le mont Ida de Troade où le jeune prince garde ses troupeaux. Pâris n'a jamais vu d'aussi belles femmes. Ébloui, il hésite. Héra promet alors de lui donner l'Asie pour empire, Athéna renchérit : elle le rendra invincible dans les combats. Aphrodite, elle, connaît les hommes : elle commence par se défaire de sa tunique, et, dans toute sa nudité, lui promet la plus belle femme du monde. C'est elle qui reçoit la pomme. Pâris, en récompense, pourra séduire la belle Hélène*, épouse du roi de Sparte, Ménélas*. Cadeau empoisonné qui déclenchera un effroyable conflit : la guerre de Troie*. Dans les combats, Héra et Athéna

Aphrodite

s'engageront par dépit du côté des Grecs, et Aphrodite, protégeant Pâris et son propre fils Énée, sera du côté des Troyens.

Capricieuse et cruelle, dangereuse même, Aphrodite reste cependant, dans la mémoire des hommes, symbole de beauté, de charme et de douceur de vivre : représentée dans sa nudité splendide par de grands sculpteurs grecs comme Praxitèle, on la verra dans toute la peinture occidentale (Botticelli, Titien, Vélasquez, Rubens, etc.), parfois entourée de ses compagnes de jeux, les Grâces (ou Charites), au milieu de ses fleurs préférées, la rose et le myrte, ou encore sur son char attelé de ses oiseaux favoris, les colombes.

Apollon

Quel est ce dieu au corps d'athlète, au visage calme et grave, qui s'avance dans l'Olympe, tenant son arc dans une main et de l'autre une lyre ? C'est Apollon, le fils de Zeus* et de Léto*, le frère jumeau d'Artémis*. Apollon, le dieu de la lumière solaire et de l'intelligence, le dieu de la musique et de la poésie.

Apollon

L'histoire d'Apollon commence sur une petite île rocheuse de la mer Égée, où Léto, poursuivie par la jalousie d'Héra*, trouve enfin refuge pour mettre au monde les jumeaux qu'elle a conçus avec le maître des cieux. Après un accouchement long et difficile, Apollon et Artémis voient le jour. Thémis, déesse de la justice, est descendue de l'Olympe avec les autres dieux – Héra exceptée – pour assister à la naissance. Elle a apporté avec elle le nectar et l'ambroisie, nourritures divines par excellence, et les fait absorber au nouveau-né. L'effet est prodigieux : le petit Apollon quitte son berceau et devient en quelques jours un superbe garçon d'une force extraordinaire et d'une beauté resplendissante. Zeus envoie alors à son fils un char attelé de cygnes et offre à ses deux enfants des arcs et des flèches fabriqués spécialement pour eux par Héphaïstos, le dieu de la forge. Le frère et la sœur montent sur le char et quittent l'île qui, devenue fertile et verdoyante, prendra alors le nom de Délos, « celle qui apparaît dans la lumière ».

Apollon

Les cygnes entraînent d'abord les jeunes dieux vers le nord, au pays mystérieux et lointain des Hyperboréens. Après quelque temps passé dans ces régions nordiques, Apollon, toujours accompagné de sa sœur, revient en Grèce, au pied du mont Parnasse. Le site est magnifique : de hautes falaises brillantes, des pentes couvertes de forêts où murmurent des sources et d'où le regard plonge vers la mer au-dessus d'une plaine plantée d'oliviers. C'est le printemps. Les habitants accueillent le jeune dieu avec des fleurs et des chansons. Apollon est séduit : c'est là qu'il établira son culte. Mais dans une grotte sombre veille un terrible dragon, le serpent Python. Fils de la déesse Terre Gaia*, il est gardien de très anciens cultes rendus aux antiques divinités chthoniennes, celles de la génération d'avant Zeus et les Olympiens. Le monstre, inspiré par sa mère, rendait des oracles, mais par ailleurs dévastait la région.

Pour s'installer dans le lieu qu'il a choisi, le jeune dieu doit tuer le dragon qui, crachant mille flammes, se jette sur lui. Apollon l'esquive, bande son arc, tire,

Apollon

et la flèche blesse à mort le serpent monstrueux. Or, après ce meurtre, Apollon, tout dieu qu'il est, doit se purifier. Accompagné de sa sœur, il s'exile à côté du mont Olympe, dans la douce vallée du Tempé où coule un fleuve purificateur. Puis il revient au pied du Parnasse, là où doit s'établir son sanctuaire. Il lui faut encore se réconcilier avec Gaia, l'antique déesse de la Terre. Il institue donc les jeux Pythiques, cérémonies sportives et religieuses en l'honneur de sa victime, le serpent Python. Puis il fait revivre le vieil oracle et le confie à une prêtresse qui prend le nom de Pythie. Mais pour servir le dieu dans son nouveau sanctuaire, il faut des prêtres. Alors qu'il méditait devant la mer, Apollon aperçoit un navire crétois qui croise au large. Il s'élance et, sous la forme d'un dauphin, rejoint le bateau auquel il indique le chemin du rivage proche. Reprenant son aspect de dieu, il initie les voyageurs aux secrets divins et en fait ses prêtres. Ceux-ci, parce que le nom grec du dauphin est *delphis,* donnent au lieu le nom de Delphes. Le sanctuaire de Delphes et l'oracle de la Pythie vont jouer un rôle considérable

Apollon

dans la mythologie et dans l'histoire de l'Antiquité. Jusqu'à l'époque romaine, on viendra y consulter l'oracle pour comprendre les malheurs des hommes et des cités, pour connaître l'avenir, pour éviter les erreurs et les pièges de la vie. Le pouvoir prophétique d'Apollon en fit le dieu des poètes et des devins que, dit-on, il inspirait.

Apollon est un dieu puissant et son père Zeus a pour lui une tendresse particulière. Quand il entre dans l'Olympe, le maître des dieux lui-même lui tend le nectar et l'ambroisie. C'est aussi un remarquable musicien. Entouré des Muses*, dont il dirige le chœur, il charme l'assemblée des dieux par ses chants qu'il accompagne à la lyre, ce merveilleux instrument inventé par le dieu Hermès*.

La musique, dit-on, adoucit les mœurs. Mais Apollon n'est pas seulement un dieu du charme et de la douceur. Ses colères, ses vengeances sont mémorables. Un jour qu'Héraclès* était venu à Delphes consulter l'oracle, la Pythie refusa de lui répondre. Le héros saisit alors le trépied sur lequel elle était assise et

menaça de piller le temple, de tuer les prêtres et de s'emparer de l'oracle à son profit. Apollon se jeta sur lui et il fallut l'intervention de Zeus en personne pour séparer les combattants. Une autre fois, le Satyre* Marsyas, qui jouait de la flûte double, lança un défi au dieu musicien. On organisa un concours et Apollon, avec sa lyre, fut déclaré vainqueur. Or, dans le jury, seul le roi de Phrygie Midas* avait osé dire qu'il préférait Marsyas. Pour le punir, le dieu lui fit pousser des oreilles d'âne ! Mais beaucoup plus cruelle fut la punition qu'il infligea à Marsyas : pendu à un arbre, il fut écorché vif.

À deux reprises, Apollon affronta même son propre père. La première fois, il participa avec son oncle Poséidon* à un complot organisé par Héra. Celle-ci, lassée des infidélités de son mari, voulut l'enchaîner pour l'empêcher de courir à travers ciel et terre. Le complot échoua et Zeus, furieux, condamna son fils et son frère à devenir pour un temps esclaves d'un mortel. C'est ainsi que Poséidon et Apollon durent servir le roi de Troie, Laomédon : l'un en construisant les murs de sa cité, l'autre en gardant ses troupeaux. Mais quand s'acheva la période fixée pour ce travail, Laomédon refusa de verser à ses deux serviteurs le salaire qui avait été convenu. Il les menaça même de leur couper les oreilles, comme on le faisait aux esclaves rebelles. Retrouvant alors leur puissance divine, Apollon et Poséidon lancèrent des cataclysmes sur le pays de Troie : un monstre dévasta la région, et la peste décima ses habitants.

Apollon

La seconde fois qu'Apollon mécontenta son père, on peut dire que c'était plutôt la faute de Zeus ! En effet, un des fils d'Apollon, Asclépios*, dieu de la médecine, réussit si bien à guérir les mortels qu'ils ne mouraient plus. L'ordre du monde en était menacé et, pour rétablir les choses, Zeus foudroya Asclépios. Fou de douleur, Apollon tua alors les Cyclopes qui avaient fabriqué la foudre. Mais c'était là contrevenir aux ordres du maître des dieux, et pour punir son fils, Zeus l'envoya encore une fois en esclavage chez les hommes. Apollon servit alors le roi de Thessalie Admète, avec lequel il s'entendit fort bien et qu'il aida à conquérir la femme qu'il aimait, Alceste*.

Contrairement à sa sœur, la chaste Artémis, Apollon fut souvent amoureux. Cependant, malgré sa beauté et le charme de son esprit, il connut bien des déboires dans ce domaine. Les femmes qu'il aima, impressionnées par son aspect divin ou inquiètes à l'idée qu'il ne leur serait pas fidèle, préféraient s'unir à de simples mortels. Ainsi, de Créüse, fille du roi d'Athènes, il eut un fils, Ion. Mais Créüse épousa Xouthos, qui par la suite adopta Ion. De même, Coronis, bien qu'enceinte du dieu, choisit de vivre avec un mortel. Un corbeau, que le dieu avait chargé de surveiller la belle, prévint Apollon de la trahison. Apollon, furieux, se vengea d'abord sur le malheureux corbeau qui, de blanc qu'il était à l'origine, devint un oiseau noir. Puis il tua Coronis et son mari. Mais avant que le cadavre de la jeune femme fût consumé sur le bûcher funéraire, il en arracha l'enfant qui vivait encore : c'était Asclépios. Plus tard, ce fut Marpessa, princesse d'Étolie, qui, par peur d'être abandonnée du dieu, lui préféra un prétendant mortel. Cassandre*, la fille du roi de Troie Priam*, se fit initier par Apollon à l'art de la divination, contre la promesse qu'elle se donnerait à lui. Mais une fois en possession du don prophétique, elle se refusa. Pour se venger, le dieu lui jeta un sort : personne n'ajouterait foi à ses prédictions. Ainsi, la belle Cassandre prédit tous les malheurs de la guerre de Troie*, mais jamais on ne la crut.

Apollon

Les amours malheureuses du dieu solaire donnèrent parfois lieu à d'étranges métamorphoses. Une jeune fille de Delphes, Castalie, à qui il faisait une cour pressante, se jeta dans une rivière qui coulait dans le sanctuaire et se transforma en source. La source, que l'on peut voir encore aujourd'hui à Delphes, porte le nom de Castalie, et était réputée pour donner l'inspiration aux poètes.

Une nymphe, Daphné, poursuivie par Apollon et sur le point d'être rattrapée, supplia sa mère, la Terre, de la cacher. La Terre s'ouvrit et engloutit Daphné. À cet endroit poussa le premier laurier (*daphnè* en grec), dont Apollon fit son arbre sacré : la Pythie, en rendant ses oracles, mâchait des feuilles de laurier.

Apollon

Deux jeunes gens qu'Apollon aimait tendrement, Hyacinthos et Cyparissos, connurent un sort tragique. Un jour que Hyacinthos s'exerçait en compagnie du dieu au lancement du disque, le projectile lancé par Apollon atteignit malencontreusement le jeune homme à la tempe et il fut tué sur le coup. Apollon, ne pouvant rendre la vie à son ami, immortalisa son nom en faisant naître de son sang une fleur : la jacinthe, qui ressuscite à chaque printemps. Cyparissos, lui, avait réussi à apprivoiser un cerf dont il avait fait son compagnon de promenade et de jeux. Un jour qu'il s'entraînait au javelot, il tua par inadvertance l'animal d'un coup de son arme. Désespéré, il supplia Apollon de lui donner la mort. Le dieu le transforma en cyprès (*cyparissos* en grec), arbre qui, depuis l'Antiquité, continue à symboliser la peine de ceux qui ont perdu un être cher.

Surnommé le « Brillant » (« Phoibos » en grec et « Phébus » chez les Romains), Apollon est un dieu de lumière. Lumière du soleil (à ne pas confondre avec l'astre lui-même, qui est le dieu Hélios), il s'éloigne l'hiver et revient triomphant au printemps. Mais aussi lumière de l'intelligence et de la raison. C'est le dieu qui, grâce à son oracle, aide à voir « juste », à distinguer le vrai du faux, à rendre clair ce qui est obscur. Dieu solaire bienfaisant qui apporte la vie, il peut être aussi celui qui apporte la mort : dans un pays brûlé par le soleil comme l'est la Grèce en été, les rayons de lumière qu'envoie Apollon peuvent être des traits mortels. Comme celles d'Artémis, les flèches d'Apollon sont redoutables quand elles frappent les humains. Mais elles ne tuent pas au hasard : ce ne sont jamais les instruments du carnage ou de la violence déchaînée. Elles frappent les mortels trop orgueilleux qui, comme Niobé*, ont cru pouvoir se mesurer aux dieux, ou ceux dont le temps de vie est achevé, comme Patrocle* et Achille*. Elles frappent aussi les monstres appartenant au monde des anciennes divinités chthoniennes qui doivent se soumettre au nouvel ordre divin institué par Zeus, l'ordre olympien. Dieu musicien avec sa lyre, dieu archer avec ses flèches, Apollon est en quelque sorte le dieu « diapason » qui donne la note juste dans le vacarme du monde. Il rappelle à chacun la partition qu'il doit jouer,

Apollon

Apollon

que les mortels doivent mourir et qu'ils n'ont pas à prendre la place des dieux, et que les dieux ne doivent pas trop se mêler des affaires des hommes.

Représentant la beauté et l'intelligence, l'équilibre et l'harmonie, c'est le plus grec de tous les dieux grecs. On lui rendait un culte dans tout le monde hellénique. Ses deux sanctuaires les plus importants étaient à Délos et surtout à Delphes. Mais à Rome aussi, Apollon fut un dieu important. L'empereur Auguste en fit son protecteur et lui fit construire un temple sur le mont Palatin. Dans l'Antiquité, aucun dieu ne fut plus représenté qu'Apollon. Les sculpteurs lui donnaient la forme d'un jeune homme aux cheveux bouclés, à la beauté parfaite, portant l'arc ou la lyre. À travers le temps, il inspira de nombreux artistes : Michel-Ange et Raphaël à la Renaissance, Delacroix au XIXe siècle, Bourdelle et Rodin au XXe, par exemple.

Arès

Brutal, sanguinaire, c'est le violent dieu de la guerre, celui qui arpente les champs de bataille, vêtu de son armure de bronze.

Accompagné d'Éris, divinité de la discorde, il pousse les combattants au carnage et leur jette au cœur la haine de l'ennemi et le désir de tuer. Bien que fils des maîtres de l'Olympe, Zeus* et son épouse Héra*, Arès n'est pas très apprécié chez les dieux olympiens. Le sens de la mesure, la sagesse et l'équilibre qui les caractérisent lui sont parfaitement inconnus. Il préfère la fureur des batailles, le tumulte des combats et la rage qui déferle sans raison dans l'âme des soldats. Aussi son père se méfie-t-il de lui, et sa demi-sœur Athéna*, déesse guerrière certes, mais adversaire résolue de la violence, oppose à sa passion des massacres la stratégie raisonnée, la tactique réfléchie et la négociation. Athéna et Arès sont les deux visages de la guerre. L'une cherche, en faisant appel à l'intelligence, en mesurant les forces en présence, en exaltant le vrai courage, à trouver une solution la moins meurtrière possible. L'autre exaspère les passions, déchaîne la violence et se réjouit du sang versé. Il ne réfléchit pas, il fonce... et se met parfois dans des situations très embarrassantes, qu'il aurait pu prévoir s'il avait pris le temps de penser

Arès

Arès

un peu à ce qu'il faisait : il se retrouva ainsi enfermé durant treize mois dans un tonneau par deux géants qu'il avait provoqués. Il faudra que son demi-frère Hermès*, le subtil messager des dieux, s'en mêle pour qu'il soit délivré ! À plusieurs reprises, Arès fut blessé par des mortels lorsque, sans réfléchir, il se mêla à leurs combats. Ainsi, durant la guerre de Troie*, Zeus avait interdit aux dieux de combattre directement. Faisant fi de cette interdiction, Arès se jeta dans la mêlée et reçut un coup d'épée d'un héros assisté par Athéna. Lors d'un affrontement avec Héraclès*, sur la route de Delphes, il fut gravement atteint à la cuisse.

Ce dieu de la guerre, fanfaron, toujours prêt à la bagarre, séduisit la charmante déesse de l'amour, Aphrodite*, qui avec lui – entre autres ! – trompa allégrement son époux Héphaïstos*. Arès était un amant horriblement jaloux, non du malheureux mari, mais de ses innombrables rivaux dans le cœur d'Aphrodite. Il provoqua ainsi la mort d'Adonis que la déesse aimait tendrement.

Un jour, Hélios, le Soleil, surprit les ébats d'Aphrodite et d'Arès. Par jalousie, ou par simple souci des convenances, il s'empressa d'avertir le mari trompé. Héphaïstos, grâce à ses talents de forgeron, confectionna un filet de métal léger qui emprisonna les amants durant leur sommeil. Puis il convoqua tout l'Olympe à contempler l'adultère surpris en flagrant délit. Les déesses, pudiques, restèrent à l'écart, mais les dieux, toujours prêts à saisir une bonne occasion de plaisanter, se précipitèrent et éclatèrent de rire, de ce fameux rire qui est le propre des Immortels. Mais, à vrai dire, c'était plus du mari cocu que des amants surpris, qu'ils se moquaient... Poséidon* mit fin à la plaisanterie et les amants, enfin délivrés, s'enfuirent chacun de leur côté, non sans qu'Arès eût payé une forte amende.

Arès

D'Aphrodite, Arès eut plusieurs enfants. Éros est l'un d'eux, malicieux archer de l'amour dont les flèches provoquent le « coup de foudre » et que les Romains appellent Cupidon. Les Amazones*, ces terribles femmes guerrières, descendent elles aussi d'Arès et d'Aphrodite. Mais le dieu de la guerre eut bien d'autres aventures, avec des nymphes ou des mortelles. Les enfants qui naquirent de ces multiples

Arès

liaisons connurent souvent des sorts difficiles. Être fils ou fille du bouillant Arès n'était pas de tout repos !

L'un d'eux, Phlégyas, voulut mettre le feu au sanctuaire de Delphes et mourut sous les flèches d'Apollon*. Un autre fils est l'abominable Diomède, qui nourrissait ses juments de chair humaine. Il fut livré en pâture à ses bêtes par Héraclès, dont l'un des Douze Travaux consistait à capturer les cavales anthropophages de ce fils d'Arès.

Un jour, sur une colline d'Athènes, sa fille Alcippé fut agressée par un des nombreux et monstrueux fils de Poséidon. Arès, voulant protéger sa fille, tua le monstre. Poséidon demanda alors qu'Arès fût traduit devant le tribunal des dieux. Le procès se déroula sur le lieu du crime, qui prit le nom de « colline d'Arès », l'Aréopage. Arès fut acquitté par les dieux, mais, ainsi inaugurée, la colline de l'Aréopage continua à servir de cadre à tous les procès religieux qui se déroulèrent à Athènes durant l'Antiquité.

À leur dieu de la guerre, Mars, les Romains attribuèrent la plupart des aventures du dieu grec. Mais Mars a une autre stature qu'Arès. Chez les Romains, peuple guerrier

et conquérant, le culte rendu au dieu Mars était très important dans la religion d'État. Le fondateur de Rome, Romulus*, n'était-il pas lui-même fils de Mars ? C'est du moins ce que raconte la légende et la ville fut consacrée au dieu Mars. On donna le nom de Champ de Mars au vaste terrain où s'exerçaient les soldats romains et où, avant et après chaque bataille, les armées offraient un sacrifice au dieu de la guerre.

Bien après l'Antiquité, la légende du dieu Arès ou Mars inspira peintres et sculpteurs. Botticelli au XVe, Véronèse au XVIe, Poussin au XVIIe et Boucher au XVIIIe peignirent notamment l'épisode de ses amours avec Aphrodite.

Argonautes

Quand Jason* prépara son expédition maritime pour aller chercher la Toison d'or en Colchide, dans les monts du Caucase, il fit construire un navire extraordinaire : la nef (mot ancien pour dire « navire ») *Argo,* du nom de son constructeur, Argos. De nombreux héros furent tentés par l'aventure et partirent avec Jason. On les a appelés les Argonautes, c'est-à-dire, en grec, les marins (*nautès*) d'Argo. Jason ne pouvait rêver meilleurs compagnons : les Argonautes étaient tous plus courageux, plus habiles et plus doués les uns que les autres. Il y avait Éthalidès, fils du dieu Hermès*, les Dioscures* Castor et Pollux, Héraclès* et son demi-frère Iphiclès, Pélée*, le père d'Achille*, Laërte, le père d'Ulysse*, Orphée* le poète musicien, et le constructeur Argos. Il fallait cinquante rameurs pour faire naviguer *Argo* ! À ces héros célèbres s'en joignirent beaucoup d'autres dont

les noms diffèrent selon les traditions, car chaque cité a voulu ajouter son héros local à la liste.

La nef *Argo* est placée sous le signe des dieux. Inspiré par Athéna*, Argos utilisa, pour construire la proue, un chêne sacré de la forêt de Dodone, dont les arbres étaient réputés rendre des oracles. Douée de parole, la proue du navire devait indiquer aux marins les dangers qu'ils auraient à éviter.

Le récit de l'expédition des Argonautes est le premier récit d'expédition maritime de la mythologie, et précède le voyage d'Ulysse, que le poète grec Homère raconte dans l'*Odyssée.* Avant de partir, les hardis navigateurs consultèrent l'oracle de Delphes, qui leur donna une réponse favorable. Ils offrirent alors un sacrifice à Apollon et larguèrent les amarres...

Le périple des Argonautes les conduisit dans l'île de Lemnos, puis à Samothrace. Ils passèrent ensuite l'Hellespont, détroit qui, entre l'Europe et l'Asie, relie la Méditerranée à la petite mer de Marmara, qu'on appelait alors Propontide. Dans l'île de Cyzique, ils durent livrer un sanglant combat contre les habitants qui les avaient

pris pour des pirates. Ils accostèrent ensuite sur les rivages de Mysie et de Bithynie (régions de la Turquie actuelle), où, entre autres mésaventures, Pollux dut affronter à la boxe le roi géant Amycos. La tempête les repoussa sur le rivage européen de l'Hellespont, en Thrace. À la demande du roi Phinée, ils le débarrassèrent des Harpies, monstres horribles mi-femmes mi-oiseaux, qui le persécutaient. En récompense, Phinée, doué du pouvoir de divination, les avertit du danger que représentaient les « Roches bleues », écueils mouvants, qui, disait-on, se refermaient sur les navires passant le Bosphore, second détroit à traverser avant d'arriver dans la mer Noire, appelée par les Grecs Pont-Euxin. Les Argonautes imaginent alors une ruse : grâce à un pigeon, qu'ils lâchent entre les deux rochers meurtriers, ils évaluent la vitesse de leur mouvement de fermeture et réussissent à passer... de justesse. Les Roches bleues, dit la légende, s'immobilisèrent aussitôt, et pour toujours. Enfin, voici la nef *Argo* dans le Pont-Euxin : les Argonautes peuvent aborder en Colchide, où Jason, grâce à Médée*, s'empare de la Toison d'or.

Le voyage de retour entraînera Jason et ses compagnons à travers la Méditerranée, au gré des tempêtes et de la volonté des dieux : comme Ulysse plus tard dans l'*Odyssée,* ils passent chez Circé, entre Charybde et Scylla, chez les Phéaciens, auprès du roi Alcinoos, puis en Libye et en Crète, où Médée met à mort le géant Talos*. Dans la suite des aventures de Jason, les Argonautes ne joueront pas un rôle aussi central que pendant l'expédition. Il faut dire qu'ils ont tous à vivre leurs propres aventures ! Mais jusqu'à la fin, ils demeureront des amis fidèles du héros.

On explique aujourd'hui que l'expédition lointaine des Argonautes est le récit légendaire des premières « ruées vers l'or ». Dès la plus haute Antiquité, en effet, on connaissait les mines d'or du Caucase et, à travers le Bosphore et la mer Noire, des Grecs, saisis par la fièvre de l'or, avaient atteint la Géorgie, aux frontières de la Turquie et de la Russie actuelles.

Ariane

Fille du roi de Crète Minos* et de son épouse Pasiphaé, Ariane tomba amoureuse du héros athénien Thésée*, venu en Crète pour tuer le Minotaure*, un monstre que Minos avait enfermé dans le Labyrinthe. Elle proposa au jeune homme de l'aider à accomplir sa tâche, à condition qu'il l'épousât. Thésée accepta et elle lui procura une pelote de fil qui lui permettrait, une fois le monstre vaincu, de sortir du Labyrinthe, édifice construit de telle sorte qu'il était impossible, une fois entré, de s'en échapper. Thésée réussit à tuer le monstre et s'enfuit avec la jeune fille. Le navire qui les ramenait à Athènes fit escale à Naxos, et Ariane voulut descendre à terre pour se reposer. À son réveil, le navire avait disparu ! Thésée était parti, la laissant seule dans l'île ! Ariane, tout d'abord accablée de tristesse, fut vite consolée de cet abandon par le dieu Dionysos*, qui surgit sur l'île avec son cortège de joyeux compagnons, la recueillit, l'emmena sur l'Olympe et... l'épousa. En cadeau de noces, il lui offrit un splendide diadème

d'or, qui, accroché au ciel, devint une constellation : la couronne boréale.

Thésée, de son côté, épousa la sœur d'Ariane, Phèdre*, qui connut un tragique destin.

De très nombreux opéras ont été composés sur la légende d'Ariane, dont *Ariane à Naxos* de Richard Strauss : cette œuvre s'achève sur un duo d'amour entre Ariane et son sauveur Dionysos qui, porte son nom latin : Bacchus. L'expression courante « fil d'Ariane », employée pour désigner une piste qui permet de sortir d'une situation embrouillée, est un écho lointain à l'épisode du Labyrinthe.

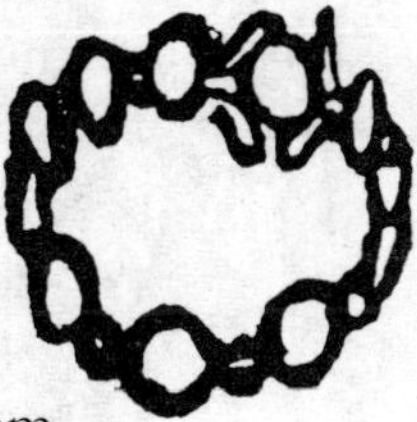

Artémis

On l'imagine, légère, courant à travers landes, montagnes et forêts dans la lumière de la lune. Seule ou accompagnée de Nymphes*, toujours armée de son carquois et de ses flèches, elle chasse... et gare à qui deviendra sa proie, car elle vise mieux que le plus habile des archers ! C'est la déesse Artémis, sœur jumelle du

Artémis

dieu Apollon*. Comme son frère, Artémis est une divinité de la lumière : elle symbolise, sous le nom de Phoibé (qui signifie « brillante » en grec), la lumière de la lune. Dans les cheveux de la chasseresse intrépide scintille un diadème orné d'un croissant de lune.

Artémis est née sur l'île de Délos, où sa mère Léto* vint accoucher des jumeaux qu'elle attendait de Zeus*, le maître des dieux. Sitôt née, Artémis reçoit en cadeau de son père un arc en or et des flèches, fabriquées par Héphaïstos*, le dieu de la forge : la voici déesse de la chasse.

Étrange divinité : de ses flèches infaillibles Artémis sème la mort, mais c'est elle aussi qui protège la vie, préside aux naissances, guérit les malades et les blessés, veille sur les troupeaux et les campagnes. Comme la nature qui est par excellence son domaine, elle est tout aussi tendre et maternelle qu'indifférente et cruelle. Si elle tue, c'est pour que la vie continue, pour que les gros prédateurs épargnent les troupeaux, pour que les vieux laissent la place aux jeunes. Avec Artémis, pas de violence, pas de massacres gratuits. Comme son frère Apollon, qu'elle accompagne dans ses premières expéditions, elle est une divinité de l'équilibre et de l'harmonie.

Artémis

Comme la nature sauvage, Artémis est farouche et libre, et elle tient avant tout à rester chaste et pure. Ceux qui ont été tentés de la séduire en ont été pour leurs frais. Un jour, le jeune chasseur Actéon surprit la déesse et ses Nymphes qui se baignaient nues dans une fontaine pour se reposer de leurs courses folles. Fasciné par le spectacle, il s'approche et regarde avec insistance ces belles jeunes femmes. La déesse l'aperçoit. Outragée, elle se venge sur-le-champ et métamorphose le jeune homme en cerf. Les chiens d'Actéon, ne reconnaissant plus leur maître, se mettent à sa poursuite, le rattrapent et l'égorgent. Ainsi périt le chasseur trop curieux, déchiré et dévoré par ses propres chiens.

Un autre chasseur, le Géant Orion, fut victime de son amour pour Artémis. Fils de Poséidon*, Orion était très beau, et la chaste déesse n'était pas insensible à son charme. Elle acceptait même parfois sa compagnie lors de ses longues randonnées. Un jour qu'ils chassaient dans l'île de Chios, Orion voulut la prendre dans ses bras. Artémis fit alors jaillir du sol un scorpion noir qui piqua le malheureux au talon. Orion mourut et Artémis remercia le scorpion qui avait protégé sa vertu en le transformant en constellation. C'est le Scorpion, signe du Zodiaque. Mais attendrie par sa victime, elle transporta aussi le Géant dans le ciel où il devint à son tour une constellation : Orion. On raconte parfois que ce n'est pas Artémis, mais son frère Apollon, qui causa la mort d'Orion. Très amoureuse du Géant, la déesse aurait songé à l'épouser. Apollon, jaloux de la vertu de sa sœur, usa d'un stratagème pour se débarrasser du séducteur. Il proposa à Artémis un concours de tir à l'arc et désigna pour cible un objet qui flottait au loin sur les vagues de la mer. Artémis banda son arc, visa, tira et atteignit son but. La cible était en fait la tête d'Orion qui se baignait au large des côtes, et qui périt ainsi, transpercé par la flèche de sa bien-aimée !

Les vengeances d'Artémis frappaient aussi les mortels qui oubliaient leurs devoirs envers elle : à l'origine des malheurs qui s'abattirent sur la famille des Atrides*,

il y avait les négligences d'Atrée*, puis d'Agamemnon* à l'égard de la déesse. C'est à Artémis qu'Agamemnon dut sacrifier sa fille Iphigénie*, lorsqu'il voulut partir pour la guerre de Troie*. De même, c'est Artémis qui remplit de serpents le lit de noces d'Admète et d'Alceste* et qui envoya un terrible sanglier ravager le pays du roi de Calydon, Œnée. Artémis défendait aussi l'honneur de sa famille : la reine de Thèbes, Niobé*, s'était vantée d'avoir eu plus d'enfants que Léto. Malheur à elle ! Apollon et Artémis, pour venger cette injure faite à leur mère, tuèrent à coups de flèches tous les enfants de Niobé.

Les Anciens aimaient Artémis, mais ils la craignaient. On racontait même que dans certains sanctuaires de la déesse on avait, à des époques très anciennes, pratiqué des sacrifices humains. Mais chasseurs et voyageurs se mettaient sous sa garde, et les Phocéens, colons venus d'Asie Mineure qui fondèrent la ville de Marseille, en firent la divinité protectrice de la nouvelle cité. Artémis pour les Grecs, Diane pour les Romains, la déesse chasseresse, avec sa tunique courte, son

Artémis

carquois au dos et son croissant de lune au front a souvent inspiré les peintres et les sculpteurs depuis l'Antiquité. Et, à la Renaissance, époque où l'on redécouvrait l'Antiquité, la belle Diane de Poitiers, maîtresse du roi de France, Henri II, aimait se faire représenter en divinité de la chasse.

Asclépios

Futur dieu de la médecine, le petit Asclépios naquit dans des conditions bien difficiles. Sa mère la Nymphe* Coronis, enceinte du dieu Apollon*, décida d'épouser un mortel. Apollon ne put tolérer un tel affront et tira deux flèches meurtrières contre la Nymphe et son époux. Mais *in extremis,* avant que le corps de la mère fût consumé sur le bûcher funèbre, il s'empara de l'enfant, qui devint son fils préféré. Le petit garçon fut élevé

par le Centaure* Chiron. On ne peut rêver meilleure école pour un futur médecin ! Le Centaure l'initia à tous ses secrets, mais très vite l'élève dépassa le maître ! Asclépios n'avait pas son pareil pour découvrir les plantes qui guérissent. Un jour, par exemple, il vit un serpent qui avançait vers lui. Il saisit un bâton et assomma le reptile. Un autre serpent s'approcha alors du premier. Il tenait dans sa bouche une certaine herbe avec laquelle il réussit à ranimer son congénère. Asclépios, toujours curieux, observa attentivement la plante en question et, comprenant qu'elle pouvait guérir, en fit une ample cueillette. Depuis ce jour le serpent devint l'animal préféré du dieu et le « caducée », emblème du dieu Hermès*, formé d'un bâton autour duquel sont enroulés deux serpents, fut adopté comme symbole de la médecine.

Quand il quitta Chiron pour exercer la médecine, Asclépios obtint des résultats extraordinaires et devint célèbre dans le monde entier. Il se maria avec la fille du roi de l'île de Cos et les enfants qui naquirent devinrent ses précieux auxiliaires dans les soins à donner aux malades. Ses deux fils, par exemple, furent les médecins de l'armée grecque pendant la guerre de Troie*. Et ses deux filles, Hygie (son nom signifie « la Santé » et a donné le mot « hygiène ») et Panacée (son nom, devenu nom commun en français, signifie « qui soigne tous les maux »), lui rendaient de grands services dans la découverte et la préparation des plantes médicinales.

Or, un jour, Asclépios dépassa les limites de ses attributions. À partir d'un flacon contenant du sang de la Gorgone* Méduse, ce monstre abominable qu'avait tué Persée*, le dieu inventa un remède capable de... ressusciter les morts ! Il ramena ainsi à la vie bon nombre de mortels, dont Hippolyte, le fils de Thésée*. Mais il y eut des plaintes du côté des Enfers : Hadès*, dieu des morts, ne voyait plus arriver son contingent habituel d'âmes défuntes.

Jusqu'où Asclépios irait-il ? Zeus*, maître des hommes et des dieux, commença à s'inquiéter : c'était tout l'équilibre du monde qui était mis en cause par les pratiques du fils d'Apollon. Aussi décida-t-il de foudroyer le médecin trop zélé. Asclépios disparut du monde terrestre et vécut son immortalité dans le ciel, sous la forme d'une constellation, le Serpentaire (c'est-à-dire « celui qui tient le serpent »).

Le culte d'Asclépios était très répandu dans le monde grec, mais se développa surtout à Épidaure. Dans un cadre merveilleux, où l'on trouve toujours la fraîcheur même au cœur des étés torrides, un grand sanctuaire fut construit, et à côté du temple, un vaste hôpital. Les malades venaient de partout et étaient soignés par des prêtres-médecins, qu'on disait descendants du dieu et dont le plus célèbre était Hippocrate, considéré encore aujourd'hui comme le patron des médecins. Les méthodes de soin tenaient beaucoup de la magie, on pensait notamment que dormir dans le temple et rêver du dieu était un signe de guérison. Mais l'excellent climat, des sources aux vertus thérapeutiques, et des remèdes à base de plantes pouvaient réellement guérir certaines maladies.

Asclépios

La renommée d'Asclépios fut telle que l'on venait d'Italie pour se faire soigner. Un jour qu'une grande peste ravageait ce pays, une ambassade se rendit à Épidaure pour supplier le dieu d'y mettre fin. Un rêve avertit les émissaires qu'Asclépios lui-même viendrait dans leur pays sous la forme d'un énorme serpent. Et en effet, durant leur retour, un serpent de grande taille les précédait. À peine avait-il abordé la péninsule italienne que la peste cessa. Il s'agit certes d'une légende, mais une chose est certaine, c'est qu'Asclépios fut adopté par les Romains, qui le vénérèrent sous le nom d'Esculape, forme latine de son nom.

Astyanax

Fils unique d'Hector* et d'Andromaque*, il s'appelait de son vrai nom Scamandrios. Mais on le connaît beaucoup plus par son surnom Astyanax, qui signifie « prince de la cité ». C'est lui en effet qui, à la suite de son grand-père Priam* et de son père, devait régner sur la ville de Troie. Il était encore tout bébé au moment de la guerre de Troie*, et Homère raconte qu'il eut peur du casque de son père quand celui-ci vint faire ses adieux à sa femme et à son fils avant de repartir au combat où il devait trouver la mort. Après la prise de Troie par les Grecs, les uns disent qu'il fut jeté du haut des murailles par Ulysse*, car celui-ci ne voulait pas voir survivre un héritier d'Hector, qui risquerait de venger son père. D'autres prétendent qu'il fut emmené avec sa mère en captivité par Néoptolème*. Racine en fait l'enjeu de sa tragédie *Andromaque,* dans laquelle la jeune femme accepte d'épouser Pyrrhus (surnom de Néoptolème) pour sauver la vie de son fils.

Athéna

Ce beau visage régulier, aux yeux brillants d'intelligence, c'est celui d'Athéna, la fille aînée et préférée de Zeus*, le maître de l'Olympe. L'étrange histoire de la naissance d'Athéna raconte comment le nouveau dieu souverain mit fin à la guerre des générations entre les dieux.

Avant d'épouser Héra*, Zeus avait épousé sa cousine Métis, déesse de la sagesse et de la ruse. Très inventive, très intelligente, Métis avait mis au point la drogue qui obligea Cronos* à restituer ses propres enfants, frères et sœurs de Zeus, qu'il avait avalés à leur naissance. Mais les dieux de la toute première génération, Gaia* et Ouranos, avertirent Zeus que, si Métis avait un enfant de lui, il le détrônerait,

Athéna

comme Cronos avait détrôné son père Ouranos, et comme Zeus lui-même avait détrôné son père Cronos : la guerre des générations se poursuivrait ! Or Métis attendait un enfant, et Zeus, décidé à mettre en place un nouvel ordre du monde, celui des Olympiens, n'avait nulle envie de se faire renverser par un de ses descendants.

Que faire ? Avaler l'enfant à sa naissance, selon la méthode de Cronos ? C'était risquer une vengeance ultérieure. Zeus, inspiré par Métis, conçut une ruse subtile : il avala la mère, dont il s'appropriait par la même occasion l'intelligence et la sagesse, et donnerait ainsi naissance lui-même à l'enfant. Quelque temps plus tard, le roi des dieux souffrit de terribles maux de tête. La migraine était si violente qu'il appela Héphaïstos*, dieu de la forge, pour qu'il lui ouvrît le crâne. Celui-ci s'exécuta d'un coup de hache, et de la brèche ouverte jaillit, armée et casquée, poussant un cri de guerre, une jeune déesse aux yeux clairs et perçants : Athéna, la fille de Zeus et de Métis !

Cette première apparition en tenue de combat, la lance à la main,

Athéna

désigna Athéna comme déesse de la guerre. Guerrière, elle l'était certes, et très vite fit ses preuves dans la Gigantomachie, terrible lutte qui opposa les nouveaux dieux aux Géants* fils de la Terre. Elle mit à mort entre autres le Géant Pallas, et de sa peau épaisse elle se fit une cuirasse, d'où son surnom de Pallas-Athéna. Le plus souvent cependant elle combattait revêtue de la célèbre égide, la cuirasse en peau de chèvre de Zeus, qu'il prêtait volontiers à sa fille bien-aimée. Mais la guerre vue par Athéna, ce n'est pas la violence déchaînée, la brutalité livrée à elle-même de son demi-frère Arès*. La guerre, pour Athéna, c'est une occasion d'exercer son intelligence. Elle est la déesse de la stratégie et de la tactique, elle imagine les ruses qui conduiront à la victoire, elle réfléchit à la conduite des assauts, elle invente des armes nouvelles, comme le char de guerre.

Pendant la guerre de Troie*, qui oppose les Grecs et les Troyens, elle choisit d'aider les Grecs et, tout en gardant la tête froide, les accompagne jusque sur le champ de bataille, parce qu'elle ne pardonne pas au Troyen Pâris*

d'avoir choisi Aphrodite* plutôt qu'elle comme reine de beauté. Elle inspire les héros grecs, Achille*, Diomède, Ulysse*, elle freine leurs excès de violence et leur indique des issues pour se sortir de situations désespérées. Après la guerre, elle accompagne Ulysse durant son Odyssée, ce long périple qui, dix ans plus tard, le ramènera dans son pays natal. C'est elle qui lui apprend à déjouer les pièges du destin contraire. C'est elle qui, sous de multiples formes, lui tendra à chaque obstacle une main secourable, car Athéna, toute guerrière qu'elle soit, est avant tout une déesse bienveillante et proche des mortels. Elle combat avec sa lance, mais elle protège ceux qu'elle aime avec l'égide ou avec son bouclier orné de la tête de la monstrueuse Gorgone* Méduse. Elle accompagne dans leurs exploits les héros comme Persée*, Héraclès* ou Bellérophon*. Et en temps de paix, Athéna est la déesse qui aide les humains à vivre : elle leur apprend à dompter les chevaux, elle leur enseigne le tissage

Athéna

et la poterie, elle met son intelligence au service de la technique et de l'artisanat. Mais elle tient à ce que chacun reste à sa place : les mortels, si doués qu'ils soient, n'ont pas à se comparer aux dieux. La jeune Lydienne Arachné, qui osa la défier dans l'art du tissage et de la broderie, l'apprendra à ses dépens. Vexée d'une telle audace, la déesse la métamorphosa sur-le-champ en... araignée (*arachnè* en grec).

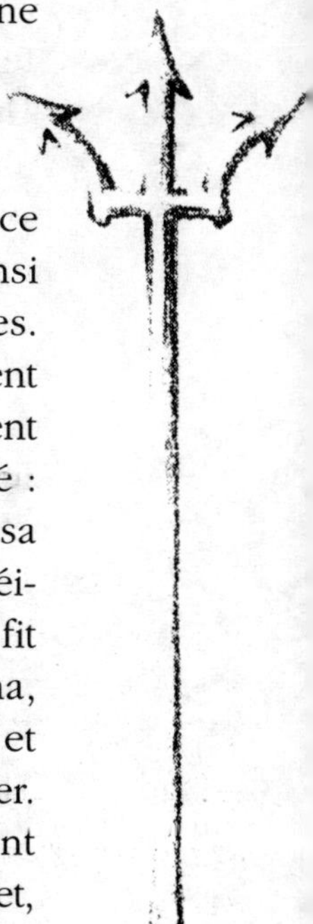

Ingénieuse, inventive, Athéna sait ce qui est utile aux hommes. C'est ainsi qu'elle devint protectrice d'Athènes. Quand les habitants de l'Attique fondèrent la ville, deux dieux rivaux se présentèrent pour assurer la tutelle de la nouvelle cité : Athéna et Poséidon*. Pour montrer sa puissance, et faire valoir ses droits, Poséidon frappa le sol de son trident et en fit jaillir une source d'eau salée. Athéna, à son tour, donna un coup de lance, et de la terre entrouverte poussa un olivier. Les dieux, réunis en jury, reconnurent l'importance du présent d'Athéna : en effet, que faire d'une eau salée, qui ne pouvait même pas désaltérer les passants ? Alors que l'olivier procurait aux hommes l'ombre de ses branches et l'huile de ses fruits ! C'est Athéna qui fut choisie : elle donna son nom à la ville d'Athènes, et le monde grec tout entier, dont la civilisation était fondée sur la culture de l'olivier, ne cessa de lui témoigner sa reconnaissance pour ce don précieux.

Athéna, comme Artémis*, décida de rester vierge et refusa toujours de se marier. Un jour, le Thébain Tirésias* la surprit alors qu'elle se baignait : très chaste, elle voulut le punir et le rendit aveugle. Mais, émue par son désespoir et comprenant qu'il n'avait eu aucune intention de l'offenser, elle lui accorda le don de divination. Si Tirésias ne pouvait plus voir le présent, il pouvait évoquer le passé et prévoir l'avenir. Il reste l'un des plus fameux devins de la mythologie.

Un dieu cependant se risqua à poursuivre Athéna de ses assiduités. Le plus laid, le plus disgracieux des dieux : Héphaïstos, celui-là même qui avait aidé à sa naissance ! Abandonné par son épouse Aphrodite, Héphaïstos jeta son dévolu sur Athéna, le jour où celle-ci descendit dans sa forge pour lui commander des armes. Il en vint même à la poursuivre, tout boiteux

Athéna

qu'il était, et elle ne lui échappa que de justesse. Héphaïstos, dans son élan, tomba à terre, et y déposa sa semence.

De cette terre fécondée naquit Érichthonios, qu'Athéna adopta et éleva : il devint un des premiers rois légendaires d'Athènes, et c'est lui, dit-on, qui introduisit dans la cité le culte de la déesse, et y organisa les premières Panathénées, ces cérémonies en l'honneur d'Athéna qui, jusqu'à la fin de l'Antiquité, avaient lieu tous les quatre ans sur l'Acropole, la colline qui surplombe la ville. Aux manifestations sportives, aux concours de danse, chant et poésie, les Panathénées ajoutaient une immense procession à travers la ville : prêtres et magistrats défilaient, un rameau d'olivier à la main, des jeunes gens à cheval les suivaient, et venaient ensuite des jeunes filles qui portaient des corbeilles. On montait sur l'Acropole et on offrait à la déesse un voile tissé et brodé par les plus habiles artisans de la ville, dont on revêtait la statue placée

dans le temple le plus important, le Parthénon. Ce temple fameux entre tous, dont le nom vient du mot grec *parthenos* (c'est-à-dire « la jeune fille »), était orné d'une frise représentant en bas-relief une procession des Panathénées. On peut la voir aujourd'hui au musée de l'Acropole.

Aimée des Grecs, qui la vénéraient dans de nombreux sanctuaires, Athéna fut adoptée par les Romains, qui l'assimilèrent à Minerve, déesse étrusque de l'intelligence. Dans l'*Iliade* et l'*Odyssée*, puis dans les tragédies grecques, on la voit volant toujours au secours des humains, avec son regard clair et perçant, son « regard de chouette », dit Homère, qui permet de voir dans les ténèbres de la nuit et les ténèbres de l'ignorance. Les sculpteurs et les peintres la représentent casquée, revêtue de l'égide, sa lance et son bouclier à la main, et parfois accompagnée de la chouette, son animal favori et son emblème.

Athéna

Atrée

Avec les légendes d'Atrée et de ses descendants, les Atrides, on pénètre dans un terrible drame familial, le plus violent peut-être de la mythologie. À l'origine il y a le crime du monstrueux Tantale*, qui avait découpé son fils Pélops en morceaux et l'avait servi à table lors d'un banquet offert aux dieux. Pélops ressuscita grâce à ces derniers et devint roi d'Élide. De son épouse Hippodamie, il eut des jumeaux, Atrée et Thyeste. Mais, hors mariage, il eut un autre garçon, et à la demande d'Hippodamie, jalouse, les jumeaux supprimèrent leur demi-frère. Leur père bannit alors sa famille du royaume, et la mère et les fils se réfugièrent à Argos, chez le roi Sthénélos. Un jour, Atrée, qui avait promis à la déesse

Artémis* de lui offrir le plus bel animal de son troupeau, découvrit parmi ses moutons un agneau à la toison d'or. En fait, c'était pour vérifier s'il tiendrait sa promesse que la déesse avait fait naître cet agneau miraculeux. Mais fi des promesses ! Atrée fit égorger l'agneau et garda jalousement la toison dans un coffret. Bien mal lui en prit. Peu de temps auparavant, Atrée avait épousé Aéropé, la petite-fille du roi de Crète Minos*. Elle lui donna deux fils : Agamemnon* et Ménélas*. Mais voilà qu'Aéropé se laissa séduire par son beau-frère Thyeste, et lui offrit secrètement le coffret contenant la toison d'or...

Sthénélos mourut, puis son fils Eurysthée, qui lui avait succédé, mourut à son tour. L'oracle de Delphes conseilla alors aux habitants d'Argos de choisir pour roi un des deux fils de Pélops, mais sans indiquer lequel. Qui serait roi, Atrée ou Thyeste ? Ce dernier proposa alors que l'on choisisse celui qui pourrait montrer une toison d'or, signe qu'il était favori des dieux. Atrée, convaincu de gagner, accepta. Mais ce fut Thyeste qui triompha ! Zeus*, considérant que cette victoire était

Atrée

trop injuste, envoya Hermès* suggérer à Atrée une contre-épreuve : si le soleil inversait sa course et se couchait à l'est, Atrée serait roi. Sinon Thyeste garderait le trône. Thyeste, persuadé que ce prodige ne pouvait se réaliser, donna son accord. Et immédiatement le soleil fit demi-tour au milieu du ciel. Atrée était roi ! Sa première mesure fut de bannir son frère, avant même de chercher à savoir comment il s'était procuré la toison. Or il finit par découvrir la vérité, et sa vengeance fut épouvantable. Il invita son frère à un banquet, sous prétexte de se réconcilier avec lui. Et il fit servir à table les trois enfants de Thyeste qu'il avait fait mettre à mort et découper comme du gibier. On raconte que d'horreur, le Soleil lui-même recula dans sa course... À la fin du repas, Atrée révéla à son frère ce qu'il avait mangé, puis le chassa définitivement et jeta à la mer Aéropé, la femme infidèle.

Thyeste, le cœur plein de haine, se réfugia à Sicyone, où se trouvait sa fille Pélopia. Un oracle lui prédit qu'il serait vengé par un fils qu'il aurait de sa propre fille. Sans se faire reconnaître, il réussit

une nuit à s'introduire auprès d'elle, et lui fit un enfant. Seule preuve de son forfait : une épée que la jeune fille avait arrachée à son agresseur nocturne, et qu'il ne put récupérer. Plus tard, par une étrange fatalité, Pélopia, enceinte d'un fils qu'elle appellera Égisthe, épousa son oncle Atrée, qui adopta l'enfant sans père et l'éleva avec ses propres enfants Agamemnon et Ménélas. Le petit Égisthe grandit. Atrée, toujours dévoré de haine à l'égard de son frère, envoya le jeune homme chercher Thyeste, dont personne ne savait, bien entendu, qu'il était le fils. Quand Égisthe ramena Thyeste de Sicyone, Atrée qui les reçut à l'entrée de son palais ordonna à son fils adoptif de tuer son compagnon. Égisthe se saisit alors de l'épée que sa mère lui avait donnée, celle-là même qu'elle avait arrachée à son père inconnu. Thyeste reconnut l'épée et, dans un éclair, comprit la situation. Il fit appeler Pélopia et révéla à tous le secret de la naissance d'Égisthe. Pélopia, bouleversée, s'empara de l'épée et se l'enfonça dans le cœur. Puis Égisthe reprit l'arme et tua Atrée. Thyeste était vengé, mais au prix de quel carnage ! Il monta sur le trône et mit au ban du royaume ses neveux Agamemnon et Ménélas, qui trouvèrent asile à Sparte, chez le roi Tyndare, dont Ménélas épousa la fille, Hélène*.

Atrée

Mais la terrible histoire des Atrides ne faisait que commencer... Cette famille monstrueuse subira la malédiction des dieux durant encore deux générations. À travers le temps, la dramatique légende des Atrides inspirera écrivains et peintres. Mais d'abord les poètes grecs de l'Antiquité, et notamment au ve siècle avant notre ère les tragiques Eschyle, Sophocle et Euripide. Les forfaits de Tantale et de sa descendance (infanticides et autres meurtres, cannibalisme, adultères, incestes) symbolisaient pour eux le désordre auquel, tant bien que mal, les dieux olympiens devaient mettre fin.

Bellérophon

Il était si beau, ce jeune homme, qu'on avait du mal à penser qu'il fût né de simples mortels ! Pourtant sa mère était l'épouse du roi de Corinthe, Glaucos, et il fut élevé à la Cour de Corinthe, comme fils du roi. Mais son véritable père était probablement Poséidon*, qui avait autrefois séduit sa mère. Les femmes s'intéressaient fort à ce prince si charmant, mais lui n'éprouvait aucune attirance pour elles.

Il n'avait qu'une passion : les chevaux. Et voici qu'un jour, Bellérophon se trouva face à un superbe cheval, ailé de surcroît, qui, sauvage et libre, galopait à travers la montagne. Malgré son extraordinaire habileté de cavalier, Bellérophon ne réussit pas à dompter l'animal. C'est qu'il s'agissait de Pégase, le cheval magique né du sang de la Gorgone Méduse ! Le jeune homme supplia Athéna* de l'aider à enfourcher le splendide coursier et, durant son sommeil, la déesse lui fit don d'un mors et d'une bride qui allaient lui permettre de réaliser son vœu. Aimé des dieux, Bellérophon devint le cavalier favori du cheval magique, qui allait être son compagnon lors de ses multiples aventures.

Mais le hasard est parfois malheureux. Un jour, au cours d'une chasse, une flèche lancée par Bellérophon atteint son frère qui s'effondre, touché à mort. Le prince, meurtrier involontaire, doit s'exiler. Il quitte Corinthe et se rend à Tirynthe, où il est accueilli par le roi. Or la femme de ce dernier ne résiste pas aux charmes du jeune homme, elle lui déclare son amour mais Bellérophon ne répond pas à ses avances. La vanité blessée d'une femme peut changer tout le cours d'une vie ! Pour se venger, la reine raconte à son époux que Bellérophon a tenté de la séduire. Le roi est furieux : si le jeune homme a agi ainsi, il a enfreint toutes les règles de l'hospitalité, et mérite la mort. Mais c'est son hôte, et il ne peut le condamner lui-même. Il décide alors de lui confier une lettre pour son beau-père, le roi de Lycie. En toute confiance et enchanté à la perspective de ce voyage, Bellérophon quitte Tirynthe sur son fidèle Pégase, sans savoir que la lettre est un arrêt de mort : son destinataire est prié d'exécuter le porteur, accusé d'avoir commis une grave faute. En arrivant chez le roi de Lycie, le jeune prince lui remet la lettre, mais le roi hésite à le tuer. Il préfère l'envoyer accomplir une mission dont il risque fort de ne jamais revenir : Bellérophon est chargé de débarrasser le pays d'un monstre affreux, la Chimère. Créature de cauchemar, la Chimère a une tête de lion qui vomit des flammes, un corps de chèvre et une queue de dragon. Elle dévore hommes et bêtes et saccage les cultures.

Comment l'attaquer ? L'affronter, c'est risquer d'être consumé par les flammes, l'approcher par l'arrière, c'est à tous les coups être balayé par sa queue gigantesque et acérée. Bellérophon a une idée : il saute sur Pégase et réalise une attaque aérienne. Le monstre, transpercé par la lance du héros, se convulse et tente de lancer son feu vers le ciel. Mais le jeune homme a tout prévu : il lance dans la gueule de la Chimère un morceau de plomb, qui, fondant à la chaleur des flammes, l'étouffe. Rentré au palais, le jeune homme est fêté comme un libérateur. Mais le roi se méfie encore et envoie le héros combattre tour à tour les Solymes, peuple féroce d'Asie Mineure, puis les Amazones*, redoutables femmes guerrières. De chaque expédition, Bellérophon revient vainqueur, et le roi de Lycie, convaincu qu'il est de naissance divine, lui révèle le contenu de la lettre, l'assure de son amitié et de sa confiance, et pour lui prouver son admiration, lui donne sa fille en mariage et la moitié de son royaume.

C'est Pégase qui se chargera de venger son ami des mensonges de la reine de Tirynthe. Quand celle-ci apprend que Bellérophon

Bellérophon

est sain et sauf et qu'il compte rentrer à Tirynthe avant de devenir roi de Lycie, elle veut s'enfuir. Pégase arrive, feint d'accepter de la prendre sur son dos et la désarçonne au-dessus de la mer. La reine périt noyée.

Protégé des dieux, Bellérophon a tout pour être heureux : son épouse lui donne des enfants et il règne sur la Lycie. Mais saisi d'un orgueil délirant, il refuse de rester un simple roi. Il veut rejoindre les dieux et, enfourchant Pégase, il décide de monter jusqu'à l'Olympe. Orgueil fatal ! Les dieux aiment les héros, mais à condition qu'ils acceptent leur condition de mortels. S'ils se prennent pour des dieux, ils seront punis. Zeus*, maître de l'Olympe, le foudroie, et Bellérophon, comme Phaéton*, meurt pour avoir oublié que les hommes ne sont pas des Immortels.

La légende de Bellérophon est présente dans la littérature antique : Homère la raconte dans l'*Iliade* et des tragédies d'Euripide et de Sophocle, aujourd'hui perdues,

Bellérophon

s'en inspiraient. Mais les auteurs plus récents y font peu allusion. Cependant, un mot doit nous rappeler les aventures de Bellérophon : c'est le nom du monstre qu'il a vaincu, la Chimère. Devenu nom commun, le mot désigne un rêve, une illusion, que l'on prend pour une réalité. Le grand poète Gérard de Nerval, au XIXe siècle, a intitulé de ses recueils de poèmes *Les Chimères*.

Cadmos

Fils du roi de Tyr Agénor, Cadmos était le frère d'Europe*. Quand celle-ci fut enlevée par un taureau – qui n'était autre que Zeus* –, Agénor envoya ses fils à la recherche de leur sœur, avec interdiction absolue de remettre les pieds à Tyr tant qu'ils ne l'auraient pas retrouvée. Ses frères se lassèrent vite de la recherche et s'installèrent dans divers pays. Cadmos poursuivit son périple, parcourant tout le monde grec et particulièrement les îles : Rhodes, la Crète et Santorin reçurent sa visite. Mais en vain. Point d'Europe ! En désespoir de cause, Cadmos se rendit

à Delphes pour interroger l'oracle : avait-il quelque chance de retrouver sa sœur ? La réponse fut négative. Plutôt que de continuer sa quête, l'oracle lui révéla que son destin était de fonder une ville. Pour en choisir le site, il fallait qu'il suivît une vache jusqu'à ce qu'elle s'effondrât de fatigue. En traversant la Phocide, Cadmos remarqua une vache portant sur le flanc une tache blanche, et qui s'éloignait du troupeau. Il la suivit et, après une longue course, l'animal tomba à terre, épuisé : on était en Béotie, là où Cadmos devait fonder la ville

Cadmos

de Thèbes. Voulant offrir la vache en sacrifice à Athéna*, le héros envoya ses compagnons chercher de l'eau à une source proche. Ne les voyant pas revenir, Cadmos s'approcha de la source : c'était un vrai carnage. Cette source était gardée par un dragon, fils d'Arès*, le dieu de la guerre, et le monstre avait massacré ses compagnons. Cadmos, fou de rage, se précipita sur le dragon et le tua. Mais que faire sans compagnon ? On ne peut pas fonder une ville tout seul ! Athéna conseilla alors au héros de semer dans la terre les dents du dragon. Aussitôt les semailles faites, Cadmos vit sortir de terre des hommes tout armés qui, l'air menaçant, s'approchèrent de lui. Il eut alors une idée géniale : il jeta quelques pierres au milieu de cette armée sortie de terre. Les soldats, ne sachant pas d'où venaient ces projectiles, s'accusèrent les uns les autres, et s'entretuèrent. Cinq d'entre eux cependant, plus malins que les autres, réchappèrent du massacre et devinrent les fidèles compagnons de Cadmos, les ancêtres des citoyens de la nouvelle ville.

Cadmos

Mais Cadmos ne put s'en tirer à si bon compte : il avait tué un fils d'Arès et devait expier ce crime. Durant huit ans, il fut contraint de servir le dieu de la guerre comme esclave. Quand le délai fut écoulé, et avec l'aide d'Athéna, il créa la ville de Thèbes. Zeus, pour marquer la réconciliation avec les dieux lui donna en mariage Harmonie, la ravissante fille qu'Aphrodite* avait eue d'Arès. Les noces, célébrées en grande pompe, eurent lieu à Cadmée, la citadelle de Thèbes. Tous les dieux descendirent de l'Olympe pour assister au mariage, et apportèrent des cadeaux somptueux. Entre autres, une robe de mariage tissée par les Charites, compagnes d'Aphrodite, et un superbe collier en or réalisé par Héphaïstos*, le dieu de la forge.

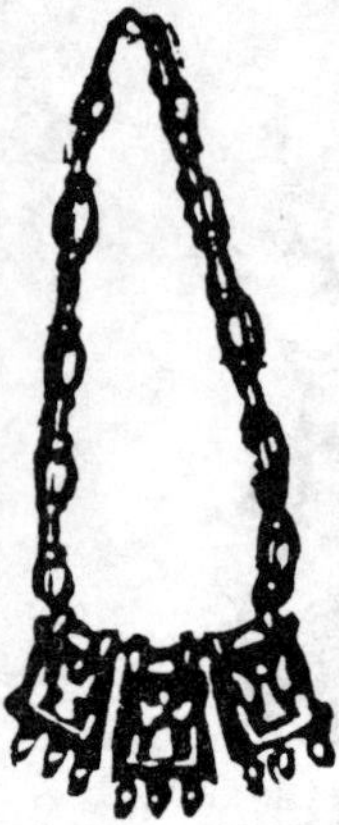

La vie à Thèbes s'ouvrait sous les meilleurs auspices. Cadmos et Harmonie vécurent heureux et eurent de nombreux enfants. Mais ils furent frappés d'un grand deuil : la mort de leur fille Sémélé, mère du futur dieu de la vigne Dionysos*. Les deux époux laissèrent le royaume à l'un de leurs petits-fils, Penthée, et finirent leurs jours en Illyrie. On raconte qu'ils se transformèrent en serpents et que c'est sous cette apparence qu'ils rejoignirent le royaume des morts. Après le règne de Cadmos, la ville de Thèbes connut une succession de tragiques événements. Agavé, la mère du roi Penthée, massacra son fils au cours d'un accès de folie provoqué par Dionysos, épisode que raconte Euripide dans sa tragédie *Les Bacchantes*. Puis à la génération suivante commença à se nouer le terrible drame de Thèbes dont le roi Œdipe* et ses descendants sont les malheureux héros.

Cadmos

Callisto

Pauvre Callisto ! Aux prises avec Zeus* et Artémis*, elle connut un sort bien douloureux. Callisto était une Nymphe* d'une très grande beauté (*callistos,* en grec, signifie « ce qu'il y a de plus beau »). Mais, suivante d'Artémis, farouche déesse de la chasse, elle avait fait vœu de chasteté. Or Zeus, maître des dieux et père d'Artémis, s'éprit d'elle et, comme il le faisait souvent pour mener à bien ses conquêtes féminines, inventa une ruse pour la séduire.

Callisto

Un jour que la jeune Nymphe était étendue sous un arbre, il s'approcha d'elle... déguisé en Artémis ! Callisto ne se méfia pas et se retrouva enceinte. Il lui fallait à tout prix cacher son état à Artémis, qui ne supporterait pas, de la part d'une de ses suivantes, une infraction à la loi de chasteté qu'elle leur avait imposée. Mais un jour que Callisto se baignait dans la rivière, la déesse la surprit et découvrit la vérité. Que le coupable fût Zeus, ou un autre, cela ne lui importait guère ! Elle entra dans une violente colère et la menaça de ses flèches redoutables. Zeus, inquiet pour la Nymphe et l'enfant qu'elle portait, transforma la malheureuse en ourse, et la cacha dans la montagne. Mais la divine chasseresse, lors d'une de ses longues courses, aperçut l'ourse, et lui décocha une flèche. Callisto mourut, et Hermès*, dépêché par Zeus, recueillit l'enfant : c'était un garçon, Arcas, qui devait devenir roi de la région qui porta son nom, l'Arcadie. Zeus, ému par le sort de la pauvre Nymphe, la transforma en constellation : Callisto devint la Grande Ourse.

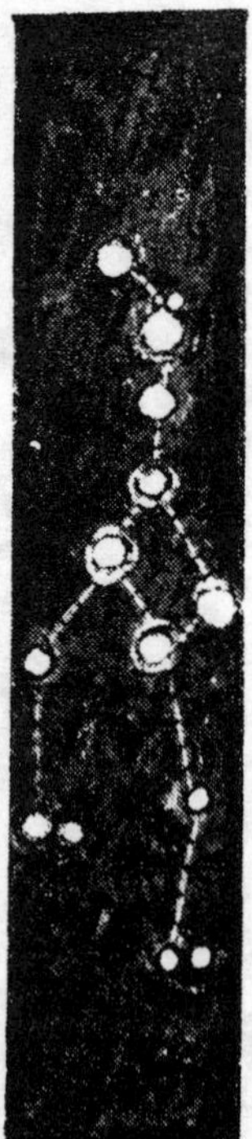

Cassandre

Cette belle princesse était la fille du roi de Troie, Priam*, et de sa femme Hécube*. Il ne manquait pas de prétendants qui désiraient l'épouser, et bon nombre de princes se rangèrent aux côtés des Troyens pendant la guerre de Troie* dans l'espoir d'obtenir sa main. Mais aux yeux de sa famille, elle passait pour un peu folle. En effet, elle était douée du pouvoir de divination et entrait en transe pour prédire l'avenir. Or, bien que ses prédictions fussent justes, personne ne la croyait. On raconte qu'Apollon*, qui était tombé amoureux d'elle, lui accorda ce don, mais comme elle refusa ses avances, il se vengea en la condamnant à n'être jamais crue. Une autre légende fait remonter ses pouvoirs à son enfance : un jour qu'elle jouait avec son frère jumeau Hélénos dans le temple du dieu, on ferma les portes du sanctuaire, et les enfants y passèrent la nuit. Des serpents sacrés, dédiés à Apollon, s'approchèrent d'eux et de leur langue touchèrent leurs yeux et leur bouche, leur transmettant ainsi le don de voir et de prédire l'avenir. Quoi qu'il en soit,

Cassandre

Cassandre vécut un véritable enfer : elle voyait tous les malheurs qui allaient s'abattre sur sa famille et sur elle-même, et personne n'écoutait ses avertissements. C'est elle qui prévint ses parents du danger que représentait son frère Pâris* quand il arriva à la Cour de Troie, puis elle tenta d'empêcher le voyage de Pâris à Sparte, au cours duquel il enleva Hélène*, déchaînant la colère des Grecs et une terrible guerre qui allait durer dix ans. Elle comprit aussi le péril que représentait pour la ville le fameux cheval de bois. Après la défaite de Troie, elle fit partie des captifs attribués à Agamemnon* lors du partage du butin. Le roi d'Argos et de Mycènes, ému par sa beauté, s'éprit d'elle. Il en fit sa favorite, elle lui donna deux enfants et, quand il rentra en Grèce, il la ramena avec lui. Mais Cassandre savait déjà ce qui attendait le roi à son retour, elle tenta de le prévenir, lui rappelant les crimes de ses ancêtres. En vain : Agamemnon périra assassiné par son épouse Clytemnestre* et son rival Égisthe, et Cassandre partagera son sort. On raconte parfois que c'est sa jalousie envers Cassandre qui décida Clytemnestre à accomplir ce meurtre. Mais si l'on pense au climat de haine et de vengeance qui régnait chez les Atrides, la jalousie n'est sans doute qu'un prétexte parmi d'autres...

Cassandre

Le destin tragique de la belle princesse troyenne a inspiré Homère dans l'*Iliade,* et a été mis en scène par Eschyle et Euripide. Le poète latin Virgile parle d'elle dans l'*Énéide,* car elle aurait prédit la venue en Italie du héros troyen Énée*, qui fut l'ancêtre de Romulus*, le fondateur de Rome. L'écrivain français Jean Giraudoux en fait un des principaux personnages de sa pièce *La guerre de Troie n'aura pas lieu,* et la grande romancière allemande Christa Wolf a écrit un récit qui a pour titre *Cassandre.*

Centaures

Étranges personnages, mi-chevaux mi-hommes, les Centaures étaient, pour la plupart, des creatures fort peu sympathiques, et d'une brutalité peu commune. Ils vivaient dans les montagnes, et en particulier dans le mont Pélion, en Thessalie. Ils se nourrissaient de fruits et de viande crue,

et avaient des mœurs peu civilisées, n'hésitant pas à violer les femmes et à se bagarrer avec tous les hommes qu'ils rencontraient. De nombreux héros, dont Héraclès*, qui mourut par la faute du Centaure Nessos, eurent maille à partir avec les Centaures.

D'où venaient ces êtres monstrueux ? Ixion, qui était roi des Lapithes, peuple de Thessalie, tomba amoureux d'Héra*, l'épouse de Zeus*. Le maître des dieux, toujours prêt à séduire les femmes qu'il rencontrait, ne supportait pas qu'un autre – et surtout un mortel – jetât un regard sur sa femme. Aussi, pour éprouver Ixion, et voir s'il oserait commettre un sacrilège, il lui envoya une sorte de fantôme, une nuée qui avait l'apparence d'Héra. Le résultat ne se fit pas attendre. Ixion prit la nuée pour la déesse et s'unit à elle. De cette union bizarre naquirent les Centaures, créatures chimériques issues des illusions amoureuses d'Ixion. Mais ces monstres eux-mêmes n'avaient rien d'une nuée : faits de chair et de sang, ils représentaient dans le monde mythologique la force brute des peuples encore sauvages, très proches d'une nature puissante et débridée.

Quand Pirithoos, le fils qu'Ixion avait eu de sa femme, se maria, il invita à la noce ses monstrueux demi-frères. Or les Centaures ne connaissaient pas le vin, produit de la civilisation par excellence, et, enchantés de découvrir cette nouvelle boisson, burent jusqu'à plus soif. Incapables de se contrôler, les hommes-chevaux se déchaînèrent : ils violentèrent toutes les femmes et s'attaquèrent même à la mariée ! Entre les Lapithes et les Centaures, la bagarre éclata, et se transforma en une épouvantable bataille. Grâce à son ami Thésée*, Pirithoos réussit à repousser ses demi-frères. Les Lapithes, vainqueurs, chassèrent les Centaures, qui, de Thessalie, allèrent se réfugier dans le Sud du Péloponnèse.

Certains Centaures ne font pas partie de la horde sauvage des fils d'Ixion : bien qu'ils aient la même apparence, leur caractère est exactement à l'opposé. Ils sont bienveillants, et renommés pour leur sagesse. L'un est Pholos, fils de Silène*, qui reçut Héraclès avec hospitalité et eut fort à faire avec ses congénères. L'autre est Chiron, fils de Cronos*, le terrible dieu du temps. Pour tromper sa femme Rhéa* avec Philyra, qui donna naissance à Chiron, le dieu se déguisa en cheval. Rien d'étonnant alors à ce que leur fils eût l'apparence d'un Centaure ! Mais Chiron n'avait rien d'un sauvage grossier, bien au contraire. Ami d'Apollon* et d'Héraclès, expert en musique et en poésie, sportif accompli, grand savant et médecin réputé, le Centaure Chiron, qui vécut sur le mont Pélion, fut le précepteur des plus célèbres héros : Jason*, Achille* et même le dieu

de la médecine Asclépios* furent ses élèves ! Malheureusement, lors du massacre des Centaures par Héraclès, Chiron, qui accompagnait le héros, fut blessé par une flèche perdue. Malgré ses talents de médecin, il ne réussissait pas à guérir et souffrait horriblement. Or, Chiron était immortel, et l'idée de souffrir éternellement lui était insupportable. Il se retira dans sa grotte et, désirant mourir, proposa au mortel qui le voudrait de changer de nature avec lui. Prométhée* accepta l'échange : il devint immortel et Chiron put mourir, dans la paix et la dignité.

On pense que le mythe des Centaures tient son origine de l'étonnement des premiers Grecs quand ils virent les bergers thessaliens garder leurs troupeaux à cheval : véritables « cow-boys » de l'Antiquité, ils donnèrent naissance à la légende des hommes-chevaux. De tout temps, l'étrange apparence des Centaures a inspiré les artistes. Déjà sur les métopes du Parthénon figuraient des scènes du combat des Centaures et des Lapithes. Après Michel-Ange à la Renaissance, les sculpteurs Bourdelle et César, entre autres, ont représenté des Centaures. On rencontre maints Centaures dans l'œuvre de Picasso. Et il faut lire le long poème en prose du Français Maurice de Guérin, *Le Centaure* (1840), superbe hommage rendu à la nature et aux dieux.

Chaos

Les dieux grecs ont une histoire. Ils sont certes immortels, mais n'ont pas existé de toute éternité. Avant eux, avant les hommes, avant même la création du monde, il n'y avait rien. Ou plutôt il y avait une sorte de Vide sans limites, contenant des éléments informes, dans un désordre indescriptible et innommable. Ce vide primordial et infini, c'est Chaos. Ni divinité, ni matière, il est à l'origine de l'univers et de lui vont naître peu à peu le Ciel et la Terre, les immortels et les mortels.

Parler de Chaos, c'était pour les Grecs une façon de raconter la création du monde. Chaos se sépare d'abord en deux puissances obscures : Nyx, la Nuit, qui deviendra le ciel étoilé, et l'Érèbe, qui représente les ténèbres souterraines. Nyx et Érèbe donneront naissance au Jour. Puis la Terre prend forme :

c'est Gaia*, la mère des dieux, qui engendre seule Ouranos, le Ciel, puis Pontos, la Mer. En s'unissant à Ouranos, Gaia va donner naissance aux dieux de la première génération, les dieux chthoniens (c'est-à-dire « venus du sol ») : les Titans*, les Géants, et des monstres de toutes sortes.

Chaos

Pour suivre l'histoire des dieux, qui se déroule sur plusieurs générations, il faut lire la légende de Gaia*, puis celle des Titans* et du dernier d'entre eux, Cronos*, et enfin celle de Zeus*, le premier des nouveaux dieux, les Olympiens.

Clytemnestre

L'histoire de cette princesse, fille du roi de Sparte Tyndare et de Léda*, et sœur d'Hélène*, de Castor et de Pollux, est mêlée au destin tragique des Atrides. Elle épousa, contrainte et forcée, le fils d'Atrée*, Agamemnon*, qui venait de tuer son premier mari, le fils aîné de Thyeste. D'Agamemnon, elle eut trois enfants : Électre*, Iphigénie*, Oreste*. Le frère d'Agamemnon, Ménélas*, épousa Hélène.

Si celle-ci fut à l'origine de la guerre de Troie*, Clytemnestre, de son côté, participa aux sanglants règlements de compte de cette famille maudite. Agamemnon, qui régnait sur Argos et Mycènes, commandait les armées grecques durant la guerre de Troie. À son retour, elle l'assassina, avec la complicité d'Égisthe, le second fils de Thyeste. Jamais elle n'avait pardonné à son époux la mort de sa fille Iphigénie, que le roi d'Argos avait sacrifiée à Artémis* au départ des navires pour Troie. Et, selon certains auteurs, elle n'avait pas supporté que son époux revînt de Troie accompagné de Cassandre*, dont il avait fait sa favorite.

Clytemnestre succombera à son tour, quelques années plus tard, sous les coups de son fils Oreste.

Animée de passions violentes et contradictoires, partagée entre l'amour et la haine, la douleur et le plaisir, Clytemnestre, la reine maudite, est une grande figure tragique. On la voit notamment, affrontée à Agamemnon et à ses enfants, dans les tragédies d'Eschyle, Sophocle et Euripide qui racontent le drame des Atrides.

Cybèle

Grande, le port noble et la tête ceinte d'une couronne en forme de murailles et de tours, elle s'avance sur un char traîné par deux lions. C'est Cybèle, la très ancienne déesse mère que l'on vénérait en Asie Mineure. C'est à l'origine une divinité asiatique, mais les Grecs et surtout les Romains l'ont adoptée, et en ont fait la mère de leur dieu souverain, Zeus* ou Jupiter. On l'a donc souvent confondue avec Rhéa*, qui, selon la mythologie grecque proprement dite, avait donné naissance à Zeus.

Dans les montagnes de Phrygie, en Asie Mineure, où elle vivait, Cybèle rencontra un jeune et beau berger, Attis, et se prit pour lui d'une tendre affection. Elle en fit le gardien de son temple, mais exigea qu'il gardât sa virginité. Or Attis tomba amoureux d'une Nymphe*, et l'épousa. Cybèle ne put le supporter : Attis l'avait trahie, elle devait se venger !

Il faut savoir que la vie des Nymphes est liée à un élément de la nature : arbre, source, rocher. La déesse fit abattre l'arbre dont dépendait la vie de la compagne d'Attis. Celle-ci mourut et le jeune homme

Cybèle

en conçut un si profond chagrin qu'il devint fou. Il se mutila si gravement qu'il fut près de mourir, et Cybèle, attendrie par sa douleur, le transforma en pin. Chaque année, en Asie Mineure, en Grèce et à Rome, on célébrait la mort d'Attis et sa métamorphose lors des grandes fêtes du renouveau de la nature au printemps.

Le poète latin Ovide, dans son recueil des *Métamorphoses,* raconte la légende d'Attis et de Cybèle.

Danaïdes

Danaos, roi de Libye, et Égyptos, roi d'Égypte, étaient frères jumeaux. Danaos avait cinquante filles et Égyptos cinquante garçons. On envisageait déjà un gigantesque mariage entre cousins et cousines, quand un oracle signifia à Danaos qu'il devait se méfier de ses neveux. Le roi décida alors de quitter l'Afrique et se rendit en Grèce avec ses cinquante filles, les Danaïdes. Arrivé en Argolide, il fut choisi comme roi par la population, fit construire la citadelle d'Argos, et on dit même qu'il donna son nom à toute la race des Grecs (que les Romains appelaient *Danai*). Malheureusement la région avait été privée d'eau par Poséidon*, jaloux d'Héra* que les habitants avaient choisie comme déesse protectrice du pays. Danaos chargea ses filles de trouver une source. Elles se mirent en quête, en vain. Mais voici que l'une d'elles, attaquée par un Satyre*, songea à appeler à son secours le dieu de la mer qui, ne l'oublions pas, était son arrière-grand-père. Résultat : Poséidon chassa le Satyre, frappa un rocher de son trident, en fit jaillir une source, et s'unit à la Danaïde, qui ramena à Argos un fils, Nauplios, qui devait plus tard fonder la ville de Nauplie, proche d'Argos.

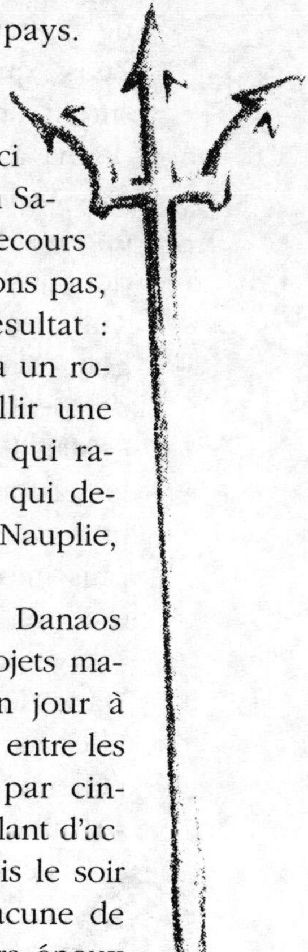

Mais les cinquante neveux de Danaos n'avaient pas renoncé à leurs projets matrimoniaux. Ils débarquèrent un jour à Argos et proposèrent une alliance entre les deux pays, que l'on scellerait par cinquante mariages. Danaos fit semblant d'accepter. Les noces eurent lieu, mais le soir même, il donna une épée à chacune de ses filles pour qu'elles tuent leurs époux durant la nuit. Les Danaïdes obéirent, sauf une, Hypermnestre, qui par amour avait supplié son mari, Lyncée, de ne pas partager sa couche.

Ce meurtre, auquel s'ajoutait un abus de confiance, était un crime grave. Mais Zeus*, qui tenait à ce que les Danaïdes assurent une descendance à leur père, ordonna à Athéna* et Hermès* de les purifier. Pour leur trouver de nouveaux époux, Danaos organisa des jeux sportifs, dont les récompenses seraient ses filles. Ainsi les Danaïdes, mariées à des jeunes gens d'Argolide, donnèrent à leur père des petits-enfants.

Mais Lyncée veillait. Il n'avait pas oublié le massacre de ses frères. Il revint à Argos, tua son beau-père et ses belles-sœurs, puis monta sur le trône avec Hypermnestre, son épouse qui l'avait épargné.

C'est au royaume des morts que les Danaïdes devaient payer leur crime. Elles furent condamnées à verser éternellement de l'eau dans un tonneau qui se vidait au fur et à mesure. D'où l'expression, encore utilisée aujourd'hui, de « tonneau des Danaïdes » pour désigner une tâche difficile, dont on ne voit pas le bout. A la fin

du XIXe siècle, le sculpteur Rodin représenta une Danaïde accablée sous le poids de ce châtiment éternel.

Danaïdes

Déméter

Fille des Titans* Cronos et Rhéa, sœur de Zeus*, Déméter est déesse de la terre. Mais elle n'incarne pas, comme sa grand-mère Gaia*, la Terre originelle, primitive. Non, Déméter, blonde et fraîche, le front orné d'épis de blé, est la déesse de la terre cultivée, des champs de céréales et des moissons. C'est elle qui apprit aux hommes les secrets de l'agriculture. Son nom signifie en grec « terre mère » : divinité de la terre nourricière et accueillante, elle apparaît aussi dans la légende comme une mère aimante et éplorée.

Zeus, sous la forme d'un taureau, obligea Déméter, qui n'en avait guère envie, à s'unir à lui. De cette union naquit une ravissante petite déesse, Perséphone*, que l'on appelait aussi Corè (nom qui signifie en grec la « jeune fille »). Perséphone, élevée parmi les Nymphes*, était adorée de sa mère qui était très fière d'elle.

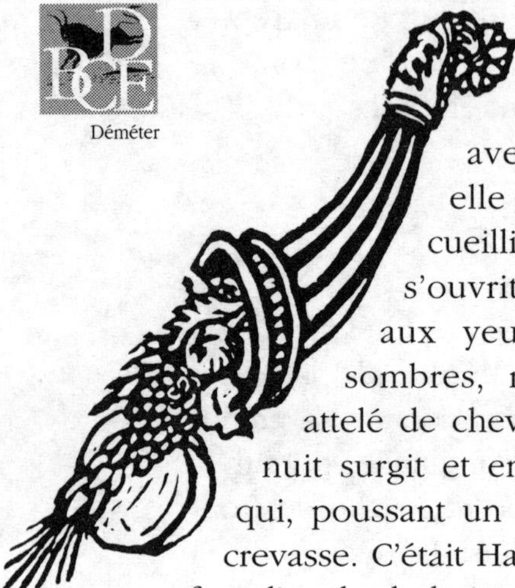

Or, un jour que Perséphone jouait dans une prairie avec ses compagnes, elle se pencha pour cueillir une fleur. La terre s'ouvrit, un bel homme aux yeux et aux cheveux sombres, monté sur un char attelé de chevaux noirs comme la nuit surgit et entraîna la jeune fille qui, poussant un cri, disparut dans la crevasse. C'était Hadès*, le dieu des enfers, l'oncle de la jeune déesse, qui s'était épris d'elle et n'avait rien trouvé de mieux, avec l'aide de Zeus, que de l'enlever pour l'épouser.

Déméter a entendu le cri de sa fille. Très inquiète, elle se précipite, cherche partout, ne voit rien ni personne. Ses deux frères ne lui soufflent mot de l'enlèvement et, durant neuf jours et neuf nuits, sans prendre un instant de repos, elle parcourt le monde, une torche dans chaque main, à la recherche de sa fille. Le dieu Hélios, le Soleil, dont le regard perçant a tout vu, lui révèle alors qui est l'auteur du rapt. Déméter est folle de colère. Elle refuse de

Déméter

rejoindre l'Olympe, décide qu'elle n'est plus une déesse et qu'elle ne quittera pas la terre tant que sa fille ne lui sera pas rendue. Prenant l'aspect d'une vieille femme, elle se fait engager comme nourrice à Éleusis, chez le roi Céléos, qui lui confie son fils Triptolème. Au palais, tout le monde aime cette vieille femme, on la loge, on la nourrit, on lui parle avec respect. Aussi Déméter, pour remercier ses hôtes, mais à leur insu, décide-t-elle de rendre Triptolème immortel. Chaque nuit, elle lui donne à boire le nectar, la boisson des dieux, et couche l'enfant dans les flammes. Mais voilà qu'un soir, la mère du petit garçon entre dans la chambre et s'affole : que fait donc la nourrice ? Pour éloigner tout soupçon, Déméter n'a qu'une solution : dévoiler sa nature divine. Elle apparaît dans toute sa splendeur et ordonne au roi et à la reine, frappés de stupeur, de lui construire un temple. Installée désormais dans son temple, Déméter continue de se désespérer de l'absence de sa fille et persiste à négliger son œuvre de déesse de la culture et des moissons. Résultat : la terre devient stérile, désertique. Plus de fruits,

plus de grains, les hommes meurent de faim, et l'équilibre du monde est gravement menacé. Sur l'Olympe, on commence à s'inquiéter. Zeus finit par comprendre que la plaisanterie a assez duré : il ordonne à son frère de laisser Perséphone quitter le royaume souterrain. Hermès* descend la chercher aux Enfers et elle s'apprête à remonter avec lui. Mais cela se révèle impossible. Perséphone a mangé un grain de grenade dans les jardins infernaux, et ce geste symbolise le mariage : elle est donc liée à Hadès. Il faut alors trouver un compromis : Hadès et Déméter vont se partager Perséphone, qui passera six mois chez son mari et six mois avec sa mère. Déméter se résout à donner son accord, et accepte de remonter sur l'Olympe. Mais avant de quitter le monde des mortels, elle veut leur témoigner sa reconnaissance : au jeune Triptolème, qu'elle n'a pas réussi à rendre immortel, elle enseigne les secrets de la culture du blé et lui confie la mission de les apprendre aux hommes. Ses fonctions de divinité de la nature féconde, Déméter ne veut plus les exercer qu'au rythme des retours de sa fille. Chaque année, quand Perséphone s'échappe des Enfers, toute la nature renaît. Les fleurs, les fruits poussent, les blés sortent de terre et mûrissent : c'est le printemps, puis l'été. Après la moisson, quand vient l'automne, Perséphone quitte sa mère et rejoint son compagnon souterrain : à l'image du cœur de la mère désolée, c'est une triste saison où la terre s'endort, la végétation meurt, jusqu'à l'hiver profond. Mais, alors que toute vie semble arrêtée, déjà se prépare avec le retour de Perséphone l'éclosion d'un nouveau printemps.

Déméter

Dans le monde grec, nombreux étaient les lieux où l'on assurait avoir recueilli Déméter lors de sa course errante à la recherche de sa fille. Des sanctuaires y étaient consacrés aux deux déesses, que l'on honorait sous le nom de « grandes déesses », symbolisant la fécondité, le rythme des saisons et la résurrection de la nature. Des fêtes importantes

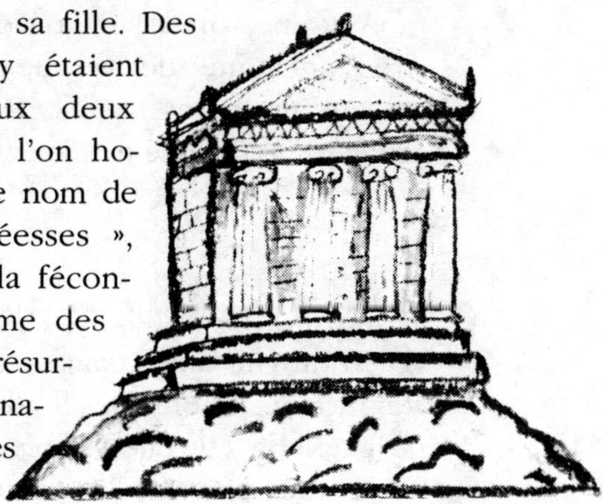

s'y déroulaient, surtout à l'automne, où l'on suppliait les déesses qui abandonnaient la terre à son triste sommeil hivernal de ne pas oublier de revenir au printemps. Le sanctuaire le plus important était le temple d'Éleusis, où se développa un culte bien particulier : les mystères d'Éleusis. Réservé aux seuls initiés, ce culte « à mystère » consistait à présenter des objets symboliques (statuettes, épis de blé) chargés d'évoquer le cycle de la vie et de la mort. Les assistants étaient appelés « mystes » (en grec : « ceux qui se taisent »), car ils ne devaient rien révéler à l'extérieur de ce qu'ils avaient appris au cours de ces cérémonies.

À Rome, on assimila Déméter à une très ancienne déesse de la fécondité et des moissons, Cérès. Déméter/Cérès devint une divinité très importante.

Dionysos

Dieu du vin, dieu voyageur qui parcourut le monde, Dionysos, le dernier-né des Olympiens, eut une vie bien tumultueuse avant de rejoindre les autres Immortels.

Dionysos

Sa naissance déjà eut lieu dans de bien étranges circonstances.

Zeus*, le dieu souverain, est un grand séducteur. Cette fois-ci, l'élue de son cœur est Sémélé, la fille du roi de Thèbes Cadmos*. Il se présente à elle comme un prince puissant et obtient ses faveurs. Mais Héra*, l'épouse jalouse de Zeus, veille et décide de se venger. Sous les traits de la nourrice de la jeune fille, elle lui explique qu'elle doit se méfier de ce soi-disant « grand prince », qui risque fort de n'être qu'un vagabond. Il faut que Sémélé demande à son soupirant d'apparaître dans toute sa puissance. Dès qu'elle revoit son amant, la jeune fille le supplie de se montrer tel qu'il est réellement. Sinon, elle ne le croira plus et lui fermera sa porte. Zeus est épouvanté : s'il apparaît dans toute sa puissance divine, il sait qu'il va provoquer une catastrophe. C'est ainsi, les dieux ne peuvent apparaître tels qu'ils sont aux mortels. Ils doivent se camoufler, prendre une apparence supportable aux yeux humains ! Mais Sémélé insiste tant, elle joue tant de son charme que Zeus finit par céder. Et en effet, c'est la catastrophe. La lumière est si violente, les éclairs si brûlants, que le palais prend feu et Sémélé, foudroyée, se consume dans les flammes. Zeus n'a que le temps de recueillir l'enfant qu'elle portait... Que faire de cette petite chose qui n'est pas encore venue à terme ? Zeus n'hésite pas : il s'ouvre la cuisse et y met le bébé, en attendant qu'il puisse naître. C'est ainsi qu'un peu plus tard, Dionysos naîtra de la cuisse de Zeus (les Romains diront : « de la cuisse de Jupiter », expression qui existe encore aujourd'hui).

Son père confie l'enfant à la sœur de Sémélé, Ino, mais Héra, poursuivant sa vengeance, la frappe de folie, ainsi que son époux. Hermès*, le dieu messager, recueille le petit Dionysos sur ordre de son père et l'emmène à Nysa, un lointain pays situé au fin fond de l'Asie ou de l'Afrique. Là, il est accueilli par des Nymphes*, les Ménades, et élevé en pleine nature par Silène*, un personnage rustique, mais plein de sagesse. C'est de cet épisode que le jeune dieu tire son nom : « Dionysos » signifie « Zeus de Nysa ».

Dionysos

Cette éducation libre et joyeuse porta ses fruits : Dionysos devint un beau jeune homme, champion du chant et de la danse et expert dans la connaissance de la nature. Mais surtout il fit une découverte qui allait changer la vie des mortels : il inventa la culture de la vigne et l'art d'en tirer le vin. Il fit sur lui-même l'expérience de l'ivresse et Héra en profita pour le rendre fou. Ce n'est qu'après un voyage au sanctuaire de son père à Dodone qu'il retrouva la raison après s'être purifié. Le dieu décida alors de parcourir le monde pour faire partager aux hommes sa précieuse découverte. Un long périple commença qui, de Grèce, devait le conduire jusqu'aux Indes.

Accompagné de son fidèle Silène, de Nymphes et de Satyres*, le dieu fut reçu par le roi de Calydon Œnée, qui poussa l'hospitalité jusqu'à offrir sa femme Althée. Des amours de Dionysos et Althée devait naître Déjanire, la future épouse d'Héraclès*. Pour remercier son hôte de cet accueil si chaleureux, le dieu lui fit l'offrande du premier cep de vigne qu'ait jamais vu un mortel. En Attique, la découverte du vin par les hommes provoqua un drame : les bergers du roi, pris de boisson, assassinèrent

leur maître. Pour les punir, Dionysos frappa leurs femmes de folie. Puis de Grèce, le dieu passa en Asie Mineure. En Phrygie, il rencontra Cybèle*, la grande déesse de la région, qui l'initia à son culte, où, par des danses et des transes, on fêtait le renouveau de la nature. Dionysos devait s'en souvenir : dieu de la végétation lui-même, et dieu du vin, il instaura des fêtes où on se livrait au délire par la boisson, la musique et la danse. Généralement bien accueilli, l'usage de la vigne et du vin – et le culte du dieu – s'étendait de cité en cité, de pays en pays. Seul le roi de Syrie ordonna qu'on arrachât les vignobles que Dionysos venait de faire planter. Ce dernier ne put l'accepter et fit mettre à mort le roi par la population.

Installé quelque temps sur le Caucase, où il introduisit la nouvelle culture et son propre culte, Dionysos repartit ensuite vers le sud. Il traversa les grands fleuves de Mésopotamie, le Tigre et l'Euphrate, et arriva en Inde. Il faut dire que le cortège du départ s'était considérablement agrandi d'hommes et de femmes, de Nymphes et de Satyres, tous voués au nouveau culte du dieu du vin. C'est à la tête d'une véritable armée que Dionysos entra aux Indes, qu'il réussit à conquérir à la fois par les armes, par la vigne et par cette forme nouvelle de religion. Les fêtes rituelles donnèrent lieu à de fastueux cortèges, où le dieu paraissait dans un char tiré par des tigres, portant le thyrse, sorte de pique où s'enroulait la vigne et que surmontait une pomme de pin. Il s'avançait, accompagné de divinités secondaires, dans un vacarme de cris, de chants et de danses au son des flûtes et des tambourins. Les Nymphes qui participaient à ces triomphes prirent le nom de bacchantes, tiré du surnom du dieu : Bacchos. Après l'Inde, le dieu parcourut encore l'Égypte et la Libye, semant la vigne et propageant son culte.

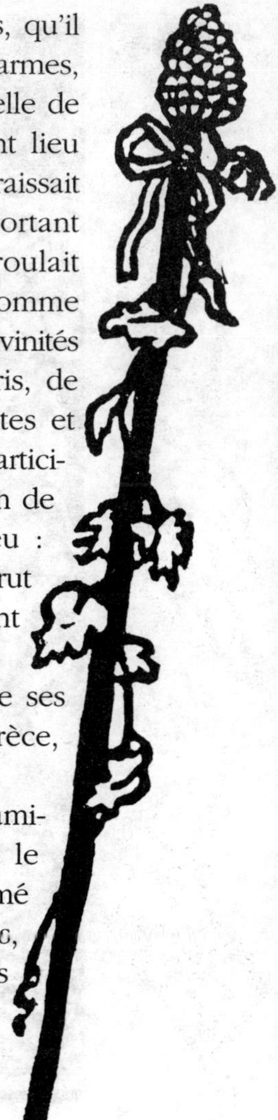

Mais il lui fallait encore convaincre ses compatriotes. Aussi rentra-t-il en Grèce, suivi de son joyeux cortège.

L'accueil ne fut pas toujours très amical : la fréquentation de Cybèle et le long périple en Asie avaient transformé le dieu. Ses longues robes orientales, ses tigres, ses bacchantes échevelées et ses rites spectaculaires, dont les participants semblaient avoir perdu l'esprit, éveillèrent l'inquiétude

des Grecs. Certains, comme le roi de Thrace, Lycurgue, ou le successeur de Cadmos, le roi de Thèbes Penthée, le chassèrent comme un charlatan ou le firent prisonnier. La vengeance du dieu était terrible : il rendait folles les femmes des pays où il était mal reçu, et, dans leur délire, elles accomplissaient des actes abominables, allant jusqu'à tuer leurs propres enfants ! Ainsi Penthée, comme le raconte Euripide dans sa tragédie *Les Bacchantes,* fut mis à mort par sa propre mère qui, saisie de délire avec ses compagnes, le prit pour gibier lors d'une chasse fatale.

Pour se faire reconnaître comme un dieu à part entière, Dionysos comprit qu'il devait faire de sa mère Sémélé, morte avant sa « seconde » naissance, une Immortelle.

Il fallait donc aller la rechercher aux Enfers et obtenir d'Hadès* qu'elle pût quitter le royaume des morts. Dionysos rapportait d'Orient une plante très recherchée, aussi bien par les humains que par les dieux : le myrte. En échange du myrte, Hadès autorisa Sémélé à regagner le monde des vivants. Le fils de Zeus demanda alors à son père d'accueillir sa mère dans l'Olympe. En souvenir du terrible piège tendu

Dionysos

par Héra à la malheureuse Sémélé, et pour se faire pardonner sa mort affreuse, Zeus accepta. Sémélé devint une Immortelle sous le nom de Thyoné, et son fils put alors séjourner dans l'Olympe et faire reconnaître aux yeux de tous sa qualité de dieu.

Lors d'un voyage dans les Cyclades, Dionysos aperçut, sur le rivage de Naxos, une ravissante jeune femme qui pleurait : c'était Ariane*, la fille du roi de Crète, Minos*, que Thésée* venait d'abandonner. Ému par la beauté et la tristesse d'Ariane, le fils de Zeus, qui venait d'obtenir son droit de séjour chez les Immortels, l'emmena avec lui sur l'Olympe et, chose qui ne s'était encore jamais vue, il l'épousa devant les dieux assemblés. Décidément, ce dieu voyageur n'agit pas selon les règles habituelles du strict partage entre les humains et les dieux ! Et dans l'histoire de la Grèce, l'introduction d'un culte d'origine orientale, comme celui de Dionysos, bouleversa les mentalités. Aux cultes traditionnels allaient s'ajouter les fêtes sauvages du vin et de l'amour,

ces Bacchanales qui mimaient le cortège du dieu avec ses Satyres et ses bacchantes déchaînées. Il serait facile d'opposer Apollon*, le calme dieu de la raison, et Dionysos, le dieu déchaîné de l'ivresse. Mais ce n'est pas si simple ! Capables l'un comme l'autre de violence destructrice et d'intelligence créatrice, ils sont en fait complémentaires et représentent les deux faces inséparables de l'esprit grec.

Le culte de Dionysos allait s'implanter, de façon tout à fait officielle, dans le monde grec. Les cités organisaient, au printemps ou à l'automne, de grandes réjouissances populaires : les Dionysies. Les plus importantes, les Grandes Dionysies d'Athènes, célébrées au début du mois de mars, donnèrent naissance à une forme essentielle de l'art grec : le théâtre. Après le sacrifice d'un bouc au dieu, on déclamait des poèmes qui racontaient sa vie et ses exploits ou ceux des autres grands héros de la mythologie. Peu à peu, ces poèmes prirent la forme de pièces, dont les répliques s'échangeaient entre des acteurs et un chœur, et que l'on jouait dans des lieux aménagés à cet usage et consacrés au dieu. Ce sont les fameux théâtres antiques qui furent le cadre des premières tragédies (le mot vient du grec et signifie « chant du bouc », en souvenir du sacrifice qui inaugurait les représentations). Outre les tragédies, on jouait aussi, devant le peuple assemblé, des comédies et des drames satyriques.

À Rome, le culte de Dionysos, qu'on appelait par son surnom « Bacchus », prit une grande importance. À certaines époques, les Bacchanales populaires – qui sont les ancêtres de notre Carnaval – provoquèrent de tels désordres, de tels scandales, que le Sénat jugea bon de les interdire. Mais le culte plus secret, qui réunissait des initiés autour d'un sacrifice, persista et devint même l'une des formes religieuses essentielles sous l'Empire. Les adeptes de Dionysos pensaient s'incorporer la substance même du dieu en consommant la chair de l'animal sacrifié (= le corps du dieu) et en buvant une coupe de vin (= le sang du dieu). Dans l'Antiquité, Dionysos et son cortège sont très souvent représentés, en bas-reliefs, en mosaïques – voir celles de Pompéi – et surtout sur d'innombrables vases. On voit le dieu revêtu d'une longue robe ou

d'une peau de panthère, le visage imberbe et le front couronné de lierre et de pampre de vigne. Tantôt assis sur un âne ou un tigre, tantôt debout, il tient son thyrse d'une main et de l'autre une coupe de vin. Parmi les représentations plus récentes, on peut voir le Dionysos/Bacchus sculpté par Michel-Ange ou celui peint par Léonard de Vinci (au musée du Louvre). Depuis l'invention de la vigne, les humains n'ont cessé, sous de multiples formes, de rendre hommage au dieu du vin et des plaisirs de la vie.

Dioscures

Castor et Pollux, les deux frères inséparables de la mythologie, étaient surnommés les Dioscures, c'est-à-dire, en grec, les « fils de Zeus* ». En fait, Pollux seul aurait été un fils du roi des dieux. Mais il faut dire que les circonstances de leur naissance ne sont pas très claires. Leur mère Léda*, épouse du roi de Sparte Tyndare, fut séduite par l'incorrigible Zeus, qui avait pour l'occasion pris la forme d'un cygne. Elle donna naissance à deux œufs, contenant chacun

Dioscures

un garçon et une fille. Dans l'un il y avait Castor et Clytemnestre*, dont le père était Tyndare, dans l'autre, il y avait Pollux et Hélène*, dont le père était Zeus ! Mais les deux garçons furent élevés ensemble à Sparte. Liés par une profonde affection, ils partageaient tout et ne se séparèrent jamais. Très courageux et très habiles au combat (on dit que Pollux inventa la boxe et que Castor excellait dans le dressage des chevaux), les deux jeunes héros vécurent de nombreuses aventures. Ils participèrent à l'expédition des Argonautes*, et aidèrent Jason* à conquérir la Toison d'or. Pendant une tempête, on vit briller une petite flamme sur la tête des jumeaux : Zeus signifiait ainsi qu'il prenait le navire *Argo* et son équipage sous sa protection. Plus tard, Castor et Pollux combattront au côté de Jason quand celui-ci voudra reprendre le pouvoir à Iolcos. Comme de nombreux héros de la mythologie, ils participeront avec Méléagre* à la fameuse chasse au sanglier monstrueux de Calydon.

Dioscures

Mais Castor et Pollux sont d'abord des héros du Péloponnèse, des héros de Sparte, la grande rivale d'Athènes. Et quand leur sœur Hélène, encore toute jeune, est enlevée par Thésée*, le roi d'Athènes, ils lèvent une armée et envahissent l'Attique. Non seulement ils délivrent leur sœur, mais prennent en otage la mère de Thésée et, celui-ci étant parti pour d'autres aventures, chassent du trône ses fils qui gardaient le pouvoir en l'absence de leur père.

Mais, s'ils sont tout prêts à défendre l'honneur de leur sœur, les Dioscures ne sont pas plus sages que Thésée quand il s'agit de femmes. Invités aux noces de leurs deux cousins, ils ne trouvent pas mieux à faire que d'enlever les deux fiancées ! L'affaire tourne au tragique : la bagarre éclate entre les quatre hommes et, au cours de l'affrontement, Castor trouve la mort. Pollux est désespéré, il ne veut pas se séparer de son frère. Zeus, ému par la douleur de son fils, autorise les jumeaux à rester ensemble : ils vivront six mois aux Enfers, dans le royaume des morts, et six mois sur terre, parmi les vivants. Plus tard, le roi des dieux les transportera tous deux au ciel, où ils formeront la constellation des Gémeaux. Les Romains feront de Castor et Pollux des héros de l'histoire des origines de la République romaine. Une légende raconte qu'ils aidèrent la cavalerie romaine lors de la dernière bataille contre les Tarquins, et que c'est eux qui annoncèrent la victoire, accourant en personne au milieu du Forum, où un très beau temple, dont on peut voir les vestiges, leur a été édifié.

Dioscures

Électre

Fille d'Agamemnon* et de Clytemnestre*, Électre assiste, toute jeune, à la mort de sa sœur Iphigénie*, sacrifiée par son père à Artémis* pour obtenir le départ des navires vers Troie. Des années plus tard, à son retour de la guerre de Troie*, Agamemnon est tué par sa femme et par Égisthe. Électre réussit à sauver son frère Oreste* de la fureur des meurtriers, et, sur ordre de sa mère, qui veut l'éloigner de la cour, elle est mariée à un paysan. Mariage qui n'est pas consommé, car Électre veut rester vierge et son « mari » respecte son désir.

Chaque jour, la jeune fille se rend sur la tombe de son père et jure aux dieux qu'elle le vengera. Et voici qu'un jour, un jeune homme la rejoint : c'est Oreste qui, devenu adulte, est revenu de la ville étrangère où il se cachait. Électre comprend que l'heure de la vengeance a sonné et pousse son frère à tuer les « usurpateurs », Clytemnestre et Égisthe, qui, depuis leur crime, règnent sur Argos. Oreste commet alors ce crime effroyable : pour venger son père, il devient le meurtrier de sa propre mère. Mais ce n'est qu'à ce prix que pouvait être dénouée la malédiction familiale. En aidant son frère à accomplir la terrible vengeance, Électre contribua à réconcilier la descendance des Atrides avec les dieux. Elle épousa l'inséparable ami d'Oreste, Pylade, et lui donna deux fils, Strophios et Médon.

Belle figure de femme austère et passionnée, Électre est le personnage principal de trois tragédies antiques célèbres, *Les Choéphores* d'Eschyle, l'*Électre* de Sophocle et celle d'Euripide. Mais elle inspira aussi des auteurs plus modernes : un opéra de Richard Strauss, une pièce de Jean Giraudoux et un film du cinéaste grec Cacoyannis portent son nom.

Érinyes (les)

Du sang d'Ouranos tombé sur la terre quand son fils Cronos le mutila naquirent d'effrayantes divinités aux cheveux entremêlés de serpents : les Érinyes. Déesses primordiales, antérieures aux dieux olympiens, elles sont chargées – comme Némésis, la déesse de la vengeance – de punir les coupables, c'est-à-dire tous ceux qui, par orgueil ou ignorance, troublent l'ordre du monde. Tous, dieux et mortels, et Zeus* lui-même, leur doivent respect et obéissance. Portant des torches et des fouets, elles sortent de l'obscurité des Enfers, le sombre Érèbe, pour s'acharner sur leurs victimes comme des chiennes poursuivant leur proie. Œdipe*, Oreste*, Héraclès* et bien d'autres en perdront la raison, et ne pourront échapper aux Érinyes qu'après purification de leurs crimes. Elles interdisent aux devins de dévoiler trop précisément l'avenir, car les mortels doivent rester dans l'incertitude et ne pas se prendre pour des dieux. Les hommes, désireux de se concilier ces cruelles représentantes d'un destin aveugle, les surnommaient les *Euménides,* ce qui signifie en grec les « bienveillantes ». C'est le titre que donne le poète Eschyle à l'une de ses tragédies, qui met en scène le malheureux Oreste poursuivi par ces terribles « bienveil-lantes » après avoir tué sa mère. Racine, dans *Andromaque,* fait s'écrier à Oreste apercevant leurs figures d'épouvante : « Pour qui sont ces serpents qui sifflent sur vos têtes ? » et Sartre, dans *Les Mouches,* les compare à ces insectes qui ne veulent pas lâcher leur proie.

Europe

Fille d'Agénor, roi de Phénicie, et sœur de Cadmos*, le fondateur de Thèbes, cette princesse d'Asie Mineure donna, dit-on, son nom à notre continent. Et cela à la suite d'une aventure avec Zeus*, le roi des dieux. Europe était très belle. Si belle qu'on la soupçonnait même d'utiliser des fards divins, que la déesse Hécate aurait volés pour elle à Héra*, l'épouse de Zeus. Un jour qu'avec des amies elle jouait dans les prairies proches du rivage, où paissaient les troupeaux de son père, elle remarqua un superbe taureau blanc qu'elle n'avait encore

Europe

jamais vu. Elle s'approcha de l'animal pour le caresser, et celui-ci se montra très doux, laissa la jeune fille orner ses cornes de guirlandes de fleurs, puis se coucha à ses pieds. Sans crainte, Europe monta sur son dos. Aussitôt le taureau se releva et bondit vers la mer. Emportant la jeune fille loin du rivage, il s'élança à la nage à travers les vagues, et bientôt, des profondeurs sortirent des divinités marines, Tritons et Néréides, qui formèrent un cortège. Ils abordèrent en Crète et, sur la plage, le taureau prit forme humaine : c'était Zeus, qui s'était transformé en taureau pour enlever Europe dont il était tombé amoureux. Le dieu et la princesse eurent trois fils, Minos*, Rhadamante et Sarpédon. Plus tard, Zeus maria Europe au roi de l'île, qui adopta ses fils. Zeus laissait à la nouvelle reine de Crète un bien étrange cadeau : le géant de bronze Talos*, automate chargé d'assurer la sécurité de l'île.

Les historiens pensent que la légende d'Europe raconte, de façon poétique, l'apparition de la civilisation crétoise (la plus ancienne civilisation européenne), qui est née en Asie Mineure, comme la belle princesse enlevée par Zeus. Le taureau tenait par ailleurs une grande place dans la religion des Crétois, qui vénéraient un dieu-taureau. Ces croyances crétoises donnèrent naissance à toute la mythologie du Minotaure*, monstre mi-taureau mi-homme, qui, selon les légendes grecques, vivait au cœur du palais du roi de Crète.

Nombreux furent les peintres et sculpteurs, qui, dès l'Antiquité, représentèrent l'épisode de l'enlèvement d'Europe. Notons particulièrement, aux XVIe et XVIIe siècles, les tableaux des peintres italiens Titien, Véronèse et le Tintoret.

Gaia

Déesse de la Terre, née du Chaos primordial, Gaia, dont le nom signifie « terre » en grec, est la plus ancienne divinité grecque, l'ancêtre de tous les dieux. Seule, elle engendra Ouranos, le Ciel, et s'unissant à son fils, elle donna naissance à de multiples divinités, puissantes et désordonnées, parfois monstrueuses : les dieux « chthoniens » (c'est-à-dire « nés du sol »), qui forment la première génération divine.

Gaia

Ainsi, du sein de la Terre, vont naître les douze Titans*, les trois Hécatonchires (Géants aux cent bras), et les trois premiers Cyclopes. La descendance de Gaia ne se limite pas à ces seuls enfants. Déesse maternelle, qui représente la terre encore inculte mais féconde et nourricière, elle ne cesse, tout au long des récits mythologiques, d'engendrer d'innombrables personnages, mortels ou immortels, mais généralement monstrueux : dragons, géants, serpents sont souvent fils de cette terre aux profondeurs inquiétantes : ainsi Typhon et Échidna, terrifiants dragons qui engendrèrent l'Hydre de Lerne et la Chimère, ainsi Python, gardien du sanctuaire de Delphes, vaincu par Apollon*, ainsi les divinités marines primitives, comme Nérée*.

Mais c'est avec les enfants qu'elle eut d'Ouranos, les Titans, que Gaia joua un rôle essentiel dans l'histoire des dieux. Dans ces temps primitifs, Ouranos, le Ciel allongé

Gaia

sur son épouse la Terre, ne cessait de la féconder. Mais il détestait ces enfants que sans répit il faisait à Gaia. Craignait-il qu'ils ne veuillent prendre sa place de dieu dominant ? C'est fort possible. Toujours est-il qu'il exigeait de Gaia qu'elle les gardât dans son ventre. Celle-ci n'en pouvait plus et un jour, elle décida de se libérer de l'emprise de son époux. Au Titan Cronos, son dernier-né, qui lui semblait plein d'ambition, elle donna une faucille en silex. La nuit venue, quand Ouranos s'étendit sur la Terre, elle laissa Cronos sortir et celui-ci, avec son arme, trancha le sexe de son père, le privant ainsi de son pouvoir fécondant et libérant sa mère de la tyrannie de son époux. Cronos prit alors le pouvoir et, avec ses frères les Titans, se partagea l'empire du monde. Il épousa sa sœur, la Titanide Rhéa, mais se montra aussi méfiant à l'égard de sa descendance que l'avait été son père Ouranos. Sa méthode pour se débarrasser des nouveau-nés était un peu différente, mais tout aussi expéditive : il les avalait. Cependant, comme son père, il lui faudra à son tour laisser la place à la nouvelle génération. Son fils Zeus* lui arrachera

Gaia

le pouvoir et, une fois mis à l'écart les antiques dieux chthoniens, les nouveaux dieux, les Olympiens, régneront sur le monde. Et que devint Gaia dans ces révolutions au pays des dieux ? Elle tenta bien d'aider ses enfants les Titans à garder le pouvoir, mais, une fois la victoire des Olympiens assurée, elle demeura parmi les dieux. N'était-elle pas la grand-mère, tour à tour redoutable et bienveillante, du nouveau maître du monde ? Dans le nouvel ordre divin, elle restait inquiétante, représentant un ordre ancien, primitif et sauvage, celui des forces de la nature non domptée. Mais les Grecs n'oublieront jamais qu'à l'origine d'un monde harmonieux et équilibré existaient des puissances sombres et incontrôlées, celles du chaos primitif, dont Gaia était encore une figure. On la vénérait dans de nombreux sanctuaires, et elle passait pour inspirer des oracles.

Même à Delphes, devenu le domaine par excellence du dieu de la raison Apollon, Gaia restait présente et ce sont des fumées montant des profondeurs de la Terre qui donnaient à la Pythie son pouvoir prophétique.

Ganymède

Fils d'un des rois fondateurs de Troie, Tros, Ganymède était d'une telle beauté que le roi des dieux lui-même, Zeus*, fut séduit. Déguisé en aigle, il enleva le jeune homme et en fit l'échanson de l'Olympe, chargé, lors des banquets, de servir aux dieux leur boisson favorite, le nectar. Pour consoler son père de la perte de son fils chéri, le roi des dieux lui offrit deux superbes juments immortelles. L'enlèvement de Ganymède a inspiré de très nombreux peintres et sculpteurs depuis l'Antiquité. Entre autres, un tableau du grand peintre flamand Rembrandt représente cet épisode.

Hadès

Ce sombre dieu, qui vit dans les profondeurs de la Terre, et ne monte qu'exceptionnellement sur l'Olympe rejoindre l'assemblée des dieux, c'est Hadès, le dieu des morts, dont le nom signifie « Invisible ». Son royaume, c'est les Enfers, le monde souterrain dont il est devenu le maître lors du partage de l'univers entre Zeus* et ses frères après la victoire des Olympiens sur les Titans*. Hadès, comme ses frères et sœurs, avait été avalé par son père Cronos* et libéré par Zeus avec la complicité de sa mère Rhéa*.

Hadès est un dieu redoutable. Les mortels, les héros et même les dieux le craignent. On n'ose pas prononcer son nom, et on le désigne le plus souvent par son surnom, Pluton, qui en grec signifie le « Riche ». Car Hadès est riche : son domaine souterrain est aussi celui des mines de pierres et de métaux précieux. Dans la pénombre des Enfers, luisent l'or et l'argent, les diamants et les rubis. Et la population de son royaume ne cesse de croître, apportant les trésors qui traditionnellement accompagnent les morts.

Hadès

Du haut de son trône d'ébène et de soufre, Hadès règne sans pitié, sans la moindre indulgence pour les pauvres âmes désolées qui ont quitté la Terre. Certes, ce n'est pas lui qui donne la mort. Les hommes et les dieux s'en chargent bien tout seuls ! Mais si on le craint tant, c'est qu'il garde les morts, en fait ses sujets prisonniers pour l'éternité : aucun des mortels parvenus chez Hadès ne pourra jamais revoir le monde des vivants. Gardée par un horrible chien à trois têtes et à la queue de serpent, Cerbère, la porte des Enfers était à tout jamais fermée à ceux qui l'avaient franchie. Rares sont les héros qui réussirent à sortir après être entrés chez Hadès : Ulysse*, Héraclès* au prix d'une dure bataille, Orphée* au prix de la perte d'Eurydice !

Pour connaître ce royaume, il faut faire une descente aux Enfers, en compagnie des quelques héros qui ont réussi à s'en échapper. Par une caverne, on accède au monde souterrain. Dans la pénombre des profondeurs, on arrive devant un large fleuve aux eaux marécageuses, le Styx. On emprunte alors une barque conduite par un misérable vieillard qui a très mauvais caractère : c'est Charon, le passeur des Enfers, qui exige une obole pour la traversée. En prévision de ce passage, on enterrait toujours les morts avec une pièce de monnaie dans la bouche. La barque de Charon mène aux portes des Enfers, qui sont gardées par l'horrible Cerbère. Devant l'entrée, se tiennent les trois juges des Enfers : Éaque, Minos* et son frère Rhadamante. Ils forment un tribunal devant lequel les âmes doivent comparaître. Les meilleurs parmi les défunts – mais ce n'est qu'une toute petite minorité – seront conduits aux champs Élysées, région moins sombre, où dans des prairies couvertes de fleurs séjournent les Bienheureux. Les plus mauvais, ceux qui ont accompli les pires forfaits, sont entraînés dans le Tartare, situé dans des profondeurs extrêmes où règne une nuit éternelle. C'est dans ce sinistre endroit que les grands criminels, comme Tantale*, Sisyphe* ou les Danaïdes* subissent leur supplice. C'est dans le Tartare aussi que Zeus a enfermé les Titans qui s'étaient révoltés contre lui. Mais la grande majorité des âmes, pâles reflets des vivants qu'elles ont été, restent pour l'éternité dans une zone intermédiaire, appelée « prairie des asphodèles ».

Le temps n'a pas de fin, aux Enfers. Que font donc les défunts tout au long de ce séjour éternel ? Dans le Tartare, certes, on a de quoi s'occuper, mais ailleurs ? Eh bien, ailleurs, on s'ennuie ! Même aux champs Élysées, les morts n'ont qu'une chose à faire : regretter la vie. Les Grecs aimaient tant la vie, aimaient tant la lumière, qu'il leur était difficile d'imaginer qu'on ait pu être heureux au royaume des morts ! Pauvres ombres sans consistance, les habitants des Enfers miment sans y croire les gestes quotidiens du monde des vivants, ayant perdu tout espoir d'échapper aux ténèbres.

On peut comprendre qu'aucune Immortelle n'ait été sensible au charme du maître d'un pareil royaume. Pour avoir une épouse à son côté, Hadès a dû l'enlever. C'est sa nièce Corè qu'il a choisie, et il en fera la reine des Enfers sous le nom de Perséphone*. Mais Déméter*, la mère de la jeune déesse, ne l'entend pas ainsi : elle cherchera sa fille à travers le monde et obtiendra

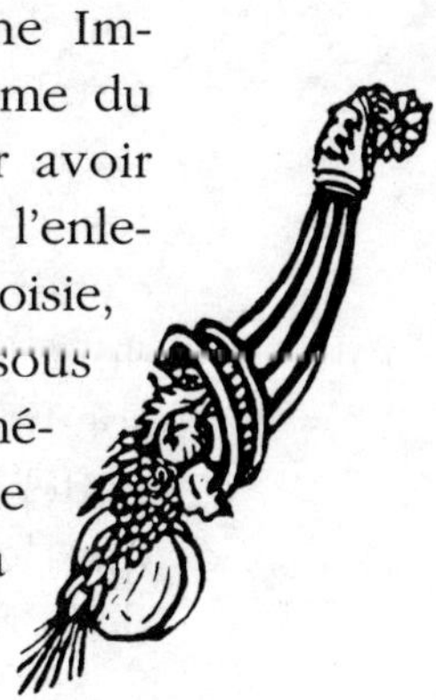

qu'elle ne reste que la moitié de l'année auprès de son sombre époux : à chaque printemps, son retour sur terre symbolise le renouveau de la nature.

Hadès est d'humeur ombrageuse : il n'aime pas que les vivants viennent se mêler des affaires des morts. Quand Héraclès, pour accomplir un de ses Douze Travaux, se permet de descendre aux Enfers pour ramener le chien Cerbère, Hadès l'agresse violemment et veut lui interdire l'entrée. La bagarre entre Héraclès, fils de Zeus, et son oncle fut mémorable. C'est une des rares fois où Hadès dut quitter ses ténèbres et monter sur l'Olympe... pour faire soigner ses blessures !

On n'aimait pas beaucoup Hadès dans l'Antiquité. On ne lui bâtissait pas de temple et, quand on lui rendait un culte, c'était la nuit, en lui sacrifiant des taureaux ou des moutons noirs pour apaiser ses colères. Quand on le représentait, c'était en compagnie de Perséphone, dont la présence adoucissait un peu la sombre figure du dieu, et on lui faisait porter une corne d'abondance, rappelant que le dieu des morts était aussi celui de la richesse.

Hébé

Fille du roi des dieux Zeus* et de son épouse Héra*, et sœur d'Arès*, Hébé, déesse de la jeunesse, est en quelque sorte la princesse de l'Olympe. Longtemps, elle fut chargée de servir le nectar lors des banquets des dieux, mais son père attribua cette fonction au jeune et beau Troyen Ganymède*, qu'il avait enlevé et rendu immortel. Hébé épousa Héraclès* quand celui-ci acheva sa vie mortelle et vint rejoindre les dieux. Représentée comme une belle et douce jeune femme, couronnée de lierre et portant des fleurs et des fruits, la déesse de la jeunesse fut l'objet d'un culte associé à celui de sa mère ou de son époux.

Hector

Fils du roi de Troie Priam* et de son épouse Hécube*, Hector est le grand héros troyen de la guerre de Troie*. Contrairement à son frère Pâris*, qui préférait la compagnie d'Hélène* au fracas de la bataille, il était d'une vaillance sans

Hector

pareille au combat. Agamemnon*, qui commandait l'armée grecque, savait qu'il ne pourrait jamais prendre la ville tant qu'Hector, chef de l'armée troyenne, la défendrait. Tous, amis et ennemis, reconnaissaient en lui le guerrier le plus courageux et le plus redoutable.

Avant la guerre, il avait épousé Andromaque*, fille du roi d'une cité voisine de Troie. Mais jamais son amour pour sa femme et pour le fils qu'elle lui avait donné, Astyanax*, n'a affaibli son courage.

Durant l'absence d'Achille* qui, à la suite d'une querelle avec Agamemnon, refusait de combattre avec l'armée grecque, Hector tue de nombreux Grecs, les provoque en combat singulier et réussit même, à la tête de ses troupes, à les repousser jusqu'à leurs navires, qu'il menace d'incendier.

Les Grecs, aidés par Poséidon*, contre-attaquent et les Troyens se replient dans la ville. L'ami d'Achille, Patrocle*, se lance à l'assaut des murs de Troie avec les Myrmidons, les soldats d'élite d'Achille. Hector fait alors ses adieux à Andromaque et au petit Astyanax, et tente

Hector

une percée. Avec l'aide d'Apollon*, son protecteur, il tue Patrocle et le dépouille de son armure. C'est alors qu'Achille, fou de douleur et de colère, reprend le combat, avec une seule idée en tête : tuer le meurtrier de son ami. Il surprend Hector, le poursuit autour des murs de Troie l'épée à la main. Hector lui fait face, le combat s'engage. Ce combat entre les deux héros, le Troyen et le Grec, est un peu le symbole de la guerre de Troie. Zeus*, du haut de l'Olympe, pèse dans une balance le destin des deux adversaires : c'est le plateau d'Hector qui descend le plus bas, c'est lui qui doit mourir. Alors Apollon*, qui protégeait Hector, l'abandonne, et Achille lui donne le coup d'épée fatal. Avant de rendre l'âme, Hector demande au héros grec de remettre son corps à ses parents. Mais Achille a la haine au cœur. Il refuse, et Hector lui prédit alors sa mort prochaine. Achille est comme fou, il attache le corps d'Hector par les chevilles à son char et le traîne autour des murs de la ville, sous les regards désespérés

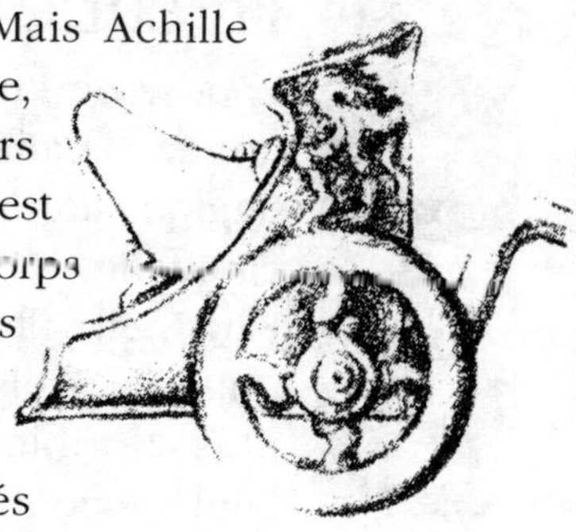

de sa famille et des Troyens réunis. Puis il laisse le cadavre déchiqueté par les pierres à côté du cercueil de Patrocle. Les dieux eux-mêmes sont saisis de pitié et ordonnent à Achille de rendre le corps à Priam, venu en personne le supplier. Moyennant une forte rançon, celui-ci accepte, et douze jours de trêve sont décidés de part et d'autre pour les funérailles.

Ainsi finit Hector, le héros troyen abandonné des dieux. Cet épisode tragique est raconté par Homère dans l'*Iliade,* et évoqué dans la tragédie de Racine *Andromaque,* où l'héroïne rappelle à sa confidente la touchante scène des adieux, qui inspirera peintres et sculpteurs.

Hécube

Épouse de Priam*, le roi de Troie, elle lui donna beaucoup d'enfants. Le poète tragique Euripide ira même jusqu'à dire cinquante ! Lorsqu'elle attendait son fils Pâris*, elle fit un rêve qui lui annonçait la ruine de Troie. Le rêve devint une réalité plus terrible qu'un cauchemar, après l'enlèvement d'Hélène* qui déclencha

Hécube

la guerre de Troie*. Elle perdit tous ses fils durant la guerre – sauf le plus jeune qu'elle avait confié au roi de Thrace –, et après la prise de la ville et la mort de Priam, elle fut emmenée en captivité par Ulysse*. Or un nouveau malheur frappa Hécube. En passant par les rivages de Thrace, elle y découvrit le corps de son plus jeune fils, que le roi du pays, trahissant sa confiance et désirant s'emparer des trésors que Priam lui avait confiés, avait fait mettre à mort. Elle obtint d'Agamemnon*, le vainqueur de Troie, la permission de retourner dans son pays, et y invita le roi de Thrace, sous prétexte de lui révéler la cachette d'un trésor. Quand il arriva, elle lui tendit un piège et le tua, après avoir fait massacrer ses deux enfants qui l'accompagnaient. Son fils était vengé ! Mais la haine d'Hécube était si violente, dit-on, qu'elle se transforma alors en chienne aux yeux de feu et se précipita dans la mer. Mère affligée, poursuivie par le malheur, le personnage d'Hécube, tel qu'Euripide la montre dans la tragédie qui porte son nom, hantait l'imagination des Grecs.

Hélène

Son nom fait rêver... La belle Hélène, fille de Zeus* et de Léda*, sœur des Dioscures* et de Clytemnestre*, était, dit-on, d'une beauté surnaturelle. Sa naissance divine y était sans doute pour quelque chose, mais on raconte aussi qu'Aphrodite* lui avait accordé le don de séduire tous les hommes qu'elle désirait. Elle fut élevée à la cour de Sparte, chez son « père » mortel, le roi Tyndare, époux légitime de Léda. Mais très tôt sa beauté provoqua des ravages. Toute jeune, elle fut enlevée par Thésée*, alors qu'elle offrait un sacrifice à Artémis*. Thésée confia la jeune fille à sa mère, le temps d'aider son ami Pirithoos à enlever Perséphone*, la femme du dieu des Enfers Hadès*, dont il était amoureux. Fâcheuse manière de se procurer des femmes que de les enlever de la sorte ! Hadès, fou de colère, retint les deux jeunes gens prisonniers, et durant ce temps, les Dioscures délivrèrent leur sœur et la ramenèrent à Sparte. Tyndare jugea alors qu'il était temps de la marier. Tous les rois et princes grecs se pressèrent à la Cour pour demander sa main : elle était si belle !

Hélène

Avant de choisir un époux pour sa « fille », Tyndare, inquiet à l'idée que les prétendants éconduits puissent se révolter, demanda à tous de prêter serment : chacun devait jurer de rester fidèle et de venir en aide en toutes circonstances à celui qui obtiendrait la main d'Hélène. Ils acceptèrent tous, et Ménélas*, dont le frère Agamemnon* avait épousé Clytemnestre, la sœur d'Hélène, fut choisi. Personne ne savait encore dans quels malheurs ce mariage et ce serment allaient entraîner tous les Grecs.

Ménélas succéda à Tyndare, et Hélène lui donna une fille, Hermione*. Quelques années plus tard, Pâris*, fils du roi de Troie Priam*, arriva à la cour de Sparte. Aphrodite*, déesse de l'amour, lui avait accordé le don de séduire la plus belle femme du monde, et Pâris avait entendu parler d'Hélène ! Ce qui devait arriver arriva. Pâris et Hélène tombèrent follement amoureux l'un de l'autre, et, avant le retour du mari, s'enfuirent, emportant une partie des trésors de Ménélas. On parle souvent de l'« enlèvement » d'Hélène par Pâris, mais il semble bien que la jeune femme ait été pleinement consentante... Elle avait même, sans hésiter, abandonné sa fille Hermione, âgée de neuf ans.

Ménélas, fou de colère et de jalousie, ameute son frère Agamemnon et tous les chefs grecs qui ont prêté serment : il faut l'aider à reprendre Hélène, que Pâris a emmenée à Troie. C'est ainsi que la belle Hélène est à l'origine de la guerre de Troie* ! Guerre sanglante, qui allait durer dix ans et coûter la vie à tant de valeureux héros, aussi bien grecs que troyens...

Quand, au terme de cette guerre, Ménélas rentre à Sparte avec Hélène, après un long et difficile voyage qui les entraîne en Égypte et dans les îles de la Méditerranée, ils se sont réconciliés. Elle est si belle que même les plus haineux parmi les Grecs – qui ont pourtant toutes les raisons du monde de lui en vouloir – se laissent attendrir. Tant que Ménélas vivra, Hélène aura une vie heureuse à Sparte. Mais à la mort de son époux, elle fut chassée du royaume par son propre fils Nicostratos et trouva refuge à Rhodes chez Polyxo, une amie d'enfance dont le mari avait été tué à la guerre de Troie.

Polyxo fit mine de l'accueillir selon toutes les règles de l'hospitalité. Mais pendant qu'Hélène était dans son bain, elle envoya contre elle ses servantes déguisées en Érinyes* avec pour mission de la tuer. Hélène mourut pendue à un arbre. C'est ainsi, dit-on, que fut punie celle qui avait provoqué une guerre épouvantable et meurtrière.

Hélène est un personnage fascinant, coupable certes, mais si belle et si séduisante que les anciens Grecs, malgré tous les crimes dont la légende la rendait responsable, inventaient d'autres récits qui tendaient à la faire pardonner. On a même dit qu'elle n'avait pas suivi Pâris à Troie, qu'elle s'était réfugiée en Égypte, et que le jeune homme n'avait emmené avec lui qu'un fantôme... Et, dans de nombreux lieux de la Grèce, on lui rendait un culte comme à une divinité. La mémoire d'Hélène, transmise par tous les poètes grecs de l'Antiquité, nous est rappelée aussi par la célèbre opérette d'Offenbach, créée en 1864 : *La Belle Hélène*.

Héphaïstos

En voilà un drôle de dieu, boiteux, velu, noiraud ! Avec ses larges épaules, son torse puissant, ses jambes maigrichonnes et tordues, il est si laid que, lorsqu'il arrive sur l'Olympe, l'assemblée des dieux est saisie d'un énorme fou rire. Pourtant, Héphaïstos est un Olympien à part entière, fils des dieux souverains, Zeus* et Héra*. Mais, malgré son illustre naissance, sa vie n'est pas particulièrement drôle.

La chaste Héra, encore jeune fille, avait été séduite par Zeus qui, selon ses stratagèmes habituels, s'était approché d'elle sous la forme d'un coucou. Sans méfiance, elle avait caressé l'oiseau qui n'avait repris forme divine qu'au moment où elle ne pouvait plus lui résister. De cette union, Héra avait conçu Héphaïstos et, honteuse d'avoir cédé à Zeus avant leur mariage, elle avait du haut de l'Olympe jeté l'enfant dans la mer. Héphaïstos, tout boiteux et tordu après sa chute, fut recueilli par des Nymphes* et, très jeune, fut initié au travail du métal. Ses capacités divines apparurent très vite et il devint un for-geron hors de pair.

Âgé de neuf ans à peine, il réalisa un superbe trône en or qu'il fit porter en présent à sa mère. Héra, devenue entre-temps l'épouse de Zeus et la reine de l'Olympe, fut flattée de recevoir un si beau cadeau de ce fils qu'elle avait presque oublié. Elle s'assit aussitôt sur le trône... mais ne put se relever ! Héphaïstos avait usé de son pouvoir divin pour la rendre prisonnière. Sur l'Olympe, tous les dieux s'acharnèrent à délivrer Héra. Rien n'y fit ! On envoya alors Arès*, le dieu de la guerre, chercher son frère dans sa forge : Héphaïstos le reçut à coups de tisons brûlants. Dionysos*, autre fils de Zeus, se dévoua à son tour, mais n'oublia pas d'emporter une jarre de vin. Il offrit à son demi-frère cette boisson nouvelle, qu'il venait d'inventer. Héphaïstos, d'abord réticent, se laissa convaincre... et but tant de vin que Dionysos n'eut aucun mal à l'emmener, complètement ivre, jusqu'au domaine des dieux. Cependant, une fois dégrisé, le jeune dieu ne se laissa pas faire : pour délivrer sa mère, il exigea

qu'on lui donnât pour épouse la plus belle des Immortelles : Aphrodite*, la déesse de l'amour !

Réconcilié avec sa mère, Héphaïstos prit son parti dans l'une des innombrables querelles qui l'opposaient à son époux. Zeus, furieux de voir son fils contre lui, l'attrapa par un pied et le lança hors de l'Olympe. Malheureux Héphaïstos ! Après de tels traitements de la part de ses parents, on ne s'étonnera pas de le voir infirme et contrefait !

Tombé sur l'île volcanique de Lemnos, Héphaïstos y installa sa forge et en fit sa demeure terrestre. C'est là que Prométhée* vint dérober le feu qu'il offrit aux hommes. Héphaïstos n'avait plus guère envie de séjourner sur l'Olympe, et quand il quitta Lemnos, ce fut pour s'installer dans le cratère de l'Etna, en Sicile. Là, aidé par les Cyclopes à l'œil unique, il forgeait la foudre pour son père ou façonnait instruments, armes et parures pour les dieux et les héros. L'armure d'Achille*, par exemple, comme les chaînes de Prométhée, les flèches d'Artémis* et d'Apollon*, le sceptre de Zeus et la dangereuse Pandore sont des œuvres d'Héphaïstos.

Héphaïstos

Quant à la belle Aphrodite, elle ne se soucie guère de vivre au fond d'une forge auprès d'un mari si laid. Elle est souvent absente et quand Hélios, le Soleil qui voit tout, révèle à Héphaïstos les amours clandestines de sa femme avec Arès, le mari trompé se venge. Il fabrique un filet aux mailles légères que, dans la nuit obscure, il jette sur le couple enlacé. Au réveil la tendre idylle tourne au spectacle comique : pour faire honte aux amants, Héphaïstos a convoqué tous les dieux pour les voir se débattre dans les mailles indestructibles du filet.

Lassé des frasques de son épouse, le dieu boiteux jeta ses regards sur d'autres divinités féminines, mais sans grand succès, on peut l'imaginer. Lui qui avait aidé Zeus à faire naître Athéna* en lui fendant le crâne à coups de hache, le voici soudain amoureux de sa demi-sœur, venue dans sa forge lui commander des armes. Saisi d'une grande passion, il la poursuit mais, rejeté avec force par la chaste Athéna, il tombe et féconde la Terre, qui quelques mois plus tard donne naissance à Érichthonios. Né du désir d'Héphaïstos pour Athéna, celui-ci devint premier roi d'Athènes.

Héphaïstos

Dieu de la forge et du feu, Héphaïstos était vénéré comme dieu des artisans. Dans l'Antiquité, on le représentait vêtu d'une courte tunique dénudant une épaule : c'était la tenue des travailleurs, de ceux qui, à l'aide du marteau et de l'enclume, façonnent le métal et fabriquent les objets de la vie courante. Un très ancien dieu latin du feu, Vulcain, fut identifié à Héphaïstos par les Romains qui mirent à son compte les légendes du dieu boiteux. Si le nom grec « Héphaïstos » signifie « foyer allumé », le nom latin « Vulcanus » a donné le mot « volcan », et le culte du dieu fut toujours lié aux régions volcaniques où on l'imaginait à l'œuvre, infatigable artisan du métal qu'il fondait au feu du centre de la Terre.

Héra

Une belle femme au port altier et au visage sévère, avec des yeux immenses qui reflètent son humeur orageuse et passionnée : telle apparaît Héra, la reine de l'Olympe, qui siège sur un trône d'or à côté de son époux Zeus*, le dieu souverain. Les dieux l'honorent et la respectent. Ils se lèvent à son approche et, quand elle parle, on se tait, on l'écoute. Alors, pourquoi ces tristesses, ces rages insensées, ces haines farouches, qui agitent parfois la noble reine et bouleversent une vie qui pourrait être si paisible ? C'est qu'être l'épouse d'un séducteur incorrigible n'est pas tâche facile !

Héra est la sœur de Zeus, née comme lui de Cronos et de Rhéa. Elle fut, comme ses autres frères et sœurs, avalée puis recrachée par son père. Quand éclata la guerre entre les Titans* et les nouveaux dieux conduits par Zeus, elle fut confiée par sa mère à sa tante Téthis, mariée à Océanos, qui vivait à l'extrémité du monde. Héra garda toujours une grande affection et une profonde reconnaissance pour le couple qui l'éleva à l'écart des troubles qui secouaient le monde divin. Tout en poursuivant de multiples aventures galantes, de son côté, Zeus trouva le moyen de se marier trois fois : il avala sa première épouse, Métis, répudia la seconde, Thémis, et, se trouvant libre, demanda sa sœur en mariage. Héra fut séduite : Zeus était beau et surtout très puissant. Elle pouvait ainsi devenir la plus importante des déesses olympiennes ! Elle accepta donc la proposition de son frère et, malgré bien des déboires, resta sa femme pour l'éternité...

Elle lui donna quatre enfants. Deux garçons : Héphaïstos*, le dieu de la forge, et Arès*, le dieu de la guerre, qui sont tous deux de grands dieux olympiens. Deux filles : Ilithyie, déesse des accouchements, et Hébé*, déesse de la jeunesse, qui sont des divinités moins importantes, bien que vivant toutes deux dans l'Olympe. Mais Zeus n'est pas fait pour la vie de famille ! Il ne va pas cesser de tromper sa femme. Pourtant Héra est belle, et très attentive à son apparence : chaque année, elle va se refaire une beauté dans les eaux d'une source réputée pour garder sa jeunesse. Une véritable cure de jouvence ! Elle n'hésite pas à demander à la déesse de l'amour, Aphrodite*, de lui prêter sa ceinture magique pour reconquérir son mari. De plus, elle est d'une fidélité exemplaire ! Mais elle est orgueilleuse et jalouse et ne supporte pas qu'on trouve une autre femme plus belle qu'elle. Pâris*, le prince troyen, osa juger qu'entre les trois déesses qui lui étaient présentées,

Héra

Aphrodite, Héra, Athéna*, la première était la plus belle. Héra ne lui pardonna jamais ce choix et lui vouera une haine violente, qui est l'une des causes de la sanglante guerre de Troie*.

Le ciel retentit souvent des terribles scènes qu'Héra fait à son époux à propos des innombrables femmes qu'il aime et qu'il séduit. Elle ira même jusqu'à fomenter un complot avec Poséidon* et Apollon* pour écarter Zeus du pouvoir. Mais son noble époux ne change pas de conduite pour autant, et lorsqu'il en a assez de sa jalousie et de ses reproches, il la bat et l'enchaîne. Aussi les vengeances d'Héra, à l'encontre de ses rivales et des enfants qui naissent des amours illégitimes de Zeus, sont féroces ! Elle envoie un taon piquer la malheureuse Io* transformée en génisse, puis l'emprisonne sous la surveillance du terrible Argos aux cent yeux. Elle retarde la naissance d'Apollon et d'Artémis*, en plongeant leur mère Léto* dans d'interminables douleurs d'accouchement. Elle fait mourir Sémélé, la mère de Dionysos*, et la nymphe Callisto*. Elle transforme la vie d'Héraclès*, fils de Zeus et d'Alcmène, en un véritable calvaire... Rien n'y fait, son volage époux persévère dans ses trahisons, et peu de femmes, déesses ou mortelles, sauront lui résister malgré les persécutions d'Héra.

Très honorée et respectée, Héra représentait pour les Grecs le modèle divin de la femme en tant qu'épouse et mère. De nombreux sanctuaires lui étaient consacrés, notamment à Argos, à Olympie et à Samos. À Rome, elle fut assimilée à l'ancienne déesse Junon, déesse protectrice de la cité, des femmes mariées et des naissances. Son sanctuaire principal était sur le Capitole. Ce sont, dit-on, les oies qu'on élevait dans la cour du temple qui avertirent les habitants de l'arrivée des Gaulois à Rome, en 390 avant Jésus-Christ ,et leur permirent de repousser les envahisseurs : les fameuses « oies du Capitole » sont les oies de Junon. Chaque année, de grandes fêtes, les Matronalia, célébrant les mariages et les naissances, lui étaient consacrées.

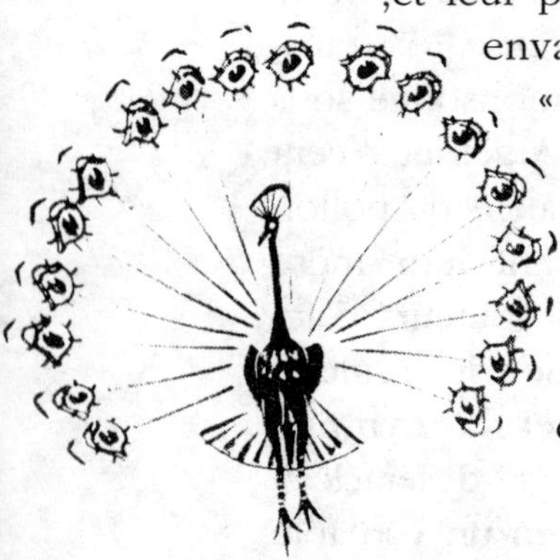

Héraclès

Fils de Zeus* et d'une simple mortelle, Alcmène, Héraclès, appelé Hercule chez les Romains, est le héros le plus populaire de la mythologie. Alcmène vivait à Thèbes avec son époux Amphitryon, petit-fils de Persée*. Zeus désirait d'elle un fils, car il la considérait comme la plus parfaite des mortelles. Pour la séduire, il profita d'une absence d'Amphitryon, parti en guerre, et se rendit chez la jeune femme en prenant l'apparence de son époux. Alcmène, convaincue qu'il s'agissait d'Amphitryon, passa la nuit avec le dieu et conçut un enfant. Dès le lendemain, le véritable Amphitryon revint. Zeus lui-même lui expliqua la situation, et le mari trompé accepta de devenir le père nourricier du futur héros.

Cet enfant, promit Zeus, allait connaître un destin exceptionnel. Amphitryon fit cependant lui aussi un enfant à sa femme, et Alcmène attendit des jumeaux ! Tout allait pour le mieux, et Zeus racontait à tous dans l'Olympe qu'allait naître dans la famille de Persée un futur roi très puissant, ami des dieux, auquel les hommes devraient obéissance. Mais c'était compter sans la jalousie d'Héra*. La noble épouse de Zeus, qui ne supportait plus les frasques de son divin mari, résolut de se venger. La jeune épouse d'un oncle d'Amphitryon attendait elle aussi un enfant. Héra retarda la naissance des fils d'Alcmène et fit naître avant eux leur cousin, Eurysthée, qui devint ainsi le « roi » dont Zeus avait prédit la naissance dans la famille. Donc, dès leur naissance, les enfants d'Alcmène, Alcide (le futur Héraclès) et son demi-frère jumeau Iphiclès, se trouvèrent soumis à l'autorité d'Eurysthée. Mais Héra ne se contenta pas de déranger les plans de son époux. Quand les jumeaux eurent huit mois, elle fit surgir dans leur berceau deux énormes serpents.

Iphiclès, de peur, se mit à hurler mais son demi-frère, sans perdre son calme, saisit les deux monstres à pleines mains et les étouffa. Très vite, la vigueur physique du jeune Alcide étonna son entourage. Pour échapper aux persécutions d'Héra, le héros allait accomplir des exploits extraordinaires.

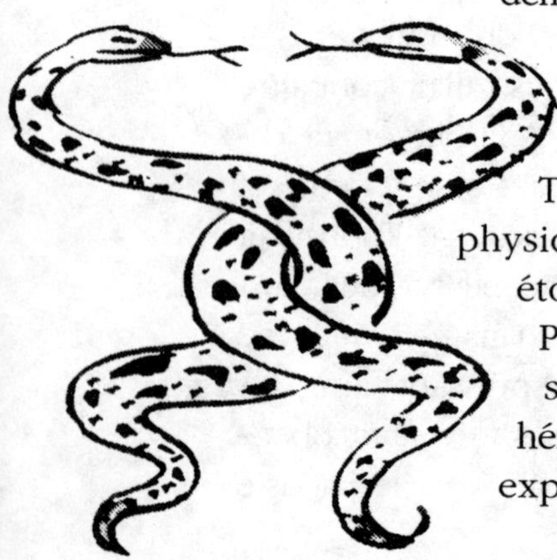

Aussi le surnomma-t-on « Héraclès », c'est-à-dire « gloire d'Héra », nom qui resta célèbre entre tous dans la mythologie.

Pour faire l'éducation de son fils adoptif, Amphitryon choisit le musicien Linos. Bien qu'excellent élève, Héraclès avait un caractère difficile. Il ne supportait pas qu'on lui fasse une remarque, et un jour, pris de colère, il assomma son maître ! On décida alors de l'envoyer garder les troupeaux d'Amphitryon dans la montagne. Héraclès, plus grand, plus fort que les autres bergers, put alors donner la pleine mesure de ses capacités physiques. Un terrible lion dévorait le bétail, il réussit à le vaincre, et sur le chemin du retour se trouva face à face avec des représentants de la ville voisine, venus prélever l'impôt auquel ils avaient soumis les habitants de Thèbes. Héraclès ne fit ni une ni deux... et coupa le nez et les oreilles du chef des préleveurs d'impôt. Cet acte de rébellion déclencha une guerre entre les deux villes. Amphitryon trouva la mort dans le combat mais Héraclès, guidé par Athéna*, tua le roi de la cité ennemie. Il rentra en vainqueur à Thèbes, et le roi Créon lui donna sa fille aînée en mariage.

Tout allait bien pour Héraclès. Trop bien aux yeux d'Héra. Jalouse de ses succès, elle chargea une Érinye*, divinité de la vengeance, de provoquer chez lui un accès de folie furieuse : Héraclès massacra sa femme et ses trois enfants. Rongé de remords, il dut s'exiler et partit à Delphes consulter l'oracle. La Pythie lui ordonna de se mettre au service de son cousin Eurysthée qui, au nom d'Héra, devait le soumettre à des épreuves qui lui feraient expier ses crimes. C'est ainsi que, poursuivi par la haine d'Héra, Héraclès dut accomplir ses fameux « Douze Travaux ».

1. *Le lion de Némée*

Héraclès, armé d'une énorme massue qu'il s'était taillée dans le tronc d'un olivier, affronta d'abord un terrible lion, réputé invulnérable, qui ravageait la région de Némée. Nulle flèche, nulle épée ne pouvait atteindre le monstre. Le héros réussit à l'acculer dans son antre et l'étouffa entre ses bras. Puis, dépouillant le lion de sa peau, il s'en fit une sorte de cuirasse qui le rendit à son tour invulnérable. Peintres et sculpteurs, depuis l'Antiquité, ont très souvent représenté Héraclès armé de sa massue et revêtu

de la peau du lion de Némée, dont la tête lui sert de casque. On dit aussi qu'au lieu même de sa victoire, Héraclès créa les Jeux néméens, grandes compétitions sportives qui étaient en même temps des événements religieux et auxquelles participaient des athlètes de toutes les cités. Du lion vaincu par le héros, on dit que Zeus fit une constellation : le Lion, signe du zodiaque.

2. *L'Hydre de Lerne*

Dans les marais de Lerne, vivait un monstre épouvantable, sorte de serpent aux têtes multiples : c'était l'Hydre de Lerne. Ce monstre ravageait cultures et troupeaux des environs. Nul ne pouvait le vaincre, car chaque fois qu'on lui coupait une tête, deux nouvelles têtes poussaient à la place. Héraclès demanda à son neveu Iolaos, qui l'accompagnait pour cette seconde mission, de mettre le feu à la forêt voisine. Saisissant les troncs en flammes, le héros brûla les cous de l'Hydre au fur et à mesure qu'il en coupait les têtes, qui ainsi ne repoussèrent pas. Une fois le monstre mort, Héraclès recueillit son venin, qui lui servit à empoisonner ses flèches.

Héraclès

3. *Le sanglier d'Érymanthe*

Sur le mont Érymanthe, en Arcadie, vivait un gigantesque sanglier qui terrorisait la région. Toujours sur ordre d'Eurysthée, Héraclès partit à la recherche du monstre. Il fut accueilli par le Centaure* Pholos, qui en son honneur ouvrit une jarre de vin. Mais voici qu'attirés par l'odeur de cet excellent breuvage, les Centaures des environs, créatures sauvages et violentes, accourent. Armés de pierres et de branches d'arbres, ils réclament leur part. Et bientôt, complètement ivres, ils agressent Héraclès. Celui-ci se défend, il cogne de sa massue et tire ses flèches empoisonnées. Peu de Centaures réchappent du massacre, et Héraclès, débarrassé des gêneurs, peut enfin accomplir sa mission. Arrivé devant la tanière du sanglier, il se met à pousser des cris

de sa voix puissante. Le monstre sort et le héros, qui a tendu un filet, s'empare de l'animal vivant, qu'il rapporte à Eurysthée dans son palais. Celui-ci, terrorisé, quitte la salle en courant et va se cacher dans une jarre de bronze. Il interdit désormais l'accès de sa demeure à Héraclès, qui devra déposer son butin devant les portes de la ville.

4. *La biche de Cérynie*

Une biche aux cornes d'or, consacrée à Artémis*, vivait près de la ville de Cérynie en Achaïe. Elle servait, disait-on, à l'attelage de la déesse. Eurysthée ordonna à Héraclès de s'emparer de cet animal merveilleux. Héraclès poursuivit la biche pendant plus d'un an, jusqu'aux confins du monde connu, chez les Hyperboréens. Il réussit à la capturer à l'aide d'un filet, pendant son sommeil. Sur le chemin du retour, il rencontra Apollon* et Artémis, qui lui ordonnèrent de relâcher l'animal. Mais Héraclès expliqua aux dieux les raisons de cette capture, et obtint l'autorisation de ramener la biche à Eurysthée, à condition toutefois qu'il la libérât ensuite sans lui faire de mal.

5. *Les oiseaux du lac Stymphale*

Le lac Stymphale, en Arcadie, était en fait un immense marécage. Des oiseaux effrayants, dotés de plumes, de becs et de griffes en fer, hantaient les lieux. Ils se nourrissaient de chair humaine et étaient si nombreux que, dès qu'ils s'envolaient, le ciel devenait noir. Pour débarrasser la région de ces monstres, Héraclès inventa un stratagème : grâce à des cymbales en bronze fabriquées par Héphaïstos*, il fit un tel vacarme que les terribles volatiles furent pris de panique. Héraclès put alors les tuer à coups de flèches.

6. *Les écuries d'Augias*

Augias, fils d'Hélios* et roi d'Élide, était propriétaire d'immenses troupeaux. Mais jamais il n'avait fait nettoyer ses écuries qui, envahies par le fumier, empestaient les environs de leur odeur nauséabonde. Eurysthée chargea Héraclès d'aller y faire le ménage, comme un vulgaire esclave, et exigea que tout fût terminé en une seule journée. Cependant, en arrivant chez Augias, Héraclès réclama un salaire pour accomplir la besogne. Augias lui promit qu'il recevrait un dixième de ses troupeaux en échange de son travail. Le héros eut alors l'idée astucieuse de détourner le cours de deux fleuves, l'Alphée et le Pénée, vers les étables. En se déversant, l'eau entraîna tous les immondices, et, très vite, Héraclès acheva sa tâche : les écuries d'Augias étaient propres ! Mais Augias, ayant compris qu'Héraclès agissait sur ordre d'Eurysthée, considéra qu'il n'avait pas de dettes envers lui et refusa de lui donner la récompense promise. C'était fort imprudent ! Bien plus tard, une fois ses travaux achevés, Héraclès reviendra à Élis et tuera Augias. Il remettra le pouvoir à Phylée, le fils d'Augias, qui l'avait soutenu contre son père quand il avait réclamé son dû.

7. *Le taureau de Crète*

Le dieu Poséidon* avait donné au roi de Crète, Minos*, un superbe taureau blanc. Mais Minos, qui avait promis d'offrir l'animal en sacrifice, ne tint pas sa promesse et pour le punir le dieu rendit le taureau furieux. Il dévastait les récoltes et terrorisait les habitants. Héraclès reçut l'ordre de débarrasser l'île de cette calamité. Cette mission devait l'éloigner de son champ d'activité habituel, le Péloponnèse, et fut la première d'une série qui allait lui faire parcourir le monde. Héraclès réussit à dompter le monstre et le ramena vivant en Argolide. Après l'avoir montré à Eurysthée, il le relâcha. Le taureau sema la terreur jusqu'en Attique, où il devait plus tard être abattu par un autre héros, Thésée*.

8. *Les juments de Diomède*

Le roi de Thrace, Diomède, possédait quatre juments qu'il nourrissait de chair humaine. Eurysthée demanda à Héraclès de les capturer et, pour accomplir cette nouvelle mission, le héros dut à nouveau quitter le Péloponnèse. Mais voici qu'en chemin, il entendit raconter une étrange histoire : le roi de Thessalie, Admète*, avait obtenu des Moires*, ces antiques déesses qui filaient le destin des hommes et des dieux, d'échapper à sa mort prochaine, si quelqu'un acceptait de mourir à sa place. Et sa femme Alceste* s'était offerte pour le remplacer. Héraclès n'hésite pas un instant : il trouve trop injuste que la jeune femme meure et il lance un défi à la Mort venue chercher sa proie. Il l'affronte dans un violent combat, réussit à la vaincre et lui arrache Alceste, qu'il rend à son époux. Mais il n'oublie pas sa mission : il poursuit son voyage vers la Thrace où, se débarrassant des gardiens des écuries, il s'empare des juments. Il s'apprêtait à les embarquer sur un navire pour rentrer par la mer, quand Diomède lui-même, à la tête d'une armée, tenta de reprendre son bien. Dans la sanglante bataille qui suivit, Héraclès captura Diomède, et le donna à dévorer aux monstrueuses juments... qui perdirent sur-le-champ leurs habitudes d'anthropophages. Rentré en Argolide, Héraclès montra les juments à Eurysthée, puis les relâcha. Elles furent, dit-on, dévorées par des bêtes sauvages sur le mont Olympe.

9. *La ceinture de l'Amazone*

La fille d'Eurysthée exigea de son père qu'il lui offre la ceinture que la reine des Amazones*, Hippolyté, avait reçue en cadeau d'Arès*. Or les Amazones vivaient en Cappadoce (région de l'actuelle Turquie) et Eurysthée y envoya Héraclès dérober la ceinture. Le héros s'embarqua avec quelques compagnons, dont Persée* et Pélée*, le père d'Achille*. La traversée ne fut pas facile. Dans l'île de Paros, les voyageurs furent attaqués par Androgée, fils du roi de Crète Minos*, et Héraclès perdit deux de ses compagnons dans la bataille. À peine a-t-il débarqué en Asie Mineure que le roi de Bithynie fait appel à lui pour combattre ses ennemis. Après la victoire, Héraclès peut enfin rejoindre le pays des Amazones. Il arrive au palais d'Hippolyté et obtient de la reine qu'elle lui donne sa ceinture. Mais Héra veille : elle ne peut accepter que le héros qu'elle déteste réussisse sans difficulté. Aussi se déguise-t-elle en Amazone, et persuade-t-elle les femmes guerrières qu'Héraclès a l'intention d'enlever leur reine. Aussitôt elles prennent les armes

et attaquent le héros, qui, se croyant trahi par Hippolyté, la tue et fait un véritable massacre dans l'armée des Amazones. Mais ce n'est pas fini ! Alors qu'en possession de la ceinture, il s'apprêtait à reprendre la mer, Héraclès est prié par le roi de Troie Laomédon de tuer un dragon qui ravageait le pays. En échange, il lui offre des chevaux. Héraclès accepte, affronte le monstre... qui l'avale. C'est en le frappant de l'intérieur qu'il réussit à le mettre à mort ! Mais Laomédon refuse de donner la récompense promise, et bien plus tard Héraclès se vengera, en retournant à Troie, et en livrant bataille au roi, qu'il tuera ainsi que tous ses fils, sauf un : Priam*. Il le fera monter sur le trône en remplacement de son père et Priam sera roi lors de la fameuse guerre de Troie*. Enfin Héraclès peut rentrer en Argolide et rapporte la ceinture à Eurysthée qui la consacre à Héra et la dépose dans le temple de la déesse.

10. *Les bœufs de Géryon*

Eurysthée convoitait de superbes bœufs rouges, propriété du Géant Géryon, qui régnait sur l'Ibérie (actuelle Espagne). Il chargea bien entendu Héraclès de les lui ramener.

Et voici le héros reparti, cette fois-ci non pas dans la région orientale, mais dans la partie occidentale du monde connu. Il traversa la Méditerranée, accosta en Libye, puis se dirigea vers l'ouest à travers l'Afrique du Nord. Il franchit le détroit de Gibraltar, où, dit-on, il éleva les « Colonnes d'Hercule » (c'est-à-dire les montagnes situées de chaque côté du détroit). Puis, au large des côtes espagnoles, il atteignit l'île d'Érythie (ce qui signifie l'« île Rouge ») où paissaient les troupeaux de Géryon. Sans trop de mal, il se débarrassa des bergers et des chiens et s'empara des bœufs. Le retour se fit par voie terrestre, à travers l'Ibérie, puis la Gaule et l'Italie. Véritable voyage européen, semé d'embûches et riche en aventures. Attaqué par les Ligures, population du Sud de la Gaule, Héraclès, à court de flèches, demande à Zeus de lui venir en aide. Celui-ci fait pleuvoir sur terre une grande quantité d'énormes pierres dont le héros bombarde ses ennemis, qu'il met ainsi en pièces.

C'est depuis ce combat mémorable, dit-on, que la Provence est couverte de rochers ! Durant sa traversée de l'Italie, Héraclès est à plusieurs reprises confronté à des brigands qui tentent de s'emparer

du troupeau. Il les tue les uns après les autres. Mais voici que, dans le Sud de la Péninsule, un bœuf s'échappe et traverse à la nage le détroit de Messine qui sépare l'Italie de la Sicile. Le héros traverse à son tour et, pour récupérer l'animal, doit tuer en combat singulier le roi Érys qui voulait le garder dans son étable. En retraversant le détroit, il doit affronter – comme le fera plus tard Ulysse* – les terribles monstres Charybde et Scylla, auxquels il saura échapper. Puis son périple de retour le conduit en Thrace. Là, une étrange femme à corps de serpent lui dérobe ses bœufs et ne les lui rend qu'à condition qu'il lui fasse des enfants. Héraclès, uni à la femme-serpent, donnera ainsi naissance à Scythès, l'ancêtre du vaillant peuple scythe, qui se proclamera toujours descendant du héros... C'est enfin le retour en Grèce. Héraclès remet les bœufs à Eurysthée, qui les offre en sacrifice à Héra.

11. *Les pommes d'or des Hespérides*

Les Hespérides étaient trois Nymphes*, filles du Géant Atlas*. Elles gardaient, dans un jardin fabuleux, les pommes d'or que Gaia*, la déesse Terre primordiale, avait offertes à Héra pour son mariage avec Zeus. Eurysthée ordonna à Héraclès de lui rapporter ces fruits merveilleux. Mais où se trouve le jardin des Hespérides ? Héraclès l'ignore et part à l'aventure, interrogeant tous ceux qu'il rencontre. Les Nymphes du fleuve Éridan lui conseillent de s'adresser à Nérée*, ancien dieu marin qui connaît bien des choses du passé et de l'avenir. Interroger une divinité marine, qui ne cesse de se cacher, de se métamorphoser et de disparaître, n'est pas facile. Enfin Héraclès, à force de flatterie, obtient la réponse : Hespérides est un nom qui signifie « du soir », c'est-à-dire du couchant, de l'ouest. Le jardin des « Nymphes du couchant » est situé à l'extrême occident, au pied du mont Atlas (Maroc actuel). Le héros traverse alors à nouveau la Libye où il doit affronter le monstrueux brigand Antée. Fils de Gaia, la déesse Terre, Antée défiait tous les voyageurs à la lutte, mais chaque fois qu'il touchait le sol au cours du combat, sa mère lui rendait toute sa vigueur, si bien qu'il était invincible et dépouillait ses adversaires dont il était toujours vainqueur. Héraclès rusa : il attrapa le brigand à bras-le-corps et l'étouffa entre ses bras avant que celui-ci ait pu récupérer ses forces en touchant le sol maternel. Il est ensuite attaqué durant son sommeil par les minuscules Pygmées d'Éthiopie, frères d'Antée, mais il les écrase sans peine sous sa peau de lion. Le voici en Égypte, au moment même où le roi Busiris ordonne le sacrifice d'un étranger pour éviter la famine. Héraclès est choisi comme victime, et enchaîné. Mais il réussit à se débarrasser de ses entraves et tue Busiris. Puis il descend jusqu'en Éthiopie, aux sources du Nil, et le Soleil lui-même lui prête la barque d'or sur laquelle, disait-on, il traversait le ciel. Il se retrouve sur le Caucase et délivre Prométhée* de ses chaînes. Pour le remercier Prométhée lui donne un judicieux conseil : quand il se trouvera en vue du jardin des Hespérides, qu'il s'adresse au Géant Atlas, qui a été condamné par Zeus à porter éternellement la voûte du ciel

sur ses épaules. Il se trouve qu'Atlas est le frère de Prométhée, et qu'il pourra aider Héraclès à se procurer les fruits d'or. Arrivé enfin à l'extrême occident, Héraclès commence par tuer le serpent Ladon qui gardait le jardin puis il propose à Atlas de le décharger un moment de son fardeau, à condition qu'il aille lui cueillir les pommes dans le jardin de ses filles. Atlas accepte, ravi d'être soulagé un peu, et obtient sans difficulté de faire la cueillette. Mais quand il revient auprès d'Héraclès, il n'a plus du tout envie de reprendre sa charge. Il ira lui-même, dit-il, remettre les pommes à Eurysthée ! Héraclès fait semblant d'accepter et demande seulement à Atlas de l'aider à placer un coussin sur sa nuque, car porter la voûte du ciel n'est pas très confortable. Atlas soulève le poids... et Héraclès s'esquive, ramassant au passage le panier de pommes. Atlas reste seul avec son fardeau ! Rentré en Grèce, le héros donne les pommes à son cousin, mais celui-ci, très inquiet à l'idée de garder des fruits aussi précieux et sacrés, les lui rend aussitôt. Héraclès les offre alors à Athéna*, qui s'empresse de les rapporter aux Hespérides...

12. *La descente aux Enfers*

Faire parcourir le monde à Héraclès ne suffit pas à Eurysthée. La dernière tâche qu'il lui impose entraîne le héros au royaume des morts, d'où il devra ramener Cerbère, le chien à trois têtes qui garde la porte des Enfers. Pour descendre aux Enfers, Héraclès doit se rendre d'abord au sanctuaire d'Éleusis, où il est initié aux mystères de Perséphone*, l'épouse d'Hadès*, le dieu des Enfers. Ensuite, accompagné des dieux Hermès* et Athéna, qui le protègent, il parvient aux portes du royaume des morts, situées, dit-on, au cap Ténare, au sud du Péloponnèse. Entrer aux Enfers, c'est d'abord franchir le Styx, le fleuve de l'oubli. Le passeur Charon, terrorisé par la puissance d'Héraclès, le prend sur sa barque, mais Hadès n'est pas content : le royaume des morts est interdit aux vivants, et Héraclès doit rebrousser chemin. Le héros ne se laisse pas intimider. Provoquant Hadès en combat singulier, il le blesse et obtient de lui qu'il puisse poursuivre son étrange voyage. Hadès l'autorise aussi à emmener Cerbère, à condition de s'en emparer à mains nues. Lors de son séjour aux Enfers, Héraclès rencontre les âmes de héros morts : il promet à Méléagre* d'épouser sa sœur Déjanire dès qu'il reviendra sur terre. Il libère Thésée*, retenu prisonnier pour avoir aidé Pirithoos à enlever Perséphone. Il aperçoit la Gorgone Méduse*. Des âmes éplorées lui demandent de leur donner quelques gouttes de sang, qui leur procureront une illusion de vie. Héraclès, tout à sa générosité, tue quelques têtes de bétail du troupeau d'Hadès, ce qui n'arrange pas ses affaires avec le dieu des morts. Mais Perséphone le supplie de partir avant de provoquer de nouvelles catastrophes. Héraclès, attrapant alors Cerbère sous son bras, comme si de rien n'était, quitte ce séjour peu accueillant et remonte à la surface. Eurysthée, apprenant qu'il a réussi sa mission et, fou de terreur à l'idée de se retrouver face au chien monstrueux, se précipite à nouveau dans sa jarre de bronze... Héraclès, qui vient d'accomplir sa douzième tâche, ramène alors Cerbère aux Enfers.

Mais les aventures d'Héraclès ne se limitent pas aux Douze Travaux. Malgré ses victoires, le héros n'en finit jamais avec les épreuves. Un roi de Thessalie organise

un concours de tir à l'arc dont le vainqueur obtiendra la main de sa fille Iolé. Héraclès se présente et gagne le prix, mais le roi ne tient pas sa promesse. Héraclès est saisi alors d'un nouvel accès de folie et tue le fils du roi, qui pourtant lui vouait une admiration sans bornes et se proposait de l'aider. À la suite de ce meurtre, il doit encore une fois aller à Delphes où le dieu lui communiquera la sanction. Mais la Pythie, prêtresse d'Apollon chargée de faire entendre sa parole, tarde à répondre. Héraclès, impatient et rageur, la menace et saisit le trépied sacré. Apollon lui-même doit intervenir : une violente querelle éclate entre le dieu et le héros. Il faudra que Zeus s'en mêle pour réconcilier ses deux fils. Enfin, le verdict est rendu. Encore une fois Héraclès doit servir comme esclave ! Il est vendu à la reine de Lydie, Omphale, pour trois ans. Selon certaines traditions, Héraclès se serait laissé séduire par les charmes de la vie orientale et, habillé de vêtements efféminés, aurait filé la laine aux pieds d'Omphale, elle-même revêtue de la peau du lion de Némée. Cependant, cette pause dans sa vie aventureuse ne l'empêcha pas d'accomplir quelques exploits pour rendre service à la charmante reine. Il débarrassa la région de deux brigands féroces, tua un monstrueux serpent qui ravageait les rives du fleuve, et mit fin aux agissements d'un cruel vendangeur et d'un abominable paysan qui contraignaient les voyageurs à travailler pour eux et les massacraient ensuite. Quand arrivera la fin de ce temps de servitude, Omphale, à qui Héraclès aura fait deux enfants, regrettera fort son esclave favori. Mais le héros, qui a désormais retrouvé sa raison et sa liberté, repart vers de nouvelles aventures... Il participe ensuite à la lutte entre les Géants et les dieux, qui grâce à lui remporteront la victoire. Il remet aussi de l'ordre au royaume de Sparte, chassant l'usurpateur et rendant son trône à Tyndare, le « père » terrestre de la belle Hélène*.

Cependant Héraclès a une promesse à tenir : aux Enfers, il a juré à Méléagre qu'il épouserait sa sœur Déjanire. Il se rend donc à la Cour du roi son père et demande la main de la jeune fille.Mais il a un rival dangereux : Achéloos, le dieu-fleuve. Héraclès le provoque en duel,

Achéloos se transforme alors en un redoutable taureau, et le combat commence. Héraclès réussit à vaincre son adversaire en lui arrachant une corne (qui devint, dit-on, la Corne d'abondance) et épouse Déjanire, dont il aura cinq enfants. Hélas ! la malchance (ou la vengeance d'Héra) le poursuit toujours. Voilà qu'au cours d'un repas un jeune homme qui servait à table renverse du vin sur lui. Saisi de colère, Héraclès lui donne un coup malencontreux et le tue. Ce meurtre involontaire le contraint à l'exil. À nouveau il doit repartir et emmène avec lui Déjanire. Leur chemin les conduit au bord d'un fleuve qu'il faut traverser dans la barque du Centaure Nessos, qui fait office de passeur. Déjanire passe la première, mais au milieu du fleuve, le Centaure veut abuser d'elle. De la rive Héraclès observe la manœuvre et, furieux, tire une flèche qui atteint mortellement Nessos. Celui-ci, avant de mourir, conseille à la jeune femme de recueillir son sang dans un flacon. Il s'agit, affirme-t-il, d'une sorte de philtre d'amour qui doit lui assurer la fidélité de son mari. Sans en parler à Héraclès, Déjanire conserve le flacon. De Thessalie où les époux se sont installés,

Héraclès

Héraclès repart en expédition : il veut se venger du roi Eurytos qui avait autrefois refusé de lui donner sa fille Iolé en mariage après sa victoire au concours de tir. Il tue Eurytos et prend Iolé comme concubine. Déjanire s'inquiète : son mari veut-il la quitter ? Elle se rappelle alors les conseils du Centaure et, quand Héraclès lui fait demander une tunique neuve, elle trempe le vêtement dans le sang de Nessos, persuadée que cela lui ramènera son mari. Héraclès, qui se prépare à accomplir un sacrifice à Zeus, revêt la tunique qu'un messager vient de lui apporter. L'effet est immédiat : un poison violent infectait le sang du Centaure, et le héros ressent des brûlures intolérables. Il souffre atrocement, mais la tunique colle à la peau, il ne peut la retirer sans s'écorcher. Déjanire, avertie du drame, se donne la mort. Fou de douleur, le héros monte sur la montagne voisine, le mont Œta, fait abattre des arbres, construit un bûcher sur lequel il se place. Il demande alors à son ami Philoctète* d'allumer le brasier et périt dans les flammes. Mais cette fin tragique n'est que celle de son corps humain. Purifié

par les flammes de sa part mortelle, le héros rejoint les dieux. Il est accueilli par Zeus dans l'Olympe, et Héra accorde son pardon. Héraclès, devenu immortel, épousera Hébé*, déesse de la jeunesse, fille de Zeus et d'Héra.

Tout au long de ses périples et de ses aventures, avant, pendant et après ses travaux, Héraclès était souvent tombé amoureux. Fort bel homme, il séduisit de nombreuses femmes au cours de ses voyages et eut un grand nombre d'enfants : selon la tradition, pas moins de soixante, qu'on appelle les Héraclides. Ceux-ci, dit-on, se partagèrent le Péloponnèse après la mort du héros. Et leur père, incorrigible aventurier, n'hésita pas à descendre de l'Olympe à plusieurs reprises pour les aider dans leurs conquêtes.

La mythologie foisonne de récits mettant en scène Héraclès, que les Grecs, et plus tard les Romains, aimaient et admiraient beaucoup. Chaque cité se vantait d'avoir été le cadre de ses exploits, et partout il existait des récits qui faisaient d'Héraclès un héros local. On raconte aussi qu'il participa à l'expédition des Argonautes*. Toutes ces légendes forment un ensemble qui a pour cadre le monde connu dans l'Antiquité. En tous lieux, on lui éleva des sanctuaires et on lui rendit un culte. Avec sa ténacité, son courage, sa force physique et son goût de la liberté, il représentait en quelque sorte les valeurs des peuples de l'Antiquité. Avec ses faiblesses, ses accès de colère ou de folie, sa fin tragique, il symbolisait aussi la condition de l'homme aux prises avec son destin. Innombrables sont les vases antiques qui représentent le héros affrontant ses épreuves et les Travaux d'Héraclès sont un inépuisable sujet pour peintres et sculpteurs depuis l'Antiquité. Deux tragédies, l'une du poète grec Euripide, l'autre du philosophe latin Sénèque, racontent l'épisode de la folie du héros sous le titre d'*Héraclès furieux*. Une autre tragédie, *Les Trachiniennes* de Sophocle, met en scène la mort d'Héraclès.

Hermès

Quel est ce personnage, rapide et agile, qui guide les voyageurs sur les chemins, qui indique au marchand la bonne affaire,

Hermès

qui retrouve ce qu'on a perdu, mais escamote ce que l'on possède ? Est-ce un dieu, ce charmant jeune homme qui arrive quand on ne l'attend pas, qui disparaît alors qu'on le croyait là, qui se glisse dans la nuit pour accomplir quelque mystérieuse mission ? Eh oui, c'est un dieu, le plus malicieux, le plus désinvolte, le plus ingénieux des dieux : Hermès, fils de Zeus*, le maître des dieux et d'une Nymphe*, Maia.

Maia était l'une des sept filles du géant Atlas, qui seront immortalisées sous la forme des sept étoiles de la constellation des Pléiades. Séduite par Zeus, elle donna naissance à un fils dans une caverne du mont Cyllène, en Arcadie. Quel enfant précoce, ce petit Hermès ! Le jour même de sa naissance, il se dégagea de ses langes et sortit en cachette de son berceau. Il alla jusqu'en Thessalie où son demi-frère, le dieu Apollon*, gardait les troupeaux du roi Admète*. Il découvrit la grotte qui, la nuit, abritait les vaches et les génisses et, dans l'obscurité, fit sortir le troupeau sans que personne s'en aperçût. Puis, toujours à l'insu de tous, il mena les bêtes dans un autre abri, fort éloigné, et les dissimula derrière un rocher. Hermès était rusé : il avait fait avancer les animaux à reculons, afin que l'on ne pût suivre leurs traces ni découvrir la cachette. Après avoir sacrifié un bœuf aux dieux de l'Olympe, il retourna dans sa caverne. Sur le chemin du retour, il découvrit une énorme carapace de tortue. Que pourrait-il bien en faire ? Une idée géniale lui traversa l'esprit : il nettoya les nerfs du bœuf qu'il venait de sacrifier et les tendit, d'un bord à l'autre de la carapace, au-dessus de la partie creuse. Pinçant ces cordes avec les doigts, il en tira des sons mélodieux : la première lyre était née ! De retour chez sa mère, il se dissimula dans ses langes... comme si de rien n'était.

Hermès

Pendant ce temps, Apollon s'aperçut que son troupeau avait disparu. Il le chercha partout et, grâce à un vieux berger qui avait vu Hermès cacher les bêtes derrière le rocher, il éclaircit le mystère. Sans perdre une minute, il court chez Maia pour se plaindre des frasques de son fils. Mais l'enfant est là, l'air tout à fait innocent, et sa mère assure qu'il n'a pas quitté son berceau. Apollon, soupçonneux, s'approche et découvre un étrange objet :

c'est la lyre ! D'où vient ce bizarre instrument ? Maia ne sait que répondre et le petit malin est bien obligé d'avouer son escapade. Apollon commence par gronder son jeune frère, mais celui-ci pince les cordes de sa lyre, et le dieu musicien perd toute colère. Ce son si nouveau, si harmonieux, l'émeut jusqu'au cœur. Hermès saisit l'occasion et propose un marché : il lui donne la lyre et on étouffe l'affaire des troupeaux, on n'en dit pas un mot à Zeus ! Apollon, ravi, séduit, ne peut qu'accepter et quitte la grotte de Maia l'âme joyeuse, prêt à tout pardonner à son fripon de petit frère...

C'est ainsi que, dès son plus jeune âge, Hermès donna un échantillon de ses capacités : son goût de la plaisanterie, son habileté à dérober ce qui ne lui appartient pas, ses qualités d'inventeur plein d'imagination, sa rapidité à se déplacer plus vite encore que les autres dieux, sa faculté de voir et de se diriger dans la plus complète obscurité. Devenu grand, il rejoignit l'Olympe où il mit ses dons au service des autres dieux.

Car Hermès est d'un caractère aimable et serviable. On lui confie des missions périlleuses, et Zeus en fait son messager

Hermès

auprès des mortels et des autres dieux. Il est en particulier chargé d'aider le maître des dieux dans ses aventures amoureuses et de protéger de la jalousie de son épouse Héra* les enfants nés de ces amours illégitimes. Dès que le petit Dionysos* sort de la cuisse de Zeus, c'est Hermès qui le conduit loin de l'Olympe, chez les Nymphes qui l'élèveront. Quand la malheureuse Io*, transformée en génisse, sera confiée par Héra au féroce Argos aux cent yeux, c'est encore Hermès qui ira la délivrer, et trouvera une ruse pour endormir le gardien. Lorsque Pâris*, le prince troyen, sera chargé de juger qui est la plus belle d'Athéna*, Aphrodite* et Héra, c'est Hermès qui conduira auprès de lui les trois déesses. Pendant la guerre de Troie, Zeus le charge d'amener le roi de Troie, Priam*, au camp des Grecs pour réclamer à Achille* le corps de son fils Hector*. Le dieu accomplit sa mission de nuit, guidant le vieux roi dans l'obscurité et en silence, car il faut à tout prix éviter que les autres chefs grecs soient au courant de la présence de leur ennemi. Plus tard, lors du retour d'Ulysse* dans sa patrie,

Hermès

c'est bien souvent Hermès qui le tirera d'affaire : il le met en garde contre les sortilèges de Circé, la magicienne qui transforme les hommes en animaux, et va de la part de Zeus convaincre Calypso de laisser repartir le héros.

Apollon, qui depuis la découverte de la lyre s'était pris d'affection pour lui, lui enseigna l'art divinatoire, et lui donna une baguette comme marque de ses pouvoirs. Un jour qu'Hermès marchait sur une route, il vit deux serpents qui se disputaient une proie. Il glissa la baguette entre les deux reptiles qui s'enroulèrent autour. Le dieu fixa au sommet de la tige une paire de petites ailes, comme celles qu'il portait aux chevilles en signe de rapidité. Hermès s'était ainsi confectionné un emblème bien à lui, avec la ruse du serpent et la vitesse des ailes : c'est le caducée, qui deviendra par la suite le symbole de la médecine. S'il rend service aux dieux, Hermès n'est jamais leur serviteur. Il est bien trop impertinent, trop libre et trop joueur pour cela. Dans l'Olympe, on l'aime, on s'amuse avec lui, mais parfois on s'agace. Car Hermès ne se prive pas

Hermès

d'exercer ses talents aux dépens des dieux ! Il chipe son arc et ses flèches à Éros, le dieu de l'amour, il « emprunte » le trident de Poséidon*, le sceptre de Zeus, les tenailles d'Héphaïstos* et même la ceinture d'Aphrodite, qui assure à la plus belle des déesses le désir de tous, mortels et immortels ! Un jour, il dérobe à la belle une de ses sandales, et n'accepte de la lui rendre que sous condition : Aphrodite doit s'unir à lui. De cet « échange » va naître un beau garçon, Hermaphrodite, à qui arrivera une bien étrange aventure : un jour qu'il se regardait dans l'eau d'un lac, la Nymphe de ce lac en tomba amoureuse et réussit à se mêler à lui pour ne former qu'un seul corps, à la fois fille et garçon !

Mais les amours d'Hermès ne se limitèrent pas à ces exploits auprès d'Aphrodite, et bien des Nymphes ne purent résister au charme de ce beau parleur ! S'il y a une chose dont Hermès est incapable, c'est de rester tranquille. Toujours en action, il veille aussi aux affaires des hommes, et particulièrement dans les domaines où il peut déployer ses talents : il indique aux marchands les occasions à ne pas manquer et les endroits où se rendre pour faire de bonnes affaires. Il les guide sur les chemins, leur apprend à convaincre le client et les aide à faire des profits... quitte à mentir et à truquer les comptes s'il le faut. Car ce dieu du commerce est aussi celui des voleurs. Il a su escamoter les troupeaux d'Apollon, il saura aussi comment subtiliser une bourse ou rouler un acheteur naïf ! Sans scrupule, Hermès vous rendra riche un jour et pauvre le lendemain. Bâtir une fortune, et risquer de la perdre aussitôt, c'est un jeu comme un autre ! Et Hermès est aussi le dieu des joueurs, de ceux qui confient leur destin au hasard. Mais les jeux de l'amour et du hasard n'absorbent pas, et de loin, toute l'énergie du dieu malicieux. Et certaines fonctions, beaucoup plus sérieuses, lui sont confiées. Son sens de l'orientation, qui lui permet de se mouvoir dans la plus complète obscurité, et son habileté à communiquer ou à négocier, font de lui l'émissaire idéal dans les rapports, parfois difficiles, avec le monde souterrain. Hermès devient l'interlocuteur d'Hadès* et de Perséphone*. C'est lui qui fait passer les messages entre Zeus et les Enfers et c'est lui qui guide les âmes défuntes

jusqu'au Styx qui marque la frontière avec le royaume des morts. De même, c'est lui qui se charge de négocier le retour de Perséphone sur la terre durant six mois de l'année. Et enfin, c'est lui qui conduit Orphée* à la recherche d'Eurydice, qui ramène le couple vers la lumière du jour et qui malheureusement entraîne à nouveau la jeune femme vers les Enfers quand Orphée se retourne alors qu'il ne devait pas le faire avant d'être arrivé sur Terre.

Toujours en chemin, entre les dieux et les hommes, entre les vivants et les morts, Hermès n'est pas tout à fait un dieu comme les autres. Pour les Grecs, il représentait un compagnon dans la vie quotidienne, que l'on remerciait quand on réussissait dans une entreprise, que l'on appelait à l'aide quand on avait une difficulté. Les chemins du monde antique étaient semés de bornes en pierre, que l'on appelait des « hermès » : surmontées d'un buste du dieu, elles indiquaient les directions à prendre ou le nom des lieux où l'on se trouvait. Partout Hermès était présent : les athlètes, qui le considéraient comme l'inventeur de la course à pied, lui rendaient hommage, et les bergers, gardant en mémoire ses forfaits de jeunesse, en avaient fait le protecteur de leurs troupeaux : mieux valait confier la garde des bêtes à Hermès, que de se les faire dérober par lui !

Les Romains assimilèrent complètement Hermès à leur propre dieu du commerce, Mercure, dont le nom est formé sur la même racine que notre mot « marchand ». Sous l'Empire, Hermès fut aussi assimilé au dieu égyptien Thot, grand connaisseur de l'au-delà et inventeur des sciences, des arts et de la magie : on le vénéra alors sous le nom d'Hermès Trismégiste (c'est-à-dire « trois fois grand ») et son culte, réservé à des initiés, donna naissance à une religion secrète, mêlée de philosophie : l'hermétisme.

On peut dire aussi que, depuis le XVIIe siècle qui vit la naissance de la presse, Hermès, sous son nom latin, est devenu le dieu des journalistes : les premiers journaux – ou gazettes – portaient souvent le titre de Mercure : *Le Mercure savant, Le Mercure de France, Le Mercure galant*. Pourquoi cela ? C'est très simple : Hermès/Mercure n'était-il pas le plus rapide des messagers ? Et que demande-t-on à un journaliste, sinon de faire passer au plus vite les informations ?

Très souvent représenté sur les vases et les sculptures antiques, Hermès inspira plus tard les artistes de la Renaissance. Peint ou sculpté, il apparaît sous la forme d'un beau jeune homme aux pieds ailés, tenant son caducée orné de deux petites ailes, et coiffé d'un « pétase » – chapeau que mettaient les Anciens pour se protéger du soleil –, lui aussi surmonté de deux ailes. Ainsi paré, l'infatigable voyageur est toujours prêt à filer sur les routes, rapide comme le vent, vers quelque mission inconnue...

Hermès

Hermione

Être la fille de la belle Hélène* et du roi Ménélas* ne rend pas la vie très facile ! Et pourtant la jeune princesse spartiate, abandonnée par sa mère à l'âge de neuf ans, ne rêvait que d'un mariage paisible... Or, pour des raisons d'ordre politique, elle fut mariée deux fois. Fiancée à son cousin Oreste*, elle l'avait épousé, avec l'accord de son grand-père maternel Tyndare*, en l'absence de Ménélas, parti guerroyer à Troie. Mais celui-ci, ignorant ce mariage, promit sa fille au fils d'Achille*, Néoptolème*, surnommé « Pyrrhos », dont il voulait s'assurer la fidélité dans les combats. Après la guerre, Oreste, à contrecœur, dut céder Hermione à Néoptolème. Ce second mariage, célébré par Ménélas, restait stérile. Aussi le fils d'Achille alla-t-il consulter l'oracle à Delphes. Oreste, qui était présent, provoqua une émeute contre Néoptolème, au cours de laquelle celui-ci fut tué. Hermione retrouva ainsi son premier mari, resté cher à son cœur, et lui donna un fils, Tisaménos.

Hermione est un des personnages de la tragédie d'Euripide, *Andromaque,* et de l'*Andromaque* de Racine, dont l'intrigue s'éloigne quelque peu de la tradition mythologique.

Hestia

C'est la sœur aînée des Olympiens. Avalée comme les autres par leur père Cronos, elle fut comme eux libérée par le dernier-né de la famille, Zeus*. Son nom signifie en grec « foyer ». Dans chaque famille, dans chaque cité, un feu sacré symbolisait l'union entre les membres du groupe. Hestia était

Hestia

la déesse qui protégeait ces « foyers » . À ce titre, Zeus lui accorda un honneur dont ne bénéficiait aucun autre dieu : on devait lui rendre un culte dans tous les temples consacrés aux dieux et dans chaque maison. Certains temples lui étaient spécialement réservés : de forme ronde, ils évoquaient le « foyer » circulaire au centre de la maison. À Delphes, considéré comme le centre du monde, son temple devenait le foyer de tout le monde grec. Elle-même ne quittait pas l'Olympe, où elle était la gardienne de la demeure des dieux.

Poséidon* et Apollon* lui firent la cour. Mais en vain. Hestia a fait vœu de chasteté, et ses divins soupirants iront soupirer ailleurs !

À Rome, Hestia fut honorée sous le nom de Vesta (qui est la forme latine du même mot). Ses prêtresses, les vestales, devaient, comme la déesse, rester chastes et n'avaient pas le droit de se marier. Une vestale est restée célèbre dans la légende, c'est Réa Silvia, la mère du fondateur de Rome, Romulus*.

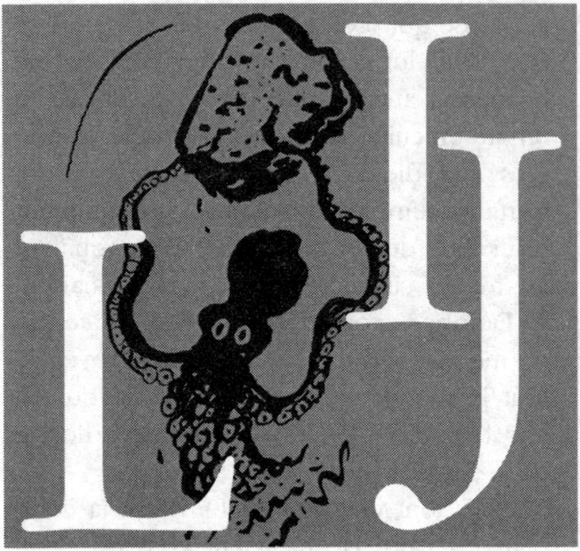

Icare

Fils du génial architecte Dédale qui avait construit le Labyrinthe pour le roi de Crète Minos*, Icare était loin d'avoir l'intelligence subtile de son père. C'était un jeune homme très infatué de lui-même, plein de cet orgueil prétentieux qui aux yeux des Grecs était le plus grave défaut. Quand le roi Minos découvrit que Dédale avait donné à Ariane* l'idée de la pelote de fil qui lui avait permis d'aider Thésée* à tuer le Minotaure*, il entra dans une grande colère et enferma l'architecte avec son fils dans le Labyrinthe. Dédale, jamais à court d'idées, imagina de fabriquer des ailes qu'il fixa sur son dos et celui de son fils avec de la cire. Les deux hommes s'envolèrent. Mais au lieu de filer en droite ligne au-dessus de la mer pour échapper aux poursuites, Icare, faisant fi des avertissements de son père, voulut monter vers les hauteurs du ciel. Saisi de l'ivresse du vol, il se prit pour un dieu et crut qu'il pouvait rivaliser avec le Soleil. Mais plus il montait, plus la chaleur de l'astre du jour augmentait, et la cire qui tenait ses ailes se mit à fondre. Icare sentit que ses ailes se détachaient et, poussant un grand cri, il fut précipité dans la mer qui depuis porte son nom : la mer Icarienne, partie de la mer Égée qui entoure les îles de Samos et d'Icaria.

La chute d'Icare, qui symbolise la vanité de l'orgueil humain, et qui rappelle les limites assignées aux mortels, a inspiré de nombreux artistes : un très beau tableau de Bruegel s'intitule *Paysage à la chute d'Icare,* et on doit au sculpteur Rodin une émouvante *Chute d'Icare.*

Icare

Idoménée

Petit-fils de Minos*, Idoménée fut roi de Crète comme son grand-père. Prétendant à la main d'Hélène* de Sparte, il était lié par le fameux serment à Tyndare qui entraîna les plus valeureux chefs grecs dans la guerre de Troie*. Dans les combats, il fit preuve d'un grand courage et d'une grande intelligence, et fut l'un des guerriers qui prirent place dans les flancs du gigantesque cheval de bois grâce auquel les Grecs remportèrent la victoire.

Lors de son retour vers la Crète, son navire fut pris dans une violente tempête. Il supplia Poséidon* de lui éviter le naufrage et lui promit en échange de lui sacrifier le premier être vivant qu'il rencontrerait sur le sol crétois. La fin du voyage se passa sans encombre et Idoménée, tout prêt à tenir sa promesse, débarqua. Or, la première personne à venir le saluer fut l'un de ses fils. Lié par son serment, le roi se vit obligé de le sacrifier à Poséidon. Mais les desseins des dieux sont contradictoires :

Idoménée

ne pas tenir sa promesse, c'était risquer d'encourir leur colère ; mettre à mort son propre fils, c'était avoir une attitude inhumaine et commettre une faute très grave contre l'ordre de la nature. Les dieux, pour punir Idoménée, envoyèrent sur la Crète une peste épouvantable... Il fallut alors, pour mettre fin au fléau, que le roi s'exilât. Il partit dans le Sud de l'Italie, où, avant de mourir, il fit construire un temple à Athéna*.

Mozart, au XVIIIe siècle, composa un très bel opéra sur l'histoire d'Idoménée et préféra donner une version adoucie de cette terrible légende. Selon lui, Idoménée hésitait à sacrifier son fils, et Poséidon, impatient, rappela le roi à l'ordre en envoyant un monstre ravager le pays. La fiancée du jeune prince proposa par amour d'être immolée à sa place. Les dieux, émus, pardonnèrent et débarrassèrent la Crète du dangereux émissaire de Poséidon.

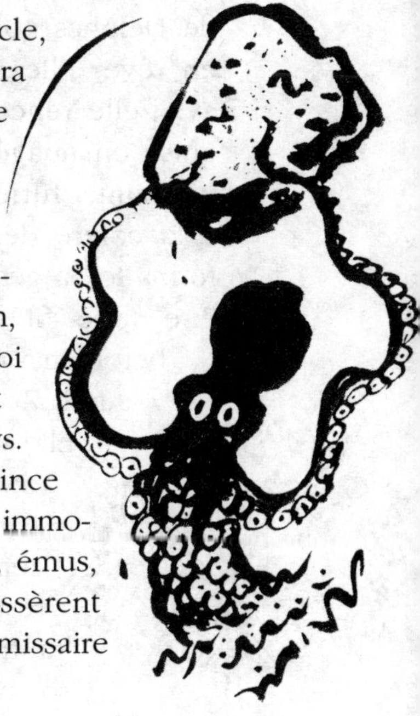

Io

Prêtresse d'Héra* dans un temple de Mycènes, Io était une belle jeune femme. Zeus*, toujours à la recherche de conquêtes féminines, la remarqua et n'hésita pas à la séduire bien qu'elle fût au service de son épouse. Dans un songe, Io reçut l'ordre de rejoindre le maître des dieux sur les rives du lac de Lerne. Hésitant à tromper Héra, elle consulta l'oracle de Delphes qui confirma l'ordre entendu en rêve. Elle partit donc, mais à peine avait-elle rencontré Zeus, qui s'était déguisé en nuage pour l'occasion, qu'Héra intervint, furieuse. Pour la soustraire à la colère de son épouse, Zeus transforma Io en génisse blanche, et Héra, sans être dupe, fit semblant de croire que ce bel animal était un cadeau que lui offrait Zeus pour se faire pardonner. Elle prit Io avec elle, l'enchaîna à un olivier, et la fit garder par Argos, un horrible Géant* aux cent yeux dont la moitié restaient ouverts quand les autres étaient fermés par le sommeil. Impossible d'échapper

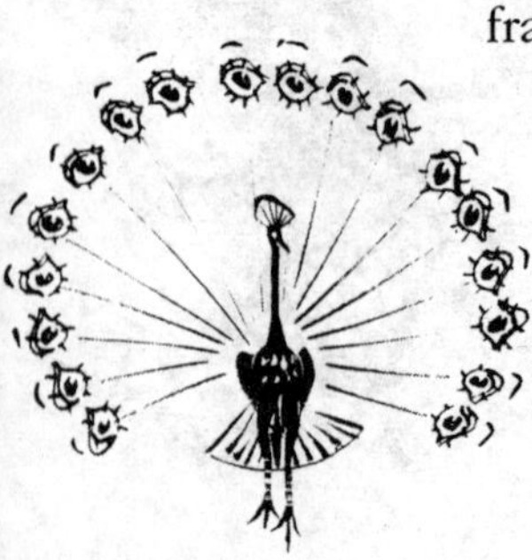

Io

aux regards d'Argos ! Mais Zeus envoya son fils Hermès*, déguisé en berger, jouer de la flûte pour endormir le monstrueux gardien. Le son magique de cette flûte plongea le Géant dans un sommeil si profond que les cent yeux se fermèrent en même temps. Hermès saisit son épée et trancha la tête du monstre. Héra, désolée, recueillit les yeux de son gardien dévoué sur la queue de son oiseau favori, le paon. Puis sur la malheureuse Io, qui n'avait toujours pas repris forme humaine, elle lança un énorme taon. Rendue folle par les piqûres de l'insecte, Io se jeta dans une fuite éperdue à travers le monde. Elle traversa la mer qui prit son nom – la mer Ionienne –, rencontra Prométhée* sur son rocher du Caucase, franchit le détroit du Bosphore, dont le nom signifie en grec « qui porte la vache », parcourut l'Asie Mineure et arriva en Égypte. Sur les bords du Nil, Zeus l'attendait et lui rendit son apparence humaine. Elle donna alors naissance à un fils, Épaphos. Mais Héra veillait, elle fit enlever l'enfant par les Curètes,

guerriers au service de Rhéa. Voici Io à nouveau sur les routes, à la recherche de son fils. Elle le retrouvera en Syrie et reviendra en Égypte où elle épousera le roi Télégonos. Après sa mort, Zeus la fit monter au ciel et fit d'elle une constellation. Quand les dieux égyptiens furent introduits en Grèce, Io fut confondue avec la déesse Isis, et son fils Épaphos avec le dieu-bœuf Apis : un culte leur fut rendu, et un grand nombre de héros sont considérés comme leurs descendants : Persée*, Héraclès*, Minos* et même le dieu Dionysos* ont Io pour lointaine aïeule. Les aventures d'Io inspirèrent de nombreux peintres : Vélasquez, le Tintoret, Rubens...

Iphigénie

Fille aînée d'Agamemnon* et de Clytemnestre*, cette charmante princesse mycénienne, qu'Homère nomme Iphianassa, connut très jeune un cruel destin. Alors que dans le port d'Aulis, sur la côte béotienne, les navires grecs, toutes voiles dehors, s'apprêtaient à partir pour la guerre de Troie*, le vent cessa de souffler. Agamemnon, qui commandait l'armée, s'inquiéta et interrogea le devin Calchas. Sa réponse fut claire : Artémis* manifestait ainsi sa colère contre Agamemnon, qui – comme son père Atrée* – n'avait pas accompli un sacrifice qu'il lui avait promis. Pour apaiser la déesse, un seul moyen : Agamemnon devait lui sacrifier sa propre fille... Le roi commence par refuser, mais sous la pression des autres chefs grecs, impatients de partir, finit par accepter, la mort dans l'âme. Il envoie un message à Clytemnestre et lui demande de venir à Aulis avec Iphigénie, prétextant qu'il souhaite la marier à Achille* avant le départ à la guerre. La reine arrive, accompagnée

Iphigénie

de la jeune fille, qui, devant l'assemblée des Grecs, est immolée par Calchas sur l'autel de la déesse. Jamais Clytemnestre ne pardonnera son geste à Agamemnon, et le lui fera chèrement payer. Au moment où Calchas lève son couteau, tous les assistants, même les plus endurcis, détournent le regard pour ne pas voir un meurtre aussi effroyable. Alors, à l'insu de tous, Artémis, attendrie, enlève Iphigénie avant que le prêtre ne l'égorge, et lui substitue une biche. Elle l'emmène dans la lointaine région de Tauride, où la jeune fille devient sa prêtresse dans un sanctuaire. Mais c'est une fonction terrible ! Iphigénie doit sacrifier à la déesse tous les voyageurs que des naufrages feront échouer sur les rivages de Tauride...

Or, un jour, on lui amène deux étrangers. Il lui semble les connaître, elle les interroge, leur demande d'où ils viennent. Ils sont grecs, ils viennent du royaume d'Argos et de Mycènes... Alors Iphigénie comprend : elle a devant elle son frère Oreste* et son cousin Pylade, venus en Tauride chercher la statue d'Artémis. Iphigénie aide les jeunes gens à s'emparer de la statue et s'enfuit avec eux. De retour en Grèce, elle devient prêtresse d'Artémis jusqu'à la fin de ses jours.

On raconte que c'est avec Iphigénie que cessèrent les sacrifices humains dans le monde grec. Selon certaines traditions, Artémis aurait fait d'elle une Immortelle, et elle vivrait avec Achille, dans l'île Blanche, à l'embouchure du Danube. Iphigénie est présente dans toute la littérature antique, et particulièrement dans les deux tragédies d'Euripide, qui mettent en scène les principaux épisodes de sa légende : *Iphigénie à Aulis,* et *Iphigénie en Tauride.* Iphigénie est aussi l'héroïne d'un très beau film du cinéaste grec Cacoyannis.

Iphigénie

Jason

Un grand voyageur que ce prince grec dont certains racontent qu'il fut le cousin d'Ulysse*. Fils d'Aéson, roi de la cité d'Iolcos (actuelle Volos) en Thessalie, Jason fut élevé par le sage Centaure* Chiron dans les montagnes qui dominent la ville, le mont Pélion. Or, tandis que Jason était dans la montagne, son père fut chassé du pouvoir par son demi-frère Pélias. Quand le jeune prince eut terminé son éducation, il décida d'aller réclamer le trône à son oncle. Un oracle avait

Jason

annoncé à Pélias qu'il devait se méfier d'un homme qui n'aurait qu'une chaussure au pied. Et voilà que Jason, en se rendant à Iolcos, perd une de ses sandales sur la route ! Le pied nu, il arrive devant le roi, se présente et, sans hésiter, demande qu'on lui rende le pouvoir. Pélias fait mine d'accepter. Cependant, caressant l'espoir de se débarrasser du gêneur, il lui propose un marché. Il lui rendra son trône, dit-il, mais auparavant, il faut que Jason lui rapporte la Toison d'or. Cette « toison » était celle d'un bélier magique, qu'on avait sacrifié à Zeus. Elle était devenue la propriété d'Éétès, roi du lointain pays de Colchide, qui l'avait confiée à la garde d'un effroyable dragon. Jason accepte et prépare l'expédition. On situait la Colchide du côté des monts du Caucase, dans l'actuelle Géorgie. Pour un Grec, c'était le bout du monde ! Aussi, pour s'y rendre, Jason fait-il construire, avec le bois des forêts du Pélion, un superbe navire : la nef *Argo*.

Les princes les plus vaillants de la Grèce accompagnent Jason. On les appelle les Argonautes*, c'est-à-dire les marins d'*Argo*. Parmi eux, on compte en effet Castor et Pollux*, Héraclès*, le père d'Ulysse*, Laërte,

Jason

et le musicien Orphée*. Protégés par Athéna*, voici partis les héros de la première aventure maritime de la mythologie grecque, qui précède la guerre de Troie* et le retour d'Ulysse.

Après un long voyage, semé d'embûches et d'aventures, Jason et ses compagnons débarquent en Colchide. Il faut maintenant obtenir d'Éétès qu'il livre la Toison d'or. Mais ce n'est pas si simple ! Le roi de Colchide impose à Jason une série d'épreuves : il devra soumettre au joug deux taureaux sauvages, dont les naseaux soufflent des flammes, puis labourer un champ avec ce dangereux attelage. Il faudra ensuite qu'il sème dans ce champ des dents de dragon. Alors seulement, Éétès lui remettra la Toison. Or, à côté du roi se tient une belle princesse, sa fille Médée*. C'est le coup de foudre ! Médée tombe amoureuse du jeune prince. Le prenant à part, elle lui explique que ces épreuves sont un piège et lui propose de l'aider à condition qu'il lui promette de l'épouser. C'est que Médée est magicienne et, grâce à ses pouvoirs, elle permet à Jason de vaincre les taureaux. Puis, après les semailles de dents de dragon, elle l'aide à se débarrasser des abominables Géants* sortis de terre comme des épis de blé. Jason réclame son dû, mais Éétès, furieux que son piège n'ait pas fonctionné, non seulement refuse de lui donner la Toison d'or, mais menace de le faire tuer ainsi que les Argonautes et de brûler la nef *Argo*. Heureusement Médée est là : elle endort le dragon qui garde la Toison, le héros s'en empare et, avec ses compagnons, rejoint le navire, en emmenant Médée... Les Argonautes échappent aux armées d'Éétès qui les poursuivent, et, grâce aux pouvoirs de Médée, évitent tous les périls de la mer que, plus tard, Ulysse aura à affronter : Charybde et Scylla, les Sirènes, les tempêtes. Chez le roi des Phéaciens, Alcinoos, Jason tient sa promesse : il épouse Médée.

Enfin, les voyageurs rentrent à Iolcos. Mais, là, une terrible nouvelle attend Jason : Pélias a fait mourir son père et, bien que Jason rapporte la Toison, il refuse de lui rendre le pouvoir. C'est encore Médée qui va agir : elle persuade les filles de Pélias qu'elles pourront, grâce à ses drogues magiques, le faire rajeunir. En fait Pélias meurt dans d'horribles souffrances. Jason va-t-il enfin monter sur le trône ? Non, car les habitants de Iolcos, le tenant pour responsable de la mise à mort de Pélias par ses filles, le chassent du royaume et font monter sur le trône le fils de Pélias, Acaste. Jason et Médée trouvent alors refuge à Corinthe, auprès du roi Créon. Au cours de dix années calmes et heureuses, Médée donne au héros plusieurs enfants. Or le roi Créon, se sentant vieillir, veut pour sa fille Créüse un époux noble qui pourra lui succéder. Il pense à Jason. Cependant, celui-ci n'est-il pas déjà marié ? Qu'à cela ne tienne ! Il n'a qu'à répudier Médée. De toute façon, dit Créon, c'est une étrangère et, selon la loi grecque, elle n'est pas vraiment l'épouse de Jason... Le héros se laisse convaincre, d'autant qu'il commence à en avoir assez de cette magicienne de femme qui le tient en son pouvoir. Médée ne se laissera pas faire. Elle se sent trahie, elle veut se venger. Terrible vengeance que celle d'une magicienne ! Feignant de se réconcilier avec sa rivale, elle envoie à Créüse une superbe robe pour son mariage. À peine celle-ci l'a-t-elle revêtue qu'elle se retrouve entourée de flammes qui la brûlent vive et mettent le feu au palais tout entier. Pendant ce temps, Médée, ivre de colère et de jalousie, tue ses propres enfants – sauf un qui réussit à s'échapper –, et s'enfuit sur un char tiré

Jason

Jason

par des dragons ailés. Jason, désespéré, n'a plus qu'un désir : rentrer à Iolcos, sa patrie. Avec quelques fidèles compagnons de l'expédition des Argonautes, il forme une armée et s'empare de la ville. Acaste est tué et enfin Jason règne sur Iolcos. Son fils Thessalos, seul rescapé du massacre de Médée, lui succédera, et donnera, dit-on, son nom au royaume, la Thessalie. Le voyage de Jason et des Argonautes, et la liaison tragique du héros avec Médée ont inspiré de nombreux poètes depuis l'Antiquité. Entre autres, Euripide, au IVe siècle avant Jésus-Christ, et Corneille, au XVIIe siècle, feront de Médée l'héroïne d'une tragédie.

Laocoon

Prêtre du dieu Poséidon*, pendant la guerre de Troie*, il fut le seul Troyen, avec Cassandre*, à se méfier du superbe cheval de bois que les Grecs abandonnèrent sur le rivage en feignant de lever le siège de la cité. Il tenta de s'opposer à son introduction dans la ville, mais un dieu (les uns disent Apollon*, d'autres Athéna*, d'autres encore Poséidon) fit sortir de la mer deux serpents monstrueux, qui l'étouffèrent, ainsi que ses deux fils. Les dieux manifestaient ainsi leur choix pour une victoire des Grecs. En effet, le gigantesque cheval, qui fut tiré à l'intérieur des remparts, contenait dans ses flancs des guerriers grecs tout armés. La nuit venue, ceux-ci ouvrirent les portes de la ville au reste de l'armée grecque, qui incendia les maisons et massacra les habitants. Ainsi, malgré la mise en garde de Laocoon, Troie fut vaincue, après avoir soutenu un siège de dix ans. L'épisode dramatique de la mort de Laocoon et de ses enfants inspira peintres et sculpteurs. On peut voir notamment, au musée du Vatican à Rome, une statue de marbre antique très impressionnante.

Laocoon

Léda

À la mort de son père, qui était roi de Sparte, Tyndare fut chassé de la ville par son demi-frère qui entendait garder

Léda

le pouvoir pour lui seul. Il trouva refuge à Calydon, auprès du roi Thestios. Thestios avait une fille très belle, appelée Léda, dont Tyndare tomba amoureux. Le roi, qui tenait le jeune prince en grande estime, lui accorda la main de sa fille. Peu de temps après, grâce à Héraclès* qui réussit à vaincre l'usurpateur, Tyndare put reprendre le pouvoir à Sparte. Pour Léda, la vie s'annonçait belle et tranquille : reine de Sparte, elle avait un mari qui l'aimait, et venait de donner naissance à une petite fille. Mais c'était sans compter sur le dessein des dieux !

Un jour, Tyndare, qui offrait un sacrifice aux dieux de l'Olympe, oublia de réserver sa part à Aphrodite*. Gare à la colère de la déesse de l'amour ! Elle devient redoutable quand les mortels n'accomplissent pas leurs devoirs envers elle. Comme instrument de sa vengeance, elle ne trouva pas mieux que le maître des dieux lui-même, Zeus*, à qui elle inspira une grande passion pour Léda. Pour séduire la reine sans éveiller ses soupçons, Zeus imagina de prendre la forme d'un cygne. Aphrodite prit celle d'un aigle et fit semblant de poursuivre le cygne. Ce soir-là,

Léda

Léda se baignait dans la rivière et, voyant fuir le pauvre oiseau apparemment terrorisé, elle ouvrit les bras où il se réfugia. Au cours de cette étreinte innocente, le roi des dieux fit tant et si bien que Léda se retrouva enceinte. Mais dans la nuit qui suivit elle s'unit aussi à son mari. Le résultat de cette double union fut une bien étrange naissance : Léda mit au monde deux œufs, contenant chacun une fille et un garçon ! D'un côté, Castor et Clytemnestre*, enfants de Tyndare, de l'autre Pollux et Hélène*, enfants de Zeus. Quatre beaux enfants, qui auront une enfance heureuse, mais qui seront à leur tour victimes de la vengeance d'Aphrodite : les jumeaux Castor et Pollux, surnommés les Dioscures*, se verront séparés à la suite d'une histoire d'amour et d'enlèvement. Quant à Hélène et Clytemnestre, leurs passions amoureuses, liées à la guerre de Troie* et au drame des Atrides, mettront le monde grec à feu et à sang.

Léto

Fille du Titan* Coios et de la Titanide Phœbé, la belle déesse Léto, que les Romains appellent Latone, fut l'une des innombrables conquêtes du maître des dieux, Zeus*. Pour la séduire, Zeus imagina de se transformer en caille... et la métamorphosa en femelle de la même espèce. La voici enceinte, et de jumeaux, qui deviendront des dieux parmi les plus importants de la mythologie : Apollon* et Artémis*. Mais, quand vint l'heure d'accoucher, les difficultés de Léto commencèrent. À l'idée que cette dernière allait mettre au monde des enfants de son noble époux, Héra* ne put faire taire sa jalousie. Sa haine à l'égard de Léto se déchaîna : usant de son pouvoir, elle interdit à tous les lieux de la Terre d'accueillir la future mère. De Thrace en Eubée, d'Attique aux Cyclades, Léto, chassée de partout, errait comme une pauvre vagabonde, quand elle échoua sur une petite île désertique, véritable caillou perdu dans la mer Égée : Ortygie. Cachée dans une grotte au sommet de la montagne, Léto échappait enfin à la colère d'Héra, qui avait envoyé le terrible serpent Python à sa poursuite. Les dieux décidèrent d'aider la future mère. Ainsi, comme Héra avait décrété que jamais Léto ne pourrait trouver de repos là où brille le soleil, Poséidon*, dieu de la mer, souleva les flots en une énorme vague, qui se tint au-dessus de l'île, afin de la protéger de la lumière du jour. Et toutes les déesses descendirent de l'Olympe pour assister à l'accouchement. Toutes, sauf Héra, qui réussit à retenir sa fille Ilithyie, déesse des naissances. Or en l'absence d'Ilithyie, nulle femme, déesse ou mortelle, ne pouvait mettre un enfant au monde. Pendant neuf jours et neuf nuits, Léto subit les douleurs de l'accouchement, mais les jumeaux ne pouvaient voir le jour. Enfin les déesses chargèrent Iris, la messagère des dieux, de porter à Ilithyie un collier d'or et d'ambre, en échange de ses bons services. Iris revint, accompagnée d'Ilithyie, qui avait échappé à la surveillance d'Héra, et la naissance eut lieu : les exploits d'Artémis et d'Apollon pouvaient commencer...

Poséidon arrima alors l'île d'Ortygie sur le fond des mers, au moyen de solides colonnes : le misérable caillou flottant devint une île à part entière, fertile et couverte de végétation, et prit le nom de Délos, c'est-à-dire la « Brillante », puisqu'elle avait permis la naissance des deux divinités de la lumière.

Léto

Héra, cependant, ne cessait de tourmenter sa rivale. Un jour qu'épuisée de fatigue après une longue marche, Léto s'apprêtait à boire puis à laver ses enfants dans l'eau pure d'une source, les bergers des environs, inspirés par Héra, l'en empêchèrent. Furieuse, la mère d'Apollon les transforma en grenouilles.

Mais les meilleurs défenseurs de Léto furent ses propres enfants. Apollon et Artémis adoraient leur mère et, en toute occasion, volaient à son secours. C'est ainsi qu'à coups de flèches, ils tuèrent les douze enfants de Niobé*, car celle-ci se vantait d'être une meilleure mère que Léto, et mirent à mort le Géant Tityos qui, sur ordre d'Héra, avait tenté de violer leur mère.

On représente parfois Léto comme une divinité de la nuit, enveloppée dans de longs voiles noirs. Est-ce parce que, si longtemps, elle dut fuir la lumière du soleil ?

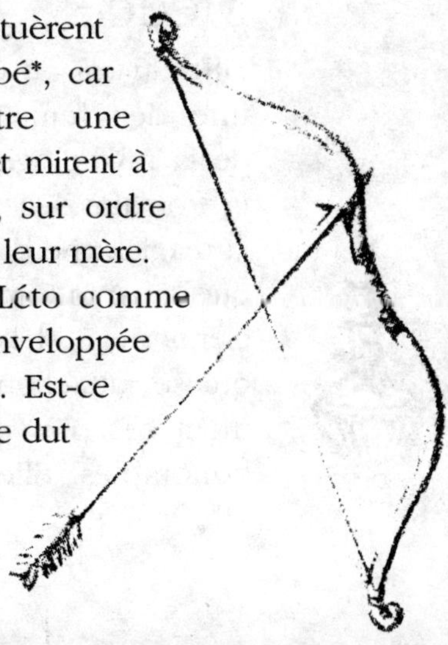

Médée

Fille du roi de Colchide Éétès, Médée est une des femmes les plus redoutables de la mythologie. Pour les Anciens, Grecs et Romains, elle était l'exemple même de la magicienne dangereuse. Plus dangereuse que sa tante Circé, elle-même grande magicienne, car, si l'on en croit tous les récits qui se rattachent à Médée, elle mit rarement ses pouvoirs au service de causes honorables. Elle était prêtresse d'Hécate, la patronne des magiciennes, et on dit même qu'elle était sa fille. Tombée follement amoureuse du beau Jason*, venu, avec les Argonautes*, chercher la Toison d'or en Colchide, elle l'aida dans son entreprise, en échange d'une promesse de mariage. Puis elle s'enfuit avec les Argonautes, qui, poursuivis par Éétès furieux de voir la Toison lui échapper, prirent la mer sur leur navire, la nef *Argo*. Médée avait emmené son jeune frère en otage et, quand elle vit que la flotte d'Éétès se rapprochait dangereusement de la nef *Argo*, elle n'hésita pas : elle tua son frère et jeta dans les vagues le cadavre découpé en morceaux. Éétès, fou de douleur, ralentit sa course pour ramasser le corps morcelé de son fils, et les fugitifs lui échappèrent. Zeus*, horrifié par ce crime, obligea le couple à se faire purifier par Circé. Mais quand la magicienne, après la purification, comprit de quel crime il s'agissait, elle maudit les jeunes gens. Le retour à Iolcos, ville de Jason, fut long et difficile. Les voyageurs firent escale en Phéacie, chez le roi Alcinoos, qui n'accepta de les cacher aux envoyés d'Éétès, qu'à condition qu'ils soient mariés. Jason, qui n'était pas très pressé de tenir sa promesse, dut obtempérer et épousa Médée. Les Argonautes reprirent la mer et, au large de la Crète, les pouvoirs de Médée leur permirent d'échapper au Géant Talos*, automate réputé invulnérable, et qu'elle réussit à détruire. Quand l'expédition arriva enfin à Iolcos, Pélias, l'oncle de Jason, qui l'avait envoyé chercher la Toison (en espérant bien qu'il ne rentrerait pas), refusa de lui céder le trône. Alors Médée inventa une terrible vengeance. Elle fit courir le bruit que, grâce à ses talents de magicienne, elle pouvait rajeunir les vieillards. Elle fit même une démonstration sur un vieux bélier ! Les filles de Pélias, qui s'inquiétaient de voir vieillir leur père, lui demandèrent quelle était la méthode à suivre. C'est très simple, leur dit-elle, il suffit de couper votre père en morceaux et de le faire bouillir dans un chaudron avec des herbes magiques... Inutile de dire que le pauvre Pélias ne s'en remit pas. Cette vengeance était trop horrible. Jason et Médée furent chassés de la ville. Ils se réfugièrent à Corinthe, où ils vécurent paisiblement une dizaine d'années. Mais Créon, le roi de Corinthe, trouvait

que Jason ferait un excellent mari pour sa fille Créüse. Malgré les enfants qu'il avait eus de Médée, Jason n'avait jamais été très amoureux de la magicienne, et se laissa persuader de l'abandonner pour épouser Créüse, qui lui plaisait beaucoup. Comment pouvait-il imaginer que Médée accepterait pareille chose ! Elle fit semblant de s'incliner et offrit même à sa rivale une superbe robe de mariée qu'elle avait confectionnée elle-même. Mais quand Créüse enfila la robe, celle-ci prit feu et la brûla vive. Les flammes se répandirent dans tout le palais et Créon périt aussi dans l'incendie. Durant ce temps, Médée égorgeait ses propres enfants. Un seul, Thessalos, réussit à s'échapper. Puis, sautant sur un char ailé, la magicienne s'envola vers Athènes, où elle rejoignit le roi Égée, qu'elle réussit à séduire, et dont elle eut un fils, Médos. Quand l'autre fils d'Égée, Thésée*, né d'une précédente union, arriva à Athènes pour se faire reconnaître par son père, elle chercha à l'empoisonner. Elle fut alors bannie d'Athènes et repartit en Asie avec Médos, dont on dit qu'il fonda le pays des Mèdes, auxquels il donna son nom.

Médée

Médée finit par retourner en Colchide. Son père Éétès avait été entre-temps dépouillé de son trône par son propre frère. Médée, qui avait autrefois trahi son père, l'aida à reprendre le pouvoir, en faisant tuer son oncle.

Le personnage de la magicienne Médée a fasciné toute l'Antiquité. Ses crimes odieux, sa passion pour Jason et la trahison de celui-ci ont inspiré écrivains et artistes à travers le temps. Euripide et Sénèque, dans l'Antiquité, et beaucoup plus tard Corneille, ont fait d'elle l'héroïne de tragédies. De sa légende, on a tiré des opéras, et le grand peintre Delacroix l'a représentée au moment tragique où elle égorge ses enfants, au milieu des flammes qui ravagent le palais de Corinthe.

Méléagre

La sœur de Léda*, Althée, épousa Œnée, le roi de Calydon. Elle eut plusieurs enfants, dont une fille, Déjanire, qui fut la femme d'Héraclès*, et un fils, Méléagre. Mais on raconte aussi qu'Althée se laissa séduire par Arès*, le dieu de la guerre,

et que c'est de cette union clandestine qu'est né Méléagre.

Le jour de la naissance de Méléagre, Althée reçut la visite des inquiétantes Moires*, déesses de la destinée, qui lui firent une étrange prédiction : « Ton fils mourra, dirent-elles, quand la branche d'olivier qui brûle dans le foyer sera réduite en cendres. » Affolée, Althée se précipite, éteint le brandon et le cache au fond d'un coffre bien scellé.

Méléagre – qu'il fût ou non le fils d'un dieu – vécut comme un héros. Il partit avec Jason* pour le périple des Argonautes*. À son retour à Calydon, il trouva le pays dans un état désastreux. Œnée, lors des précédentes moissons, avait oublié d'offrir un sacrifice à Artémis*. Et la déesse, qui savait être terrible quand on négligeait ses devoirs envers elle, s'était vengée. Elle avait envoyé un sanglier monstrueux ravager la contrée. Il détruisait les cultures, tuait les habitants et faisait régner la terreur. Méléagre décida de l'abattre. Il fit appel à ses anciens compagnons, les Argonautes, et à tous les héros

Méléagre

de la Grèce. Jason, Pélée*, Thésée*, Iphiclès, ses cousins les Dioscures* Castor et Pollux, et bien d'autres se joignirent à lui pour chasser le monstre. Une femme les accompagnait, la belle chasseresse Atalante, qui avait déjà participé à l'expédition des Argonautes et dont Méléagre était tombé amoureux.

Après neuf jours de fête, la chasse commença. Très vite, elle tourna au drame : deux chasseurs furent tués par le sanglier, et Pélée, accidentellement, frappa à mort son beau-père. Enfin, une flèche tirée par Atalante atteint le monstre qui s'abat. Méléagre se précipite et l'achève au couteau. À qui doit revenir la peau du sanglier, trophée de la victoire ? Méléagre, par amour et par courtoisie, l'offre à Atalante. N'est-ce pas elle qui a touché le monstre en premier ? Mais les quatre oncles de Méléagre, chasseurs eux aussi, ne l'entendent pas ainsi. Déjà, ils n'ont guère apprécié la présence d'une femme, mais que cette femme soit considérée comme vainqueur, jamais ! Ils arrachent le trophée des mains d'Atalante, qui résiste. Méléagre accourt, tire son épée, s'interpose et, au cours du combat, tue ses quatre oncles !

En apprenant la mort de ses frères, Althée, la mère de Méléagre, devient folle de douleur. Elle court au coffre et saisit la branche d'olivier, la jette dans les flammes. À peine la branche est-elle réduite en cendres que Méléagre rend son dernier soupir. Reprenant ses esprits, réalisant soudain qu'elle vient de mettre à mort son fils, la reine, saisie de désespoir, se pend.

Le poète grec Eschyle et le poète latin Ovide ont raconté la mort de Méléagre. Et au XVIIe siècle le peintre français Le Brun peignit une série de tableaux sur la vie de Méléagre, que l'on peut voir au musée du Louvre.

Ménélas

Le destin de Ménélas est en partie lié à celui de son frère Agamemnon*, l'autre fils d'Atrée*. Quand les deux jeunes gens furent chassés d'Argos par leur oncle Thyeste, ils se réfugièrent à la Cour de Sparte, auprès du roi Tyndare, dont la fille Hélène* était, disait-on, la plus belle des mortelles. Tous les princes grecs désiraient l'épouser. Les plus vaillants, les plus riches, les plus illustres, venaient à Sparte pour faire leur cour et tenter d'obtenir sa main.

Ménélas

Ménélas tombe sous le charme et se met sur les rangs des prétendants. Il faut choisir. Mais Tyndare s'inquiète : en désignant le futur époux d'Hélène, ne va-t-il pas provoquer la colère de ceux qui n'ont pas été choisis ? Et ceux-ci ne vont-ils pas se venger, et se liguer contre le royaume de Sparte ? Aussi, avant de désigner l'heureux élu, fait-il prêter serment à tous les prétendants : chacun doit s'engager à aider celui qui obtiendra la main d'Hélène, si jamais quelqu'un veut lui prendre son épouse. Ainsi liés par cette promesse, les rivaux deviendront des alliés. Tous s'engagent à respecter ce contrat et Tyndare fait son choix : c'est Ménélas qui épousera Hélène. Pourquoi lui ? Il est beau, courageux et habile. De plus son frère Agamemnon a déjà épousé Clytemnestre*, la sœur d'Hélène : on reste en famille ! Ménélas se croit le plus heureux des mortels : époux de la belle Hélène, il succède à Tyndare et devient roi de Sparte. S'il savait ! Les premières

années de mariage sont très heureuses, et Hélène donne à Ménélas un fils, Nicostratos, et une fille, Hermione*. Mais ce bonheur paisible est détruit par un jeune prince troyen, Pâris*. Aphrodite* lui ayant promis qu'il séduirait Hélène, il vient en ambassade à Sparte, et profitant de l'absence de Ménélas, enlève la jeune femme, qui semble d'ailleurs tout à fait consentante...

Pauvre Ménélas ! Averti de son malheur, il rentre d'urgence à Sparte, demande secours à son frère et convoque l'assemblée des princes grecs qui ont prêté serment. Tous les plus vaillants héros de la Grèce, Ulysse*, Nestor*, Achille*, Diomède et bien d'autres, répondent présents. On décide de lancer une expédition militaire contre Troie, sous la direction d'Agamemnon. La guerre de Troie*, qui va durer dix ans et coûter si cher en vies humaines, commence.

Dans les batailles, Ménélas fait preuve d'un grand courage. Il réussit à vaincre Pâris en combat singulier, et celui-ci n'a la vie sauve que grâce à l'intervention d'Aphrodite. Le frère d'Agamemnon prend place dans le fameux cheval qui permettra aux Grecs de remporter la victoire. Quand il retrouve Hélène, fou de colère, il veut la tuer. Il lève son épée, mais la voyant devant lui sans défense et toujours aussi belle, il est si ému, si troublé qu'il lui pardonne.

Ménélas

Le retour à Sparte de Ménélas et d'Hélène dura, dit-on, huit ans, presque autant que l'Odyssée d'Ulysse. D'effroyables tempêtes, succédant à des périodes de calme plat, rendirent la navigation difficile. Sur les soixante navires de la flotte de Ménélas, cinq seulement rentrèrent au port ! Alors qu'ils atteignaient la Grèce, au large du cap Sounion, Ménélas et Hélène furent entraînés par des vents violents jusque sur les rivages de la Crète, puis de l'Égypte, où ils restèrent cinq années et où, raconte Homère, Ménélas accumula de grandes richesses. Enfin, dix-huit ans après l'enlèvement d'Hélène, les deux époux retrouvèrent Sparte. Loin des drames, qui à Argos prolongeaient la malédiction des Atrides, ils vécurent paisibles et heureux. C'est Ménélas qui, un des premiers, donna des nouvelles d'Ulysse à son fils

Télémaque, quand celui-ci, parti à la recherche de son père, vint lui rendre visite à Sparte.

On raconte que Ménélas n'est pas mort, mais qu'il fut enlevé sur ordre de Zeus et conduit aux champs Élysées, honneur réservé aux héros particulièrement valeureux. À Sparte, on lui rendit un culte comme à un dieu. Dans son palais, transformé en sanctuaire, les hommes, avant de partir à la guerre, venaient demander qu'il veuille bien leur accorder la vaillance au combat.

Personnage plus effacé que son épouse ou que son frère Agamemnon, Ménélas tient cependant une place importante dans tous les récits mythologiques qui évoquent les amours de la belle Hélène et leurs tragiques conséquences, et particulièrement dans les deux poèmes d'Homère : l'*Iliade,* qui raconte la guerre de Troie, et l'*Odyssée,* qui retrace le retour d'Ulysse.

Midas

Fils de la déesse Cybèle* et d'un mortel, Midas était roi de Phrygie, en Asie Mineure. Ses rencontres avec deux grands

Midas

dieux, Dionysos* et Apollon*, débouchèrent sur de curieuses mésaventures. Fréquenter les dieux, pour un mortel – fût-il fils d'une déesse –, n'est pas toujours confortable !

Un jour, des paysans lui amenèrent au palais un ivrogne qu'ils avaient trouvé dans la montagne. Ils l'avaient enchaîné, car le personnage semblait très agité et même violent. Or, Midas reconnut Silène*, père nourricier de Dionysos et grand compagnon de beuverie du dieu de la vigne. Il le délivra et le raccompagna, en joyeux cortège, auprès du dieu. Celui-ci, pour le récompenser, lui demanda de faire un vœu : le roi émit le désir de voir se transformer en or tout ce qu'il toucherait. « Qu'à cela ne tienne, dit Dionysos en souriant, ton souhait sera exaucé ! » Mais voilà qu'au moment où Midas se met à table, les mets se transforment en or, le vin qu'il veut boire aussi. Impossible de rien avaler ! Midas, affamé et assoiffé, supplie alors le dieu de mettre fin à ces prodiges. Le dieu, qui pense que la leçon a porté, accepte : Midas doit aller se baigner dans le fleuve Pactole, et sera ainsi débarrassé

de son dangereux pouvoir. C'est depuis, dit-on, que les eaux du fleuve charrient des paillettes d'or.

Une autre fois, Midas accepta de faire partie du jury lors d'un concours musical entre Apollon, qui jouait de la lyre, et Marsyas, un Satyre* joueur de flûte, qui avait défié le dieu. Marsyas fut déclaré perdant et paya cher son audace : le dieu le fit pendre à un arbre et écorcher. Midas était le seul membre du jury à avoir voté pour le Satyre. Apollon, qui supportait mal qu'on conteste ses talents, lui fit pousser des oreilles d'âne. Pauvre Midas, le voilà tout honteux ! Il cherche par tous les moyens à cacher cette infirmité ridicule : bonnet, chapeau, coiffure, tout est bon. Le seul à être au courant de la catastrophe est son coiffeur, que le roi menace de mort s'il révèle le secret. Mais, au bout d'un certain temps, le coiffeur n'en peut plus : rien ne chatouille plus la langue qu'un secret à garder. Un matin, ne pouvant résister, il creuse un trou dans la terre et murmure : « Midas, le roi Midas, a des oreilles d'âne. » Convaincu que personne n'a pu entendre, il rebouche le trou, soulagé.

Mais au printemps suivant, des roseaux poussés à l'endroit de la confidence répétèrent au vent qui passait : « Midas, le roi Midas a des oreilles d'âne ! » Le vent indiscret fit passer le message et bientôt tout le monde sut que le roi Midas avait des oreilles d'âne !

Minos

Fils d'Europe* et de Zeus*, Minos, adopté par le roi de Crète qui épousa sa mère, devint roi de l'île à son tour. Pour prouver à ses frères Rhadamante et Sarpédon, que c'était lui, et lui seul, que les dieux avaient choisi pour être roi, il demanda au dieu de la mer, Poséidon*, de l'aider à accomplir un prodige : faire sortir de la mer un magnifique taureau. Poséidon accepta, à condition que Minos lui offrît ensuite le taureau en sacrifice. Le prodige eut lieu, et les frères de Minos le reconnurent comme roi. Minos fut en effet un excellent roi, et c'est lui qui, dit-on, fit de la Crète un pays riche, gouverné par des lois justes et sages. Mais il ne tint pas la promesse faite à Poséidon, et garda le taureau avec ses propres troupeaux. Bien mal lui en prit ! Un dieu est un dieu, et sa vengeance peut être terrible.

Minos avait épousé Pasiphaé, une fille d'Hélios, le Soleil. Poséidon inspira à la jeune femme une folle passion pour le taureau. Elle s'unit à lui et donna naissance à un monstre à tête de taureau et à corps d'homme, le Minotaure*. Comment cacher aux yeux de tous ce fils monstrueux de la reine ? Minos demanda à l'architecte Dédale de lui construire une gigantesque demeure, dont il serait impossible, une fois entré, de sortir : Dédale construisit le Labyrinthe, où le monstre fut enfermé. Minos eut ensuite huit enfants avec son épouse, dont Ariane* et Phèdre*. Mais la colère de Poséidon ne s'apaisa pas pour autant. Il rendit fou le fameux taureau, qui sema la terreur dans tout le pays. Seul Héraclès* parvint à le dompter et l'emmena en Argolide. Mais le taureau s'échappa et recommença ses ravages, notamment jusqu'en Attique, la région d'Athènes. À cette époque, le roi d'Athènes, Égée, organisa des jeux athlétiques, auxquels participèrent toutes les cités du monde grec. Un des fils de Minos, Androgée, y représenta la Crète,

Minos

et remporta tous les prix. Mais les Athéniens, jaloux de son succès, demandèrent à Égée de l'envoyer combattre le terrible taureau fou de Poséidon. Égée accepta, tout en sachant qu'il n'en reviendrait pas vivant. En effet, Androgée fut tué par le taureau, et à cette nouvelle, Minos résolut de se venger d'Athènes. Il débarqua avec une armée nombreuse et fit le siège de la ville. En vain ! Les Athéniens ne se rendaient pas. Aussi Minos supplia-t-il Zeus, son père, de l'aider. Le roi des dieux fit s'abattre sur la ville la peste et la famine. Les Athéniens résistèrent encore, mais finirent par céder. Minos imposa ses conditions pour lever le siège : régulièrement, Athènes devait envoyer en Crète un groupe de sept jeunes gens et de sept jeunes filles qui serviraient de pâture au Minotaure. Trois fois de suite, Athènes s'acquitta de ce terrible impôt. Mais au quatrième voyage, Thésée*, le fils d'Égée, faisait partie du groupe et réussit, grâce à la complicité d'Ariane, la propre fille de Minos, à tuer le Minotaure.

Minos chercha à savoir comment Ariane avait eu l'idée de la pelote de fil, grâce à laquelle elle avait aidé Thésée à sortir

Minos

du Labyrinthe où était enfermé le Minotaure. Il découvrit que c'était Dédale, l'architecte, qui lui avait suggéré ce moyen. Se sentant trahi, Minos décida de punir Dédale et l'enferma dans le Labyrinthe ainsi que son fils Icare*. Le génie inventif de Dédale lui fit imaginer un système génial pour s'échapper : il construisit pour lui et son fils des ailes grâce auxquelles ils purent s'envoler et fuir loin de la Crète. Icare, par orgueil, voulut voler le plus haut possible et, faisant fi des conseils de son père, s'approcha du Soleil qui fit fondre la cire servant à fixer ses ailes. Elles se détachèrent et le jeune homme tomba dans la mer. Dédale, quant à lui, arriva sans encombre en Italie. Mais Minos, furieux, le cherchait partout. Pour le démasquer, il imagina une ruse : chaque fois qu'il arrivait quelque part, il proposait une forte récompense à celui qui réussirait à faire passer un fil dans la spirale d'une coquille d'escargot. Le roi Cocalos, qui régnait en Sicile, fut tenté par le prix offert et affirma qu'il trouverait un moyen de faire ce que Minos demandait.

Minos

Il présenta peu après la coquille avec le fil passé comme convenu. Minos sut alors que Dédale était dans les parages : il n'y avait que lui pour résoudre un tel problème. En effet, Cocalos avoua : il avait recueilli le génial architecte, et c'était bien Dédale qui avait trouvé la solution : il avait attaché le fil à une fourmi, qui avait accompli le périple à l'intérieur de la spirale, sorte de Labyrinthe miniature. Cocalos fit croire à Minos qu'il lui livrerait Dédale et l'invita dans son palais. Mais quand le roi de Crète prit son bain, il le fit ébouillanter, en faisant passer de l'eau bouillante (certains disent de la poix) par les tuyaux qu'avait installés Dédale. Ainsi périt Minos, et son fils Deucalion lui succéda sur le trône de Crète. Au royaume des morts, Minos devint juge des Enfers, avec son frère Rhadamante et Éaque, le grand-père d'Achille*.

Les récits concernant Minos sont le reflet d'une certaine réalité historique : la civilisation crétoise se développa dans toute la mer Égée avant la civilisation grecque proprement dite. Et les expéditions de Minos à Athènes et en Sicile sont l'écho d'une domination crétoise sur toute la région.

Minos

Les rois de Crète inventèrent des lois dont les Grecs s'inspirèrent. La religion crétoise attachait une grande importance au culte du taureau, d'où les légendes d'Europe, du taureau de Poséidon et du Minotaure. Enfin, les Crétois furent de grands bâtisseurs, ce dont témoignent encore aujourd'hui les ruines splendides du palais de Cnossos, et la légende du Labyrinthe a sans doute sa source dans l'admiration que les Grecs éprouvèrent pour l'ingéniosité des architectes crétois. À travers leurs mythes, les Grecs reconnaissaient que la Crète était à l'origine de leur civilisation : c'est en Crète, disaient-ils, que Zeus, le plus important des dieux grecs, était né.

Minotaure

Le nom de ce monstre, mi-homme mi-taureau, signifie « taureau de Minos ». Le roi de Crète Minos*, pour prouver à ses frères qu'il était favori des dieux, avait demandé à Poséidon* de faire sortir de la mer un magnifique taureau blanc. Le dieu accéda à sa prière, sous la promesse que le taureau lui serait offert en sacrifice. Or, quand il vit le magnifique animal, Minos eut envie de le garder dans ses troupeaux. Poséidon se vengea en inspirant à la femme de Minos, Pasiphaé, une passion contre nature pour le taureau, dont elle eut un fils, le monstrueux Minotaure. Minos, saisi à la fois par la honte et la crainte, fit construire par l'architecte Dédale un immense édifice, aux couloirs si enchevêtrés qu'il était impossible à quiconque d'en sortir : c'était le Labyrinthe, dans lequel il enferma le monstre. Chaque année (ou tous les trois ans, suivant les traditions), sept jeunes gens et sept jeunes filles d'Athènes étaient livrés en pâture au Minotaure. Le héros athénien Thésée*, avec la complicité de la fille de Minos, Ariane*, tua le Minotaure et mit fin à ce rituel tragique.

Moires

Appelées « Parques » par les Romains, les Moires étaient trois sœurs, filles de Zeus* et de Thémis, la déesse de la justice. Il n'existe pas à proprement parler de légendes qui les concernent, mais elles sont présentes, même invisibles, dans toute la mythologie. Elles étaient en effet chargées du destin des mortels, depuis leur naissance jusqu'à leur mort. Les Anciens se les représentaient sous la forme de trois fileuses. La première, Clotho, tirait de sa quenouille le fil de la vie, ce qui symbolisait la naissance. La deuxième, Lachésis, enroulait le fil, ce qui représentait le cours de la vie. La troisième, Atropos, coupait le fil, ce qui signifiait la mort. Les Moires étaient des divinités implacables. Personne, même les dieux, ne pouvait les détourner de leur tâche. Quand un mortel arrivait au terme de sa vie, fût-il le favori d'un dieu, il devait mourir. C'est ainsi que, durant la guerre de Troie*, Zeus lui-même, qui pesait dans sa balance le destin des héros, dut se soumettre aux ordres des Moires, et laisser mourir Hector* puis Achille*. Seul Apollon* réussit une fois à tromper les Moires, et obtint pour son ami, le mortel Admète, une part de vie qui dépassait le terme qui lui avait été fixé.

Muses

Autour d'Apollon*, dieu de la musique et de la poésie, on voit souvent s'assembler un cortège de jeunes femmes charmantes, qui chantent, dansent et récitent des vers : ce sont les neuf Muses, filles de Zeus* et de Mnémosyne, déesse de la mémoire.

Après sa victoire contre les Titans*, Zeus, désireux d'effacer toute trace de violence, voulut créer une troupe d'artistes capables de distraire et de charmer les Olympiens. Mais où les trouver ? Le maître des dieux jugea que le mieux était encore de les créer lui-même... Il alla rejoindre Mnémosyne, fille de la Terre et du Ciel (Gaia* et Ouranos), et s'unit à elle neuf nuits de suite. De ces neuf nuits d'amour allaient naître les neuf Muses. Engendrées par la déesse de la mémoire et du dieu de la puissance créatrice, les Muses symbolisent les arts et chacune se voit attribuer une spécialité :

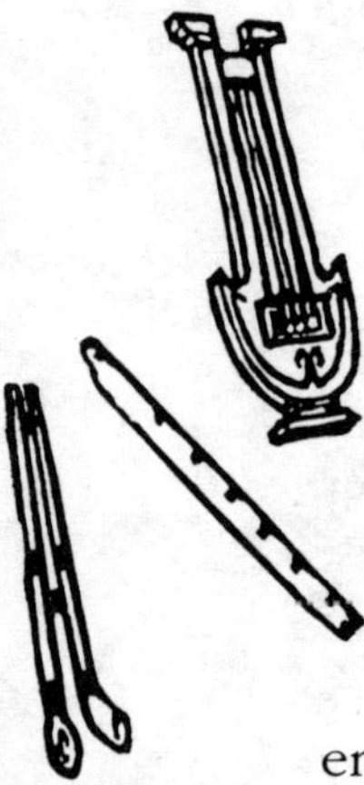

– À Calliope, l'éloquence,
– À Clio, l'histoire,
– À Érato, la poésie,
– À Euterpe, la musique,
– À Melpomène, la tragédie,
– À Polymnie, le mime,
– À Terpsychore, la danse,
– À Thalie, la comédie,
– À Uranie, l'astronomie (qui chez les Grecs était considérée comme un art, en relation avec l'harmonie de l'univers).

Les Muses partageaient leur temps entre l'Olympe, où elles chantaient aux dieux leurs exploits, le mont Hélicon, où coulait une source qui donnait leur inspiration aux poètes, et le mont Parnasse, qui s'élève au-dessus du sanctuaire de Delphes et où elles rejoignaient Apollon. Leur beauté et leurs dons artistiques séduisaient dieux et mortels. Calliope épousa un mortel, dont elle eut un fils, le poète Orphée* ; Thalie s'unit à Apollon et donna naissance aux corybantes, danseurs du cortège de Cybèle* ; Melpomène, mariée au dieu-fleuve Achéloos, mit au monde les Sirènes, dont la voix enchanteresse causait la perte des marins qui se noyaient pour les rejoindre au fond des mers.

Depuis l'Antiquité, les Muses n'ont pas cessé, à travers le temps, d'être le symbole de l'inspiration des poètes.

Narcisse

Toutes les femmes, mortelles et Nymphes*, sont sous le charme ! Narcisse est un jeune homme très beau et très séduisant, mais l'amour est le dernier de ses soucis. Qu'on l'aime, d'accord, mais il n'ira jamais s'abaisser à éprouver des sentiments pour quiconque : il s'aime assez lui-même pour ne pas perdre son temps avec les autres ! Il ne jette pas le moindre regard à ces jeunes filles éprises qui tournent autour de lui. L'une d'elles particulièrement, la Nymphe Écho, se désespère. Son chagrin est immense, elle pleure, elle gémit. Le cœur blessé d'amour pour le bel indifférent, elle quitte les vertes prairies où jouent ses compagnes et s'éloigne, solitaire, puis disparaît dans une lointaine vallée où elle se laisse peu à peu mourir. Elle s'éteint doucement et seule lui survit sa lamentation désolée, que l'on entend encore alors que la mort a fait taire la Nymphe affligée. Dans la triste fin d'Écho, les Grecs voyaient l'origine de l'écho qui prolonge les voix qui se sont tues.

Mais les Nymphes et les jeunes filles, dédaignées par Narcisse, demandent justice aux dieux pour la mort d'Écho. Némésis, divinité de la vengeance, les entend et va punir Narcisse pour cette indifférence envers la souffrance des autres, car il s'agit, pense-t-elle, d'un orgueil excessif. Un jour, Narcisse rentre de la chasse. Il a soif et se penche au-dessus d'une source pour boire. L'eau est claire et, comme un miroir, lui renvoie une image de lui-même. Narcisse est fasciné et tombe sur-le-champ amoureux de ce beau visage qu'il aperçoit en face de lui. Il ne peut plus le quitter et, plutôt que de perdre de vue ce reflet de lui-même qu'il aime passionnément, il se laisse mourir sur le bord de la source.

Narcisse

Là où il mourut, poussa une fleur qui porte son nom, le narcisse. La légende de Narcisse est racontée par le poète latin Ovide dans ses *Métamorphoses,* et aujourd'hui on se souvient encore du beau jeune homme amoureux de lui-même quand on emploie le mot « narcissisme » pour désigner un amour excessif de soi, qui empêche d'aimer les autres.

Néoptolème

Surnommé Pyrrhus (du grec *pyrrhos,* qui signifie le « Roux ») à cause de la couleur de ses cheveux, Néoptolème est le fils du héros Achille*. Il participa avec son père à la guerre de Troie* et, après la victoire des Grecs, il ramena en Grèce une captive : Andromaque*, la veuve d'Hector*. Le roi de Sparte Ménélas* lui avait promis qu'il épouserait sa fille, Hermione*. Il l'épousa en effet à son retour, mais lui préférait Andromaque. Or, Hermione, pour sa part, aimait son cousin Oreste*, à qui elle avait été mariée secrètement durant la guerre de Troie. Elle avait donc deux maris en même temps, dont l'un aimait une autre femme !

Cette situation compliquée ne tourna pas à l'avantage de Néoptolème. Il périt à Delphes lors d'une émeute provoquée, dit-on, par Oreste qui voulait se débarrasser de son rival.

Néoptolème

Pyrrhus est un des personnages principaux de la tragédie de Racine, *Andromaque,* où l'auteur met en scène les amours compliquées d'Andromaque, Pyrrhus, Oreste et Hermione, sans très bien respecter d'ailleurs la tradition mythologique !

Nérée

Fils de Gaia* (la Terre) et de son fils Pontos (le Flot marin), qui sont de très anciennes divinités, Nérée appartient lui-même aux dieux de la génération primordiale, qui, selon la généalogie mythologique, précédèrent les dieux de l'Olympe. Divinité marine, souvent appelé le « Vieux de la mer », Nérée est plus ancien que Poséidon*, dieu olympien, et possède, comme la plupart des divinités de la mer, le pouvoir de changer de forme à volonté. Il épousa Doris, fille

Nérée

du Titan* Océanos, qui lui donna des filles, les Néréides, dont les plus célèbres sont Thétis*, la mère d'Achille*, et Amphitrite, qui épousa Poséidon. Nérée était un dieu très aimé des marins de l'Antiquité, qui se confiaient à lui avant de prendre la mer. On se le représentait comme un vieillard barbu, à cheval sur un triton, monstre marin mi-homme mi-poisson.

Nestor

Fils de Nélée, roi de Pylos, le héros Nestor était petit-fils de Poséidon* par son père. Au cours d'une expédition contre la ville de Pylos, Héraclès* massacra son père et ses onze frères. Nestor fut le seul survivant et monta sur le trône. Apollon* lui ayant accordé de vivre très longtemps (trois générations), il était déjà très âgé lorsque, accompagné de ses deux fils, il partit pour la guerre de Troie à la demande expresse de Ménélas*. Nestor, nous dit Homère dans l'*Iliade,* était encore vaillant au combat, mais fut surtout,

pour les Grecs, un conseiller plein de sagesse et d'expérience, qui faisait à ses compagnons d'armes de longs récits de ses antiques batailles. Nestor est ainsi porteur de la mémoire héroïque de la Grèce avant la guerre de Troie*. On raconte que, lors d'une bataille, son fils Archiloque lui sauva la vie en se faisant tuer à sa place par Memnon, le neveu du roi de Troie Priam*. C'est Achille* qui vengea Archiloque en tuant Memnon en combat singulier.

Nestor

Niobé

Princesse lydienne, Niobé épousa le roi de Thèbes Amphion, à qui elle donna six fils et six filles. Rien, sinon ses nombreux enfants, ne la désignait pour un destin exceptionnel. Or, elle était si fière de ses douze enfants qu'elle eut l'audace de se comparer à une déesse ! Le jour de la fête de Léto*, elle osa provoquer la déesse et la tourna en dérision : comment, elle, une divinité, elle n'avait eu que deux enfants ! Mais les enfants de Léto n'étaient pas des enfants ordinaires : c'était Artémis* et Apollon*. Les jumeaux accourent au secours

Niobé

de leur mère insultée qui crie vengeance. Ils bandent leur arc et criblent de flèches les enfants de Niobé, qui tombent morts. Niobé s'effondre en larmes et supplie Léto de lui pardonner. Les dieux, pris de pitié, ensevelissent les douze petites victimes et métamorphosent la mère inconsolable en source. Dans l'Antiquité, on pouvait voir en Lydie une fontaine intarissable : c'était, disait-on, Niobé qui pleurait ses enfants pour l'éternité.

Nymphes

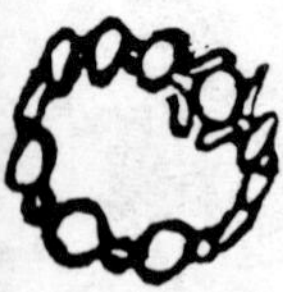

Au creux des arbres, derrière les rochers, sur le bord des fleuves, habitent des jeunes femmes, séduisantes et parfois redoutables : ce sont les Nymphes, divinités secondaires des bois, des campagnes et des rivières, qui peuplent la nature. Leur vie est simple, libre et joyeuse, elles chantent, dansent et jouent des tours aux passants, surtout s'il s'agit de beaux jeunes hommes qu'elles apprécient particulièrement. On leur donne des noms selon le lieu où elles demeurent : ainsi les Méliades sont les Nymphes des frênes (*melia* en grec), les Dryades ou Hamadryades celles des chênes (*drys* en grec), les Oréades celles des montagnes (*oros* en grec), les Naïades celles des eaux qui coulent (*nao* en grec). Filles de Zeus*, d'Ouranos ou des dieux-fleuves, elles ont pour compagnons de jeux habituels les Satyres*, divinités champêtres masculines. Mais elles séduisent souvent des héros : Pâris* et Orphée* épousèrent des Nymphes, et Hylas, un compagnon d'Héraclès*, fut enlevé par des Nymphes lors de l'expédition des Argonautes*. Les grands dieux n'échappent pas au charme de ces gracieuses divinités : Zeus, Apollon*, Hermès* et Dionysos* eurent de nombreuses aventures avec des Nymphes... qui n'étaient d'ailleurs pas toujours d'accord ! Il arrive aussi que leurs tentatives de séduction restent vaines : ainsi le beau Narcisse* demeura insensible aux appels de la Nymphe Écho. Dans tous les récits mythologiques, les Nymphes apparaissent, bienveillantes ou dangereuses, un peu comme les fées de nos contes et légendes.

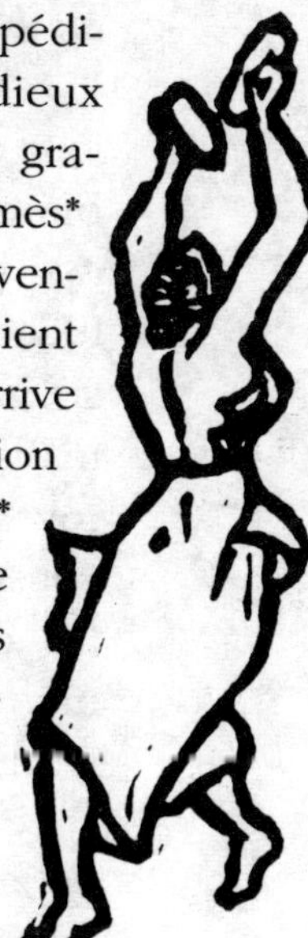

Œdipe

Le roi de Thèbes Œdipe, dont la vie fut dévastée par une tragique fatalité, reste jusqu'à aujourd'hui l'exemple même de l'homme victime du destin. Par son père Laïos, comme par sa mère Jocaste, Œdipe descendait de Cadmos*, le fondateur de la ville de Thèbes, et des soldats sortis de terre après que celui-ci eut semé les dents du dragon. Laïos, comme ses ancêtres, était roi de Thèbes. Marié à Jocaste, il resta longtemps sans enfant, jusqu'au jour où naquit un petit garçon. Ce qui habituellement est la cause d'une grande joie provoqua alors une immense inquiétude. En effet, un oracle avait prédit que, si Laïos et Jocaste avaient un fils, les pires malheurs s'abattraient sur la famille royale. À la naissance du jeune prince, on consulta à nouveau l'oracle. La prédiction fut terrible, plus précise que les avertissements précédents : le fils devait être le meurtrier de son père !

Le cœur brisé, les parents durent se débarrasser de l'enfant. Laïos le confia à des serviteurs, avec ordre de l'abandonner, les pieds attachés, sur une montagne

Œdipe

proche, où il serait la proie des bêtes sauvages. Or des bergers découvrirent l'enfant, qu'ils surnommèrent « Œdipe » (ce qui en grec signifie « pieds gonflés ») parce que la corde qui lui serrait les pieds les avait fait enfler. Ils l'emmenèrent à la ville voisine, Corinthe, où le petit Œdipe fut recueilli par le roi Polybe et sa femme, qui n'avaient pas d'enfant et qui l'élevèrent comme leur propre fils.

Œdipe grandit. Devenu jeune homme, il se rend à Delphes pour interroger l'oracle sur son avenir. La réponse de la Pythie, prêtresse d'Apollon* à Delphes, épouvante le prince : il va, dit-elle, tuer son père et épouser sa mère ! Persuadé que les souverains de Corinthe sont ses parents, Œdipe ne veut pas rentrer au palais. Il monte sur son char et quitte Delphes, non en direction de Corinthe mais de Thèbes. À un carrefour, un équipage bouche le passage : c'est un étranger accompagné de ses serviteurs. Une dispute éclate, un des serviteurs tue l'un des chevaux d'Œdipe et lance son char en lui écrasant le pied ! Œdipe ne va pas se laisser faire, d'autant qu'au passage l'étranger lui a donné un coup sur la tête.

Il tire son épée, tue le voyageur et ses serviteurs, puis poursuit son chemin. Et voici que la route passe le long d'un rocher, d'où surgit un horrible monstre : la Sphinx, dont la tête et le buste de femme se prolongent par un corps de lion. D'une voix rauque, le monstre prend la parole : si Œdipe ne sait pas répondre à l'énigme qu'il va lui proposer, il le dévorera... Le jeune homme ne laisse rien paraître de sa frayeur et écoute attentivement la question : « Quel est l'être qui marche à quatre pattes le matin, à deux pattes à midi, et à trois le soir ? » Œdipe réfléchit et, soudain, il comprend : « C'est l'homme, répond-il. Tout petit, il se traîne à quatre pattes, puis il marche sur ses deux jambes, et enfin, au soir de sa vie, il s'appuie sur un bâton, qui est comme une troisième jambe. » Quand elle entend la réponse juste, la Sphinx pousse un cri abominable et, basculant du haut de son rocher, s'écrase sur le sol. La voie est libre, Œdipe peut passer et continuer son chemin jusqu'à Thèbes.

Dans la ville, il est reçu avec des cris de joie. Tous ignorent qui il est, bien sûr, mais on sait que c'est lui qui a débarrassé

Œdipe

la région de cette Sphinx qui terrorisait la population en dévorant tous ceux qui ne pouvaient répondre à ses questions. Œdipe apprend aussi que le roi de Thèbes, Laïos, vient d'être tué sur la route de Delphes, où justement il était allé consulter l'oracle au sujet de ce monstre. Œdipe ne fait pas le rapport, il ne comprend pas que l'étranger qu'il a tué était Laïos, dont il ignore encore qu'il était son père. Et, sans que personne s'en rende compte, les événements s'enchaînent selon les prédictions de l'oracle ! Œdipe, fêté par tous, accepte la récompense offerte par Créon, le frère de la reine Jocaste, qui lui propose le trône de Thèbes et la main de la veuve de Laïos. Sans le savoir, il accomplit ainsi la seconde partie de la prophétie : au cours de grandes fêtes, il épouse Jocaste, sa propre mère. Ils auront quatre enfants : deux fils, Étéocle et Polynice, et deux filles, Antigone* et Ismène.

Personne n'est coupable dans cette terrible histoire, car personne ne sait rien. Œdipe est même persuadé qu'il a échappé

à la malédiction des dieux, puisque ceux qu'il considère comme ses parents sont là-bas, à Corinthe, bien à l'abri des catastrophes prédites. Mais le destin, inexorable, veille. Œdipe, même sans le savoir, a bel et bien accompli des méfaits qui troublent l'ordre du monde : tuer son père et épouser sa mère sont, de la part d'un mortel, des crimes abominables que les dieux ne peuvent laisser impunis.

Après quelques années d'un règne paisible, une peste épouvantable s'abat sur Thèbes et sa région.

Œdipe, en bon roi, s'inquiète. Il veut savoir l'origine de ce fléau et mène une véritable enquête. Or c'est à ce moment que son père adoptif, Polybe, le roi de Corinthe, meurt. Une ambassade arrive à Thèbes pour proposer à Œdipe, considéré comme héritier du roi, le trône de Corinthe. Œdipe est troublé, il se souvient de la prophétie et refuse d'aller à Corinthe pour rencontrer la veuve de Polybe, qu'il croit être sa mère. Alors, un envoyé de Corinthe, l'un des bergers qui l'avaient autrefois arraché à la mort et conduit au palais, lui révèle qu'il est seulement le fils adoptif de Polybe et de sa femme. Œdipe pressent quelque chose de terrible, il interroge tous ceux qui vivaient au palais de Thèbes au temps du roi Laïos et réussit à extorquer des aveux au vieux serviteur qui avait été chargé de l'abandonner dans la montagne. L'enquête d'Œdipe est arrivée à son terme. Il peut reconstituer toute son histoire et la vérité éclate au grand jour : ses propres crimes expliquent la peste qui ravage son pays. Mais cette vérité est insupportable. Jocaste se pend et Œdipe ne se sent plus digne de voir la lumière du jour : il se crève les yeux. Sur ordre de l'oracle de Delphes, il est chassé de Thèbes par Créon et ses propres fils. Et c'est un pauvre homme aveugle, dépouillé de son pouvoir, qui prend alors la route de l'exil, conduit par sa fille Antigone.

Son errance douloureuse mène Œdipe à Colone, dans les faubourgs d'Athènes. Le roi d'Athènes, Thésée*, l'accueille dans son beau pays, mais Œdipe est épuisé, il n'a plus la force de vivre. Un oracle promet alors la prospérité au royaume où Œdipe sera enterré. Réconcilié avec les dieux, grâce au pardon de Thésée, le vieux roi s'éteint à Colone, en bénissant la terre qui lui a servi d'asile.

Mais le destin continue à frapper la famille royale de Thèbes. La lutte acharnée d'Étéocle et de Polynice pour le pouvoir, l'alliance de ce dernier avec les chefs d'autres cités et le drame d'Antigone sont les derniers épisodes de la destinée tragique des descendants de l'union maudite d'Œdipe et de Jocaste.

La légende d'Œdipe représente le jeu cruel du destin qui s'acharne contre les mortels. Depuis l'Antiquité, elle inspira des œuvres littéraires parmi les plus belles. À commencer par les magnifiques tragédies de Sophocle, écrites au Ve siècle avant notre ère et jouées encore aujourd'hui, *Œdipe roi* et *Œdipe à Colone*. Corneille, Voltaire, Gide, sont auteurs de pièces intitulées *Œdipe* et Cocteau tira de la légende le sujet de sa pièce *La Machine infernale*. Des compositeurs, comme Stravinski, en firent le sujet d'opéras, et des peintres, comme Ingres et Gustave Moreau, représentèrent le drame du malheureux roi de Thèbes. Mais si le nom d'Œdipe est familier à nos oreilles du XXe siècle, c'est aussi parce que l'inventeur de la psychanalyse, Sigmund Freud, donna le nom de « complexe d'Œdipe » à la plus importante de ses découvertes : l'attachement inconscient que tout enfant éprouve pour le parent du sexe opposé et l'agressivité qu'il manifeste pour le parent du même sexe. Ainsi Œdipe qui, sans le vouloir, a tué son père et épousé sa mère.

Oreste

Fils du roi d'Argos Agamemnon* et de son épouse Clytemnestre*, ce jeune prince hérite à sa naissance d'un lourd destin. Il était encore enfant quand sa mère, avec son oncle Égisthe, assassina son père à son retour de la guerre de Troie*. Craignant que la haine de Clytemnestre et d'Égisthe ne mît en danger la vie de son jeune frère, sa sœur Électre* l'emmena secrètement chez un oncle, le roi de Phocide, Strophios, qui avait épousé la sœur d'Agamemnon. À la Cour de Strophios, le jeune Oreste fut élevé avec son cousin Pylade, qui devint son meilleur ami. Mais Oreste reste hanté par l'horrible souvenir du meurtre de son père. Il s'inquiète : doit-il entrer à son tour dans le cycle infernal des vengeances qui, depuis

Oreste

des générations, entraîne sa famille de crime en crime ? Il va consulter l'oracle de Delphes, et, par la voix de la Pythie, apprend qu'Apollon* non seulement accepte, mais demande qu'il venge son père. Accompagné de son fidèle Pylade, il se rend en Argolide. Sur la tombe d'Agamemnon, il dépose en offrande une boucle de ses cheveux, ou encore, selon d'autres traditions, un anneau ayant appartenu à son père. Or, Électre, restée en Argolide et mariée à un paysan sur ordre de sa mère, va chaque jour sur la tombe de son père, à qui elle jure de le venger. Ce jour-là, elle aperçoit de loin les deux jeunes gens et, découvrant l'offrande de son frère qu'elle n'a pas revu depuis son enfance, le reconnaît. Bouleversée, elle comprend qu'il est revenu pour accomplir la vengeance qu'elle espère. Ensemble, ils inventent une ruse : Oreste arrive au palais et, se faisant passer pour un messager du roi de Phocide, annonce à Clytemnestre qu'Oreste est mort et que Strophios demande si ses cendres doivent être transportées à Argos. Loin d'être accablée par la mort de son fils, Clytemnestre laisse éclater sa joie : enfin, elle n'a plus

à craindre sa vengeance ! Elle appelle Égisthe pour lui annoncer la « bonne » nouvelle, et quand celui-ci arrive, Oreste lui plonge son épée dans le cœur. Clytemnestre comprend, elle supplie son fils de lui laisser la vie sauve. Oreste, ému, hésite, mais Pylade lui rappelle que l'oracle a demandé que la vengeance soit accomplie jusqu'au bout. Alors Oreste tue sa mère... Ce meurtre le rend fou. Le voici poursuivi par les Érinyes*, anciennes divinités primordiales chargées de punir les meurtriers de leurs parents. Plutôt que de prononcer leur nom terrifiant, on avait pris l'habitude de les appeler « Euménides », c'est-à-dire « bienveillantes », afin de les amadouer. Mais pour Oreste, elles n'ont rien de bienveillant ! Sa vie devient un cauchemar. Il parcourt la Grèce à la recherche d'un lieu où il pourra être purifié de son crime et échapper ainsi aux impitoyables déesses. Selon la tradition la plus répandue, c'est Apollon lui-même qui le purifia quand il se réfugia à Delphes, dans le sanctuaire du dieu. Cependant nombreux sont les autres lieux de culte qui prétendaient avoir permis la purification d'Oreste. Quoi qu'il en soit,

Oreste

cette purification ne fut pas suffisante pour le débarrasser des Érinyes. Il fallait un jugement en règle : Oreste dut se présenter devant un tribunal qui siégeait sur la colline de l'Aréopage, à Athènes, et que présidait Athéna*. Grâce à la voix de la déesse, qui vota pour lui, Oreste fut acquitté et enfin délivré de sa folie. Les terribles Euménides s'inclinèrent devant la loi. Mais une ultime épreuve attendait Oreste. L'oracle de Delphes lui signifia que, pour se concilier la faveur des dieux et effacer définitivement la malédiction familiale, il devait rapporter de Tauride une statue d'Artémis*.

Toujours accompagné de son ami Pylade, Oreste s'embarque pour la Tauride. À peine ont-ils débarqué sur le rivage que les habitants les font prisonniers et s'apprêtent à les sacrifier à Artémis. Cet épisode de la légende, comme le sacrifice d'Iphigénie* à la veille du départ de la guerre de Troie, évoque des pratiques de sacrifices humains qui devaient, semble-t-il, encore exister dans des périodes très anciennes de la religion grecque. Or, voici que, au moment où les deux jeunes gens sont amenés devant la prêtresse

Oreste

chargée du sacrifice, Oreste reconnaît en elle sa sœur Iphigénie. Iphigénie vivante ? Comment est-ce possible ? N'avait-elle pas été immolée par son père à Artémis, pour permettre le départ des navires vers Troie ? Iphigénie explique qu'elle a été sauvée de la mort par la déesse elle-même, qui a fait d'elle sa prêtresse en Tauride. Elle décide d'aider son frère, lui remet la statue, en cachette du roi et du peuple de Tauride, et s'enfuit avec lui et Pylade. Protégés par Athéna, les jeunes gens rentrent en Grèce, où ils élèvent un temple à Artémis. Voici enfin la déesse apaisée. Avec Oreste, s'achève la malédiction des Atrides.

Le jeune prince songe alors à régler la question de son mariage. Autrefois, son père l'avait fiancé à Hermione*, sa cousine, la fille de Ménélas* et d'Hélène*. Et durant l'absence de Ménélas, parti à la guerre de Troie, Tyndare, le grand-père de la jeune fille, avait marié les deux jeunes gens. Mais Ménélas, de son côté, n'a pas tenu parole : durant la guerre, il avait promis sa fille à Néoptolème*, le fils d'Achille*, à qui il la maria dès son retour. Oreste, furieux, profita d'un voyage de Néoptolème à Delphes, où il venait consulter l'oracle, pour se venger. Il raconta que Néoptolème voulait piller le temple, et provoqua ainsi une émeute au cours de laquelle ce dernier trouva la mort. Mais les dieux restèrent bienveillants. Oreste, à qui Hermione donna un fils, devint à la fois roi d'Argos et de Mycènes, et roi de Sparte, succédant ainsi aux deux Atrides, son père et son beau-père. Le fidèle Pylade épousa Électre, et jusqu'à la mort les deux amis restèrent inséparables.

Récit de la réconciliation entre les dieux et les hommes, la légende d'Oreste tient une place importante dans la littérature grecque. Le poète tragique Eschyle, particulièrement, l'a mise en scène dans *Les Choéphores* et *Les Euménides*. Oreste est aussi un personnage de la tragédie de Racine *Andromaque*. Mais Racine ne suit pas la tradition la plus répandue de la légende. Selon lui, Oreste devient fou et

Oreste

est poursuivi par les Érinyes après la mort d'Hermione, ce qui donne un sens complètement différent au mythe.

Orphée

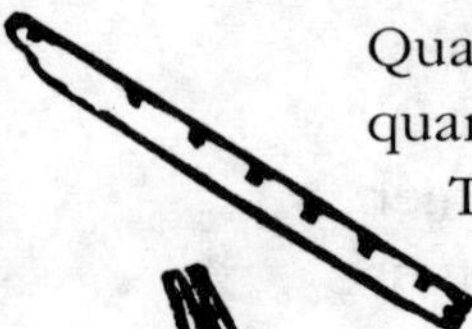
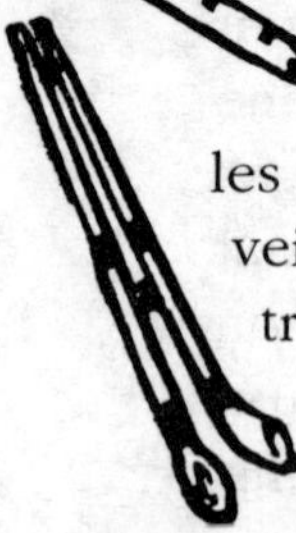

Quand Orphée joue de la musique, ou quand il chante, c'est un éblouissement. Tous, mortels, divinités, plantes et animaux, sont sous le charme. Les fauves les plus cruels, les hommes les plus violents s'adoucissent aux merveilleux accents de sa voix et de ses instruments. Orphée est le plus grand poète et musicien de toute la mythologie et sa gloire égale celle des héros les plus valeureux.

Il faut dire qu'il était fils d'un roi de Thrace et de Calliope, l'une des Muses* qui, groupées autour d'Apollon*, dieu de la musique et de la poésie, charmaient les dieux assemblés dans l'Olympe. Toute son éducation se fit au son mélodieux de la voix des Muses, et très jeune, il inventa un nouvel instrument : la harpe à neuf cordes, neuf étant le nombre des Muses.

Comme bien d'autres héros, il eut une

jeunesse voyageuse. Il embarqua sur la nef *Argo,* et accompagna Jason* et les Argonautes* dans leur conquête aventureuse de la Toison d'or. De ses chants, il calmait les tempêtes et les colères de l'équipage. Il rythmait la cadence des rameurs et réussit à couvrir les voix ensorceleuses des Sirènes, ces dangereuses femmes-oiseaux qui attiraient les marins et les laissaient se noyer. Après ce périple maritime, il partit en Égypte, où il enseigna aux habitants le culte des dieux grecs Apollon et Dionysos*.

De retour en Thrace, Orphée tomba amoureux d'une Nymphe*, Eurydice, et l'épousa. Ce qui aurait pu être le début d'un bonheur sans nuage fut le point de départ d'une véritable tragédie. Aristée, le fils d'Apollon, aperçut Eurydice et fut séduit par la beaute de la jeune Nymphe. Un jour que, dans un pré, elle jouait avec ses compagnons, il s'approcha d'elle et voulut la prendre dans ses bras. Effrayée, Eurydice s'enfuit. Dans sa course éperdue,

Orphée

elle ne vit pas une vipère qui se cachait dans les herbes et marcha dessus. Elle fut mordue et mourut. Le désespoir d'Orphée fut immense, et ses chants de deuil émurent la terre entière. Mais le poète ne se résignait pas à cette perte. Il décida de descendre aux Enfers chercher son épouse disparue. Il traversa le Styx, fleuve qui marque la frontière du royaume des morts, et se heurta aux portes des Enfers, dont l'entrée gardée par l'affreux chien Cerbère est interdite aux vivants. Mais la voix éplorée d'Orphée et les sons mélodieux de sa lyre touchèrent le terrible maître des lieux, Hadès*, et surtout son épouse Perséphone*. Ils permirent à Orphée de ramener Eurydice dans le monde des vivants. Fait exceptionnel, car hormis le retour d'Alceste*, jamais le dieu des Morts n'a autorisé une pareille chose ! Il y mit cependant une condition : durant tout le parcours qui les séparait de la surface, Orphée, qui marcherait devant sa femme, ne devait pas se retourner.

Une fois le Styx traversé, le trajet commence. Orphée ne tourne pas la tête, bien que parfois Eurydice trébuche sur le chemin escarpé et caillouteux. Enfin, on aperçoit la lumière du jour. La fin de l'épreuve est proche ! Mais Orphée est impatient, il veut voir le visage de sa chère, très chère épouse. Elle trébuche, il se retourne ! Et Eurydice, comme avalée par les ténèbres, disparaît. Orphée veut la suivre, mais cette fois-ci, les portes de l'Enfer restent hermétiquement closes ! Le héros se retrouve seul, en proie à une douleur inconsolable...

Revenu sur terre, Orphée ne veut plus voir personne, particulièrement les femmes. Il vit en reclus, ne pensant qu'à la chère disparue. Mais les femmes de Thrace sont jalouses. Elles se souviennent des fêtes de Dionysos, quand les chants du poète musicien accompagnaient leurs danses et leurs courses folles... Elles ne supportent pas de voir Orphée indifférent à leurs appels et, lors d'une fête nocturne, elles vont le rejoindre dans sa retraite et le mettent à mort. Elles déchiquettent son corps et en éparpillent les morceaux.

On dit que sa tête roula jusqu'à la mer et parvint jusqu'à l'île de Lesbos, où les habitants l'ensevelirent avec tout le faste dû à un héros. Son tombeau devint un sanctuaire où la voix du poète mort rendait

Orphée

des oracles. Sa lyre, par les soins des Muses, fut transformée en constellation.

À partir du récit du voyage d'Orphée aux Enfers, se développa dans l'Antiquité une forme nouvelle de religion, l'orphisme, qui expliquait ce qu'était la vie après la mort. Mais jusqu'à nos jours, la légende du poète amoureux de la Nymphe reste dans les mémoires grâce aux chefs-d'œuvre qu'elle a inspirés à de nombreux artistes, aussi bien en musique et en littérature qu'en sculpture ou en peinture. Le premier opéra qui fut composé est l'*Orfeo* de Monteverdi (1600). Gluck au XVIIIe siècle, Offenbach au XIXe et Darius Milhaud au XXe reprendront le thème. En 1927, Jean Cocteau écrivit pour le théâtre un *Orphée* dont il tira deux films, *Orphée* et *Le Testament d'Orphée*. Les peintres Bruegel, Rubens, Poussin, Delacroix et Moreau, le sculpteur Rodin, entre autres, ont représenté le poète musicien qui, par amour, affronta les ténèbres de la mort.

Pan

Dieu des bergers et des troupeaux, Pan a l'apparence à la fois humaine et animale de ces étranges divinités champêtres, Satyres* et silènes*, dont il mène joyeusement la danse et les plaisirs. Il est velu, ses jambes sont des pattes de chèvre, aux cuisses énormes et aux pieds fourchus, et son dos se termine par une queue de bouc. Son visage n'est pas beaucoup plus séduisant : un nez énorme, une bouche lippue, de gigantesques oreilles pointues et sur son front, à travers des cheveux hirsutes, on aperçoit des cornes de bélier ! Mais les yeux sont vifs, malins, et révèlent un caractère jovial et moqueur. Fils d'Hermès*, Pan a hérité de son père une certaine malice : caché au coin des bois, il s'amuse à effrayer voyageurs et voyageuses, et leur inspire une peur « panique » (le mot « panique » vient en effet du nom de Pan). Il faut dire qu'il provoquait par son seul aspect une véritable terreur. Sa propre mère, une nymphe*, fut tellement épouvantée à sa naissance qu'elle l'abandonna. Hermès recueillit l'enfant et l'apporta sur l'Olympe, enveloppé dans une peau de chèvre. Les Immortels, loin d'être « paniqués », éclatèrent de rire à la vue de ce bébé monstrueux ! Surtout Dionysos*, qui fit de Pan un compagnon de fêtes et de jeux, et un compagnon de voyage qui l'accompagna jusqu'aux Indes.

Pan

Comme toutes les divinités des campagnes et des bois, incarnant la puissance fécondante de la nature, Pan a un grand goût pour les jeux de l'amour. Mais les Nymphes ne sont pas toujours d'accord. L'une particulièrement, Syrinx, préféra se jeter dans le fleuve plutôt que de céder au dieu. Elle se transforma en roseau sur la rive. Pan cueillit ce roseau, en fit des morceaux de tailles inégales, qu'il assembla avec de la cire : c'est la flûte de Pan, que le dieu nomma « syrinx », et dont il joua pour se consoler de son chagrin d'amour.

Le nom de Pan est homonyme du pronom grec *pan,* qui signifie « tout ». De ce dieu des pâturages, les Grecs firent celui de la nature *tout* entière, avec sa douceur et sa sauvagerie, ses plaisirs et ses douleurs. À l'époque de la naissance du Christ, sous l'Empire romain, l'écrivain grec Plutarque raconte que des marins auraient entendu, en passant au large d'une île, des voix mystérieuses crier : « Le grand Pan est mort. » On a pensé que cette légende signifiait la mort de la religion païenne, qui de la nature, de sa violence et de ses désirs avait su faire des dieux.

Pâris

Fils de Priam*, le roi de Troie, et de son épouse Hécube*, ce beau jeune homme n'a pas très bonne réputation dans la mythologie. En enlevant Hélène*, la femme du roi de Sparte Ménélas*, il fut à l'origine de la terrible guerre de Troie*, qui coûta la vie à des milliers de soldats grecs et troyens, et causa la ruine de sa patrie. Mais il faut dire qu'avant même sa naissance, de lourds présages pesaient sur lui. Quand sa mère l'attendait, elle rêva qu'elle accouchait d'une torche enflammée qui mettait le feu à toute la cité. Ce rêve fut interprété comme un signe néfaste et on hésita à garder en vie l'enfant quand il vint au monde. Mais plutôt que de le tuer, ses parents le confièrent à un berger avec mission de l'abandonner dans la montagne. Le berger exécuta l'ordre, mais cinq jours plus tard, il découvrit le petit Pâris encore vivant, car une ourse l'avait nourri. Attendri, il adopta l'enfant, et l'éleva comme son propre fils. Devenu un grand et beau jeune homme, Pâris épousa une Nymphe*, Oénoné, et devint berger à son tour. Mais voici qu'un jour

Pâris

Priam fit chercher dans la montagneun taureau qui devait servir de prix aux jeux athlétiques qui allaient se dérouler lors de fêtes royales. Les serviteurs du roi choisirent le plus beau du troupeau, qui se trouvait être l'animal favori de Pâris. Le jeune homme décida alors de quitter sa montagne et de descendre à Troie participer lui-même aux jeux pour récupérer son taureau préféré. À toutes les épreuves, Pâris fut vainqueur, contre ses propres frères qui ne savaient pas qui il était. Jaloux, l'un d'eux tira son épée et voulut tuer cet insolent qui s'était permis de battre les fils du roi. Pâris courut se réfugier derrière l'autel de Zeus*, dans la cour du palais. C'est là que sa sœur Cassandre*, la prophétesse, devina qu'il était le frère disparu, le fils que Priam et Hécube avaient perdu. On oublia les sombres présages de sa naissance et Pâris fut accueilli avec joie par toute sa famille. Seule Cassandre manifesta quelque inquiétude, mais comme toujours, personne n'en tint compte. Le jeune prince poursuivit sa vie paisible en gardant les troupeaux de son père dans la montagne. Le destin était en marche... Trois déesses, Athéna*, Aphrodite* et Héra*

Pâris

se disputèrent une pomme d'or qui devait revenir à la plus belle, et le beau Pâris fut choisi par Zeus pour les départager. Chacune promit au jeune homme un cadeau s'il la choisissait : Héra, épouse du plus puissant des dieux, lui offrit le pouvoir sur la terre entière, Athéna, la déesse guerrière, la victoire dans tous les combats, et Aphrodite, la déesse de l'amour, la plus belle femme du monde. C'est cette dernière promesse, faite par la plus belle des Immortelles, qui l'emporta. Pâris donna la pomme à Aphrodite qui lui assura sa protection et fit tout pour qu'il parte à Sparte où vivait la belle Hélène. Pâris abandonna sa Nymphe et obtint de son père d'être envoyé comme ambassadeur auprès du roi Ménélas.

Arrivé à la Cour de Sparte, il fut accueilli par Ménélas selon toutes les règles de l'hospitalité. Et dès qu'Hélène vit Pâris revêtu de ses somptueux vêtements à la mode orientale, elle fut séduite. Or, il se trouva que le roi fut obligé de se rendre en Crète. Était-ce un hasard ? N'était ce pas plutôt quelque manigance d'Aphrodite ? Quoi qu'il en soit, Ménélas partit et confia son hôte à son épouse. À peine avait-il quitté Sparte qu'Hélène tombait

Pâris

dans les bras de Pâris et, abandonnant sa fille Hermione* âgée de neuf ans, s'enfuyait avec lui... non sans avoir auparavant puisé dans les caisses du royaume. Quand Pâris rentra à Troie avec Hélène, sa famille accepta la présence de la jeune femme, sans écouter les sombres prédictions de Cassandre qui prévoyait les effroyables malheurs que cet enlèvement allait entraîner. Ménélas, pourtant, envoya des ambassades pour tenter de négocier un retour de sa femme, mais en vain. Pâris ne voulait pas rendre Hélène, qu'il épousa selon la loi troyenne. Alors aux propositions diplomatiques succéda la déclaration de guerre : tous les chefs de la Grèce se rallièrent à Ménélas, et sous le commandement d'Agamemnon*, son frère, partirent avec leurs armées assiéger Troie. Pendant la guerre, qui dura dix ans, Pâris ne fit jamais preuve d'un grand courage. Il préférait rester auprès d'Hélène plutôt que de combattre ! Grecs et Troyens, accablés par le nombre de morts dans chacune des armées, décidèrent de régler le conflit par un combat singulier entre Ménélas et Pâris. Celui-ci dut accepter de se battre, mais très vite, il fut vaincu et ne dut son salut qu'à l'intervention d'Aphrodite qui le cacha derrière un écran de fumée, à l'instant où Ménélas allait le tuer. Les combats reprirent alors de plus belle. Achille*, le valeureux héros de l'armée grecque, tua Hector*, frère de Pâris. En mourant, Hector prédit qu'Achille serait tué à son tour. Et ce fut Pâris, habile archer malgré sa lâcheté, qui envoya la flèche mortelle qui atteignit Achille au talon, le seul endroit vulnérable de son corps. On raconte bien souvent que c'est Apollon* lui-même qui guida la flèche de Pâris jusqu'à son but. Mais vint ensuite le tour de Pâris d'être blessé à mort, par une flèche du Grec Philoctète*, qui utilisait l'arc d'Héraclès*. Il se fit alors transporter sur le mont Ida, la montagne de son enfance, espérant que sa première femme Oénoné, qui possédait des remèdes magiques, le guérirait. C'était compter sans la rancune d'une femme abandonnée : Oénoné refusa de le soigner, et Pâris mourut. De désespoir, la Nymphe se pendit... Voilà la triste fin du séducteur Pâris, qui ne sut jamais que la guerre qu'il avait provoquée allait entraîner la destruction de sa ville et la mort de tous les siens.

Pâris

Pâris est présent dans l'*Iliade* d'Homère, le plus souvent sous le nom d'Alexandre. Toutes les tragédies grecques qui tournent autour de la guerre de Troie font allusion à Pâris ou le mettent en scène. Mais ce sont surtout les amours d'Hélène et de Pâris qui, à travers le temps, ont inspiré les poètes et les peintres.

Patrocle

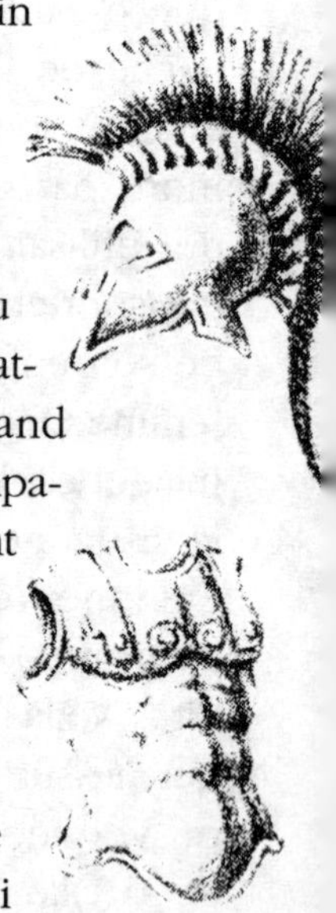

Dans son enfance, ce lointain cousin d'Achille* avait tué accidentellement un compagnon de jeux. Il dut alors quitter sa ville natale et fut recueilli par le père d'Achille, Pélée*. Un peu plus âgé qu'Achille, Patrocle s'attacha au jeune garçon, et quand il grandit, ils devinrent des compagnons inséparables. Ils partirent ensemble à Troie et combattirent côte à côte jusqu'au moment où Achille se fâcha avec Agamemnon* et refusa de continuer à se battre. C'est la mort de Patrocle, tué par Hector*, qui

Patrocle

décida Achille à se lancer de nouveau dans la bataille. L'amitié d'Achille et de Patrocle, citée en exemple par Homère dans l'*Iliade,* fut un modèle pour toute l'Antiquité.

Pélée

Fils du roi d'Égine Éaque, Pélée, qui épousa la déesse marine Thétis*, est le père d'Achille*. Mais avant son mariage avec Thétis, il connut bien des aventures. Avec son frère Télamon, il tua son demi-frère, dont ils étaient tous deux jaloux, car il était un athlète très habile. Furieux contre ses fils, Éaque les exila et Pélée se réfugia à Phthie, où le roi le maria à sa fille Antigone. Peu de temps après son mariage, Pélée participa à l'expédition des Argonautes*. À son retour, il tua accidentellement son beau-père lors d'une partie de chasse. Cette fois-là, Pélée n'avait pas fait exprès, mais il fut de nouveau contraint à l'exil. Il se rendit alors à Iolcos, ville voisine où il fut accueilli par le roi Acaste, qui avait été son compagnon sur la nef *Argo*.

Or, la femme d'Acaste s'éprend de lui, mais comme Pélée ne répond pas à son amour, elle se venge. Elle envoie un message à Antigone, par lequel elle lui fait croire que Pélée va la répudier. Antigone, désespérée, se pend. Mais cela ne suffit pas à la reine d'Iolcos. Elle raconte à son mari que Pélée a tenté de la séduire, et Acaste, jaloux, tente de se débarrasser de son prétendu rival, en l'abandonnant aux bêtes féroces lors d'une chasse dans le mont Pélion. Grâce au Centaure Chiron*, qui éloigne de lui les fauves, Pélée échappe à la mort. Sa vengeance sera terrible : lorsque Jason* voulut reprendre le trône d'Iolcos, il participa à l'opération militaire et, après la prise de la ville, massacra lui-même Acaste et son épouse. C'est alors que Pélée, devenu roi de Phthie, fut choisi par les dieux pour épouser Thétis. Il eut bien du mal à conquérir sa future femme, mais de ce mariage, qui donna lieu à un banquet magnifique, naquit le grand héros grec de la guerre de Troie, Achille*.

Persée

La naissance de ce vaillant héros, fils de Zeus* et de Danaé, se déroula de bien étrange façon : Danaé était fille unique du roi d'Argos, Acrisios. Celui-ci s'inquiétait fort de ne pas avoir de descendant mâle qui pourrait lui succéder sur le trône. L'oracle, consulté, fit savoir au roi qu'il aurait un petit-fils, mais que celui-ci le tuerait dès qu'il serait parvenu à l'âge adulte. Pour Acrisios, une seule solution : empêcher sa fille d'avoir un enfant. Il prit des mesures radicales et fit construire une sorte de cave aux murs et au plafond de bronze où il fit enfermer la malheureuse Danaé. En compagnie de sa seule nourrice, la jeune fille vivait là, coupée de tout contact avec le monde.

Or, Zeus, le maître des dieux, trouvait Danaé fort belle et, comme toujours quand une mortelle lui plaisait, résolut de lui faire un enfant. Une nuit, dans son sommeil, la jeune fille sentit tomber sur elle une pluie douce et caressante. Ouvrant les yeux, elle vit que toute la pièce était illuminée : c'était une pluie d'or qui, par la minuscule fenêtre du plafond, descendait dans la pièce. Voilà le stratagème que Zeus avait inventé pour rencontrer Danaé ! De ces curieuses noces avec la pluie d'or devait naître Persée*. Dès qu'Acrisios apprit la naissance de l'enfant, il ne voulut rien savoir de son origine divine et l'enferma avec sa mère dans un coffre qui fut jeté à la mer. Mais, loin de sombrer, le coffre fut porté par les flots sur les rivages de l'île de Sériphos. Les occupants, encore vivants, furent menés au roi Polydectès, qui tomba amoureux de Danaé et recueillit la mère et l'enfant.

La jeune femme se refusait aux avances du roi et comptait sur son fils, qui grandissait, pour la protéger. Quand Persée devint un jeune homme plein de forces, Polydectès imagina de le charger d'une mission impossible, dont il espérait bien qu'il ne reviendrait jamais : il s'agissait de lui rapporter la tête d'une Gorgone.

Qui étaient les Gorgones ? Trois monstres abominables. Dans les temps anciens, elles étaient trois belles jeunes filles, mais elles s'étaient vantées de surpasser Athéna* en beauté et, pour les punir, la déesse les avait transformées en horribles créatures ailées, aux mains de bronze, aux dents de sanglier,

et coiffées de serpents. Par leur aspect, elles terrorisaient les mortels et les dieux et avaient en outre le pouvoir de transformer en statue de pierre quiconque les regardait en face. Des trois Gorgones, une seule était mortelle : Méduse. C'était donc la tête de Méduse que Polydectès demandait à Persée.

Tuer une Gorgone n'est pas tâche facile. Mais, on s'en doute, Zeus veille sur son fils et envoie auprès de lui Athéna et Hermès*. Chaussé des sandales ailées du dieu messager, Persée se lance alors dans un voyage qui commence comme un cauchemar. Pour savoir où habitent les Gorgones, Persée, sur les conseils d'Athéna, se rend d'abord chez leurs sœurs, les Grées. Le spectacle est affreux ! Les trois Grées (dont le nom en grec signifie les « Vieilles ») sont de véritables sorcières aux cheveux blancs. À elles trois, elles ne possèdent qu'une seule dent et qu'un seul œil qu'elles utilisent à tour de rôle. Le jeune homme leur demande où vivent

les Gorgones et, pour les contraindre à répondre, leur subtilise leur unique œil et leur unique dent. De plus il profite de leur aveuglement momentané pour s'emparer du casque du dieu des morts Hadès*, que les Grées avaient en garde, et qui rend invisible. Afin de récupérer leurs biens, les sorcières lui indiquent le chemin à suivre : il doit aller vers l'extrême ouest, au-delà du pays des Hespérides. Persée, en partant, rend œil et dent, mais garde le casque magique !

Quand le héros arrive au seuil de la grotte où vit Méduse, le monstre est fort heureusement endormi. Athéna lui remet son miroir et son bouclier, Hermès lui donne une serpe. Afin d'éviter de regarder le monstre en face, il avance à reculons en s'aidant du miroir et, d'un coup de serpe, tranche le cou de l'effroyable Méduse. Du sang coule à flots, et du cadavre s'échappe un splendide cheval ailé : c'est Pégase, né des amours de Méduse et de Poséidon*, le seul dieu qui ait jamais aimé l'horrible créature ! Persée met la tête de Méduse dans un sac et enfourche le cheval magique. Il faut partir très vite, car les autres Gorgones ne sont pas loin !

Après cet exploit, le jeune homme rentre à Sériphos. Mais, sur le chemin du retour, il s'arrête en Éthiopie. Là, il trouve le roi et la reine en grand désespoir. En effet, pour punir la reine qui avait eu l'outrecuidance de comparer sa beauté à celle des Néréides, Poséidon, selon son habitude, avait lancé sur la région un monstre qui détruisait les récoltes et dévorait la population. Un oracle avait prédit que le monstre ne pourrait être définitivement calmé que par le sacrifice de la propre fille du roi. Aussi les souverains ont-ils été contraints de laisser attacher leur fille Andromède à un rocher où elle attend le monstre qui doit la dévorer. À l'écoute de ce récit, Persée n'hésite pas, il saute sur Pégase et se rend immédiatement sur les falaises où Andromède est retenue prisonnière. Quand il la voit, si belle et si vulnérable, il est profondément ému et tombe amoureux d'elle. Il est prêt à tout risquer pour la sauver ! Invisible sous son casque, il adresse à la jeune fille des paroles réconfortantes et, quand le monstre arrive, il brandit son épée et le tue. Puis, retirant son casque, il apparaît à Andromède... qui lui tombe dans les bras. Et c'est sur un mariage, célébré dans l'allégresse, que s'achève le second exploit de Persée.

En compagnie de sa jeune femme, le héros rentre à Sériphos. Sa mère est folle de joie, car en l'absence de son fils, elle n'a cessé d'être en butte aux entreprises de Polydectès, convaincu que Persée était mort et qu'il pouvait abuser de sa mère. Persée court au palais, entre dans la salle des banquets où le roi festoie avec des amis. Sous le bras, il porte sa besace, il l'ouvre et en sort la tête de Méduse. Tous sont pétrifiés sur-le-champ ! Débarrassé de Polydectès, Persée offre le trône au frère du roi, qui les avait beaucoup aidés, sa mère et lui. À Hermès et à Hadès, il rend leurs biens, casque, ailes et serpe. À Athéna, il donne la tête de Méduse, dont la déesse décorera son bouclier.

Persée, las de toutes ces aventures, voudrait rentrer au pays avec sa femme et sa mère. Il repart donc vers Argos, sa ville natale dont son grand-père l'avait banni bien des années auparavant. Quand Acrisios apprend que Danaé et son fils sont sur le chemin du retour, il s'enfuit, car il se souvient de l'oracle qui lui avait prédit qu'il mourrait de la main de son petit-fils. Il arrive à Larissa où sont donnés des jeux funéraires, grandes fêtes sportives et religieuses en l'honneur du roi qui vient de mourir. Or Persée est convié à ces fêtes, il doit même participer à une compétition de lancer de disque. Acrisios est parmi les spectateurs, Persée prend son élan, jette son disque. Mais il a mal visé, son projectile tombe dans la foule et atteint son grand-père qui est tué sur le coup. Jamais Persée n'a souhaité se venger, il est même désespéré quand il apprend qui est la victime. Cependant l'oracle s'est accompli, non par la volonté humaine mais par le jeu inexorable du destin. Le héros ne voulut pas prendre place sur le trône de celui qu'il avait tué, et avec un cousin, échangea le royaume d'Argos contre celui de Tirynthe.

Roi de Tirynthe, Persée fonda la ville voisine, Mycènes, et eut avec Andromède de nombreux enfants, dont les noms se retrouvent mêlés à d'autres cycles légendaires de l'Argolide. Une de ses petites-filles, notamment, est Alcmène, la mère d'Héraclès*. Héros courageux et qui agit toujours en accord avec les dieux, Persée fut, ainsi qu'Andromède, transformé en constellation après sa mort. Leur légende, et notamment l'épisode de la délivrance d'Andromède, inspira des peintres comme Rembrandt ou Rubens, et fournit à Corneille le sujet d'une tragédie, *Andromède*.

Perséphone

Fille de Déméter*, déesse des moissons, et de Zeus*, la jolie déesse Corè prit le nom de Perséphone quand, enlevée par son oncle Hadès*, elle devint reine des Enfers, le royaume de son sombre époux.

Elle jouait avec les Nymphes*, dans les prairies autour de la ville d'Enna, en Sicile, quand Hadès qui était amoureux d'elle l'enleva et l'entraîna dans son royaume souterrain. Déméter, qui adorait sa fille, la chercha partout, avec un courage et une opiniâtreté extraordinaires. Quand par une confidence du dieu Soleil, Hélios, qui voit tout, elle apprit enfin où était Corè, elle décida de faire la grève de ses fonctions divines tant qu'on ne lui aurait pas rendu sa fille : plus de moissons, plus de cultures, les hommes mouraient de faim, et l'équilibre de la nature était bouleversé. Ce que ne pouvait admettre Zeus, qui finit par convaincre son frère de rendre Corè à sa mère. Que pensait Corè ? Le royaume des morts était bien sombre, et puis, cet oncle qui voulait faire d'elle sa femme lui faisait un peu peur : fille du dieu du ciel et d'une déesse de la terre, elle regrettait ses vertes prairies ensoleillées et avait très envie de revoir sa mère. Aussi quand Hermès*, le dieu messager, vint la chercher, était-elle impatiente de quitter le monde souterrain. Mais cela se révéla impossible. Malgré toutes ses émotions, Corè n'avait pas perdu l'appétit. Elle avait pris un repas dans le royaume des morts et surtout elle avait croqué un grain de grenade, symbole du mariage. Elle devait donc se considérer comme l'épouse d'Hadès et rester auprès de lui !

Comme Déméter menaçait d'affamer la terre entière, on trouva un compromis : Corè, devenue Perséphone, reine des Enfers, restera six mois sous la terre et reviendra passer les six autres mois avec sa mère. Les retours de Perséphone, au printemps, donnent le signal de la renaissance de la nature et des travaux des champs.

Ses départs, à l'automne, indiquent que la terre s'endort et qu'arrive l'hiver stérile. Car, durant l'absence de sa fille, Déméter refuse d'accomplir son œuvre de déesse des cultures et des moissons.

La vie de reine des Enfers n'est pas très drôle, d'autant que Perséphone n'a pas d'enfant. Aussi, quand Aphrodite* lui propose d'élever le jeune Adonis qu'elle a recueilli, Perséphone accepte volontiers. Mais voici qu'en grandissant Adonis devient un très beau jeune homme, dont elle tombe passionnément amoureuse. Elle ne veut plus le laisser partir. Or, Aphrodite, de son côté, est elle aussi très amoureuse du jeune homme. Là encore, il faudra trouver un compromis : chaque année, Adonis partagera son temps entre le royaume des morts avec Perséphone et la terre des vivants avec Aphrodite. La légende de Déméter et Perséphone, comme celle d'Adonis ou celle d'Attis et Cybèle*, sont des mythes nés de l'émerveillement ressenti par les Anciens, à chaque printemps,

devant la résurrection de toute la nature. Partout le culte de ces divinités donnait lieu chaque année à de grandes fêtes où l'on célébrait le renouveau de la végétation, la fécondité de la terre et le travail de l'agriculture. Au temple d'Éleusis, proche d'Athènes, Perséphone était associée à sa mère lors de cérémonies réservées aux seuls initiés : les mystères d'Éleusis. Les Romains l'assimilèrent à une ancienne déesse étrusque, Proserpine, qu'ils vénéraient à côté du dieu des morts.

Phaéton

Jusqu'à l'adolescence, Phaéton ignorait qui était son père. C'était un garçon très beau, et très orgueilleux. Aussi, quand sa mère lui révèle que son père est le dieu Soleil, Hélios en personne, Phaéton ne se sent plus de joie. Cette naissance divine flatte sa vanité naturelle. Il se vante auprès de tous de ces illustres origines, à tel point qu'il en exaspère certains. Notamment Épaphos, le fils d'Io* et de Zeus*, qui lui lance un défi : « Si ton père est le Soleil, prouve-le donc ! » Vexé, Phaéton se précipite chez

Hélios et le supplie de lui laisser conduire son char, afin de montrer à tous qu'il est un digne fils de son père. Hélios hésite : c'est difficile, c'est dangereux, il faudrait apprendre... Mais Phaéton ne veut rien entendre, il insiste, et le Soleil se laisse fléchir. Il fait mille recommandations à son fils, lui indique la route à suivre d'est en ouest à travers le ciel, et le met en garde contre tous les dangers : un char de feu, ce n'est pas n'importe quel char ! Phaéton, plein d'orgueil, monte sur le char, et l'attelage s'ébranle. Mais à peine a-t-il quitté la Terre que le jeune homme perd la maîtrise des chevaux, qui s'emballent. Phaéton lâche la bride, il ne sait plus où il est, il confond les signes du zodiaque qui balisent le chemin : faut-il passer entre le Lion et la Balance, entre les Gémeaux et le Scorpion ? Les chevaux, par ruades successives, descendent au ras des montagnes, menaçant d'embraser la Terre, puis remontent si haut

Phaéton

dans l'espace que les astres sont remplis de terreur. Le cosmos tout entier est sens dessus dessous, et Zeus, sentant venir la catastrophe, est contraint de foudroyer le jeune homme pour rétablir l'ordre. Phaéton tombe dans le fleuve Pô, en Italie, et s'y noie. Ses sœurs, inconsolables, viennent pleurer sur les rives. Ému par leur douleur, Zeus les transforma en peupliers et fit de leurs larmes des grains d'ambre. La tragédie de Phaéton inspira de nombreux peintres et le musicien Lully en fit un opéra.

Phèdre

Fille du roi de Crète Minos* et de son épouse Pasiphaé, Phèdre est sœur d'Ariane*. Ariane avait aidé Thésée*, qu'elle aimait, à vaincre le Minotaure*, mais le jeune homme l'avait abandonnée. Devenu roi d'Athènes, c'est Phèdre qu'il épousa. Elle lui donna deux fils, Acamas et Démophon. Mais Thésée aimait beaucoup les femmes. Il avait déjà eu un fils, Hippolyte, d'Antiopé, une Amazone qu'il avait enlevée. Il enleva aussi Hélène* de Sparte et tenta, avec son ami Pirithoos, d'enlever Perséphone*, la femme du dieu des Enfers, Hadès*. Celui-ci, furieux, retint prisonniers les deux complices.

Durant l'absence de son époux, Phèdre tomba amoureuse d'Hippolyte. Elle lui avoua sa passion, mais le jeune homme la rejeta. Au retour de Thésée, elle voulut se venger d'Hippolyte et raconta à son mari que son fils avait cherché à la séduire. Malgré ses infidélités, Thésée était très jaloux et punit Hippolyte, en demandant à Poséidon* de provoquer un accident de char où le jeune homme trouva la mort. De désespoir, Phèdre se pendit. Le destin de Phèdre et sa passion malheureuse inspirèrent deux grands auteurs de tragédies : Euripide au IVe siècle avant Jésus-Christ et Racine au XVIIe siècle.

Philoctète

Prince de Thessalie, il se trouvait sur le mont Œta quand Héraclès*, ne pouvant supporter la douleur infligée par la tunique de Nessos, décida de mettre fin à ses jours. Philoctète, à la demande du héros, mit le feu au bûcher sur lequel il voulait mourir. En échange, Héraclès lui fit don de ses armes, à condition qu'il ne révélât à personne le lieu de sa mort. Or les gens lui posaient tellement de questions qu'il finit par céder. Sans répondre par des mots, il emmena les curieux sur le mont Œta et tapa du pied sur le sol à l'endroit où le héros s'était tué. Avoir rompu sa promesse allait lui coûter cher.

Philoctète, qui avait été prétendant d'Hélène*, s'embarqua avec les Grecs pour faire le siège de Troie. Lors d'une escale, il fut mordu par un serpent et sa blessure s'infecta tellement qu'elle dégageait une odeur insupportable. Ses compagnons de route l'abandonnèrent sur l'île de Lemnos, où il survécut grâce aux armes d'Héraclès qui lui permettaient de tuer du gibier.

Dix ans plus tard, alors que la ville de Troie n'était toujours pas prise, un oracle fit savoir aux chefs grecs qu'une des conditions de la victoire était la présence de Philoctète avec ses armes extraordinaires. Ulysse* retourna à Lemnos et tenta tout d'abord de tromper le malheureux pour s'emparer de ses armes, sans avoir à l'amener à Troie, car sa blessure n'était pas guérie. Philoctète détestait Ulysse, qui était à l'origine de son abandon, et, déjouant sa ruse, refusa tout net de donner ses armes et même de repartir avec lui. Ulysse retournait déjà au navire, les mains vides, quand le fantôme d'Héraclès apparut et, réconciliant les deux héros, donna l'ordre à Philoctète de partir pour Troie, où il lui assura qu'il serait guéri. Le calvaire du blessé prenait fin, Héraclès lui pardonnait enfin d'avoir dévoilé le secret de sa mort. Il fut soigné dans le camp grec et put combattre vaillamment. C'est lui qui blessa mortellement Pâris*. Après la chute de Troie, il fut l'un des rares Grecs à retourner sans encombre dans sa patrie. L'épisode de la légende où Ulysse tente de tromper Philoctète pour s'emparer des armes d'Héraclès est le sujet d'une tragédie du poète Sophocle, *Philoctète*.

Poséidon

Maître des mers, détenteur de la pluie et de la sécheresse, déclenchant, avec son redoutable trident, les tremblements de terre

Poséidon

et les raz de marée, Poséidon, le frère aîné de Zeus*, est un dieu puissant et craint des mortels. Avalé par son père Cronos, comme son frère Hadès* et ses sœurs Hestia*, Déméter* et Héra*, il fut libéré avec eux grâce au plus jeune frère, Zeus, qui allait devenir le dieu souverain. Après leur victoire contre les Titans*, les fils de Cronos se partagèrent l'univers : Zeus eut l'empire du ciel, Hadès le monde souterrain et Poséidon le royaume des mers, des fleuves et des sources.

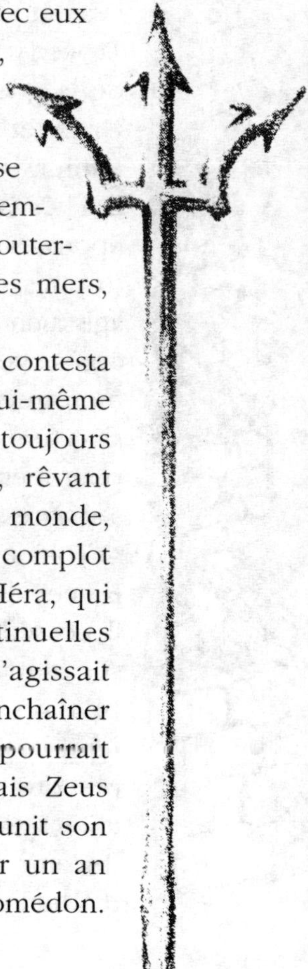

Aucun dieu, aucun mortel ne contesta son pouvoir à Poséidon, mais lui-même était fort ambitieux et désirait toujours étendre son empire. Un jour, rêvant peut-être de devenir maître du monde, il participa avec Apollon* à un complot fomenté par l'épouse de Zeus, Héra, qui reprochait à son mari ses continuelles aventures amoureuses : il s'agissait de s'emparer de Zeus et de l'enchaîner sur une montagne d'où il ne pourrait plus exercer aucun pouvoir. Mais Zeus eut vent de la conspiration et punit son frère et son fils dont il fit pour un an les esclaves du roi de Troie Laomédon.

Le roi leur fit construire les murs de sa nouvelle ville, mais, à la fin du travail, refusa de payer le salaire convenu. Poséidon démolit les murailles qu'ils avaient élevées, et conserva à l'égard des Troyens une rancune tenace : au cours de la guerre de Troie*, il fut du côté des Grecs et les aida à prendre la ville. Rancunier, Poséidon l'était terriblement : il n'hésitait pas à faire surgir des monstres épouvantables ou à provoquer des catastrophes pour se venger des mortels qui agissaient contre sa volonté : ainsi Ulysse*, après avoir tué le Cyclope Polyphème, fils monstrueux du dieu de la mer, dut subir sa colère. De même Idoménée* dut s'exiler pour mettre fin à la peste que Poséidon fit s'abattre sur son pays.

Toujours avide de puissance, le dieu de la mer désirait régner sur la terre ferme : il possédait une île fabuleuse, l'Atlantide, sur laquelle régnait un de ses fils. Mais cela ne lui suffisait pas et à plusieurs reprises il affronta les autres dieux pour prendre sous sa protection tel ou tel territoire : ainsi, il rivalisa avec Athéna* pour devenir dieu de l'Attique, la région d'Athènes. Il frappa le sol avec son trident

Poséidon

et en fit jaillir une source d'eau salée, symbole de la mer. Selon d'autres récits, ce fut un cheval, animal favori du dieu, qui surgit de la terre. Quoi qu'il en soit, les habitants préférèrent le cadeau d'Athéna, un olivier, et Poséidon leur en voulut toujours de ce choix. Avec Héra, il se querella au sujet de l'Argolide. La population ayant pris le parti de la déesse, le dieu aquatique assécha les sources et priva le pays d'eau. Puis il disputa à Zeus l'île d'Égine et à Dionysos* l'île de Naxos, et finit par obtenir l'isthme de Corinthe, qu'il dut partager avec Hélios, le Soleil.

Autre moyen de prouver sa puissance, Poséidon tentera d'égaler son frère Zeus dans le domaine des conquêtes amoureuses. Il eut de nombreuses aventures, avec des déesses comme avec des mortelles. Mais de ces amours naquirent plus souvent des monstres comme l'horrible Polyphème que de valeureux héros ! Avec Gaia*, il engendra le Géant Antée, avec Déméter*, qui, voulant lui

échapper, s'était transformée en jument, il conçut un cheval doué de parole, avec la gorgone Méduse, ce fut encore un cheval, le célèbre Pégase et avec une princesse de Thrace, il donna naissance au non moins célèbre bélier à la Toison d'or. Le seul véritable héros dont il serait peut-être le père – mais personne n'en est sûr, pas même lui ! –, c'est Thésée*.

Arriva un jour où ce redoutable séducteur désira se marier : il jeta son dévolu sur l'une des Néréides, les très belles filles du vieux dieu marin Nérée*. La jeune Amphitrite – c'était son nom – avait comme ses sœurs un corps qui se terminait en queue de poisson. Très habile à la nage, elle s'enfuit à toute vitesse quand le dieu, qui l'avait vue danser sur les vagues le long des côtes de Naxos, s'approcha d'elle. Poséidon envoya un dauphin à sa recherche et, pour remercier l'animal qui lui ramena l'élue de son cœur, il l'immortalisa sous forme de constellation.

Avec Amphitrite, enfin conquise, le dieu de la mer vit dans un superbe palais d'or, situé dans les profondeurs de la mer Égée. Mais souvent le couple divin voyage à travers les mers dans un char attelé de chevaux dont les sabots d'airain ne font qu'effleurer les vagues. Les sœurs d'Amphitrite, les belles Néréides, forment leur cortège, jouant dans les flots en compagnie de monstres marins joyeux et bienveillants, les Tritons à queue de poisson qui soufflent dans des conques marines ! Poséidon et Amphitrite auront de nombreux enfants, dont Triton, dieu du lac Tritonis en Libye, et Rhodos, la déesse de l'île de Rhodes.

La Grèce est un pays aux îles nombreuses où la terre se mêle à la mer. C'est aussi un pays brûlé par le soleil, où les pluies qui fécondent le sol sont attendues avec ferveur. Poséidon, dieu des eaux marines et fluviales, dieu des sources et des pluies, est donc un dieu puissant, que l'on craint mais dont il convient de s'attirer les faveurs. On l'honorait partout dans le monde grec et on lui sacrifiait des taureaux et des chevaux, animaux puissants et impétueux, en accord avec un dieu aux colères violentes et dangereuses, qui,

Poséidon

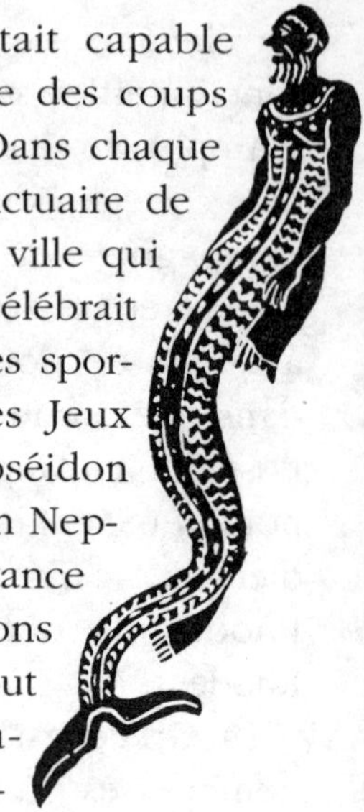

tout marin qu'il fût, était capable d'ébranler la terre ferme des coups de son terrible trident. Dans chaque port, on trouvait un sanctuaire de Poséidon et, à Corinthe, ville qui lui était consacrée, on célébrait en son honneur des fêtes sportives et religieuses : les Jeux isthmiques. À Rome, Poséidon fut assimilé au dieu marin Neptune, qui prit de l'importance quand les possessions romaines s'étendirent tout autour de la Méditerranée. Bien après l'Antiquité, on continua de représenter, dans les bassins et les fontaines, le dieu aquatique en compagnie de son épouse et de son joyeux cortège de Néréides et de Tritons.

Priam

Roi de Troie au moment de la guerre de Troie*, Priam, époux d'Hécube*, avait de nombreux enfant. Il perdit tous ses fils durant cette guerre meurtrière, et notamment

Priam

Hector*, le plus vaillant des guerriers troyens, qui fut tué par Achille*, et Pâris*, qui, en enlevant Hélène*, avait déclenché le conflit entre Grecs et Troyens. Au moment de la prise de Troie, il succomba sous les coups de Néoptolème*, alors que, malgré son grand âge, il avait repris les armes pour défendre la ville. Dans l'*Iliade,* Homère le présente comme un vieillard généreux et bienveillant, qui pardonna à Pâris et accueillit Hélène*. Très digne devant l'épreuve, il était considéré par les Grecs, ses adversaires, comme quelqu'un en qui l'on pouvait avoir confiance.

Prométhée

C'est le grand bienfaiteur de l'humanité. Fils du Titan* Japet et de la Nymphe* Climène, fille de l'Océan, il prit toujours parti pour les hommes contre les dieux. En effet, dans des temps très anciens, les dieux, semble-t-il, auraient voulu asservir complètement les hommes à leur pouvoir et leur autorité. À deux reprises, Prométhée trompa Zeus* au profit des hommes, et dut le payer cher.

La première fois, c'était au cours d'un sacrifice. L'habitude était que, lors du partage de la victime entre les mortels et la divinité, la meilleure part soit réservée au dieu. Un jour que des hommes tuaient un bœuf en l'honneur de Zeus, Prométhée, au moment du partage, glissa les os sous la graisse blanche de l'animal, puis la viande et les abats sous la peau. Zeus, en voyant les deux parts, choisit la graisse, persuadé qu'elle cachait le meilleur lot. Quelle stupeur pour le dieu quand il découvrit les os ! Sa fureur fut telle qu'il décida de punir les hommes en les privant du feu. Il n'enverrait plus sur la Terre sa foudre qui allumait les foyers des mortels, ce feu divin qui les aidait à vivre. C'est alors que Prométhée le trompa pour la seconde fois. Il déroba le feu à la forge d'Héphaïstos* – on dit aussi parfois qu'il le vola au char du Soleil – et le rendit aux hommes, en leur apprenant comment le conserver. C'en était trop. Zeus devait se venger de ces mortels insolents et de ce maudit Prométhée ! Il envoya aux hommes un cadeau empoisonné : une très belle femme, créature entièrement façonnée par Héphaïstos

Prométhée

et Athéna* à l'image d'une mortelle. Son nom était Pandore, ce qui en grec signifie « parée de tous les dons », car chacun des dieux lui avait fait cadeau d'une qualité exceptionnelle : la beauté, la grâce, l'habileté manuelle. De cette femme parfaite, le frère de Prométhée, Épiméthée, tomba immédiatement amoureux. Il l'épousa. Pourtant, Prométhée l'avait mis en garde et lui avait dit de se méfier de tout ce qui pourrait venir des dieux. La suite allait lui donner raison. La belle Pandore, en effet, était arrivée de l'Olympe avec une jarre dont l'ouverture était scellée, et que personne ne devait ouvrir sous aucun prétexte. Mais à peine avait-elle épousé Éphiméthée que Pandore ne put résister à la curiosité. Elle ouvrit la jarre qui contenait tous les maux qui allaient se répandre sur l'humanité : la faim, la soif, la guerre, la violence... Seule restait au fond de la jarre l'espérance, grâce à quoi les hommes pourraient se consoler de tous ces malheurs.

Quant à Prométhée, un châtiment exceptionnel lui fut réservé. Zeus le fit enchaîner sur un pic très élevé du Caucase. Chaque jour un aigle gigantesque venait lui dévorer le foie. Et, chaque jour, le foie repoussait.

W.

Le maître des dieux jura par le Styx (le serment le plus définitif qu'on puisse faire) qu'il ne délivrerait jamais le condamné de sa paroi rocheuse. Pour l'éternité, Prométhée devait subir son horrible supplice.

Or, Héraclès*, lors d'un de ses Douze Travaux, fut chargé d'aller chercher les pommes d'or des Hespérides. Ne sachant pas trop où aller pour les trouver, il arriva dans les monts du Caucase et découvrit le malheureux Prométhée, à qui il demanda son chemin. Prométhée, qui connaissait tant de choses, lui indiqua la route à suivre. Pour le remercier, Héraclès, grâce à sa force légendaire, délivra le prisonnier en arrachant ses chaînes. Puis d'une flèche habile, il abattit l'aigle. Contrairement à ce qu'on pouvait attendre, Zeus fut ravi de cet exploit accompli par son fils chéri, car cela ajoutait à sa gloire ! Parce qu'il avait juré « par le Styx », le maître des dieux obligea cependant Prométhée à porter en bague une pierre du Caucase sertie dans l'acier de ses chaînes, afin que, symboliquement, il soit toujours lié à son rocher. Preuve qu'on peut toujours s'arranger avec un serment, même « par le Styx » ! Prométhée sera reconnaissant au souverain de l'Olympe et lui prodiguera de bons conseils. Particulièrement, il le dissuadera d'épouser Thétis*, en lui révélant qu'elle aurait un fils plus puissant que son père : c'est ainsi que Zeus maria Thétis à Pélée* et qu'elle engendra Achille* !

Prométhée aussi songeait à se marier. Il choisit pour épouse une Nymphe, fille de son frère Atlas, et eut d'elle plusieurs enfants, dont Deucalion, héros qui allait, comme son père, rendre un grand service au genre humain. Deucalion épousa sa cousine Pyrrha, la fille d'Épiméthée et de Pandore. Or, peu de temps après, Zeus, décidément mécontent de la race humaine, résolut tout simplement de la faire disparaître dans un gigantesque déluge qui noierait tous les hommes. Mais les dieux ne peuvent se passer des hommes ! Qui donc pourrait leur rendre ces honneurs dont les dieux sont si friands, qui donc pourrait leur offrir des sacrifices, sinon les pauvres mortels ? Après le grand cataclysme, il fallait que la race humaine pût se reconstituer. Zeus chercha donc, parmi les mortels, quel homme et quelle femme sages et justes pourraient donner naissance à de nouveaux mortels. Il choisit Deucalion et Pyrrha, qui construisirent

Prométhée

une arche sur les conseils de Prométhée, et échappèrent ainsi au déluge. Neuf jours et neuf nuits, la pluie ne cessa de tomber, la terre se couvrit d'eau, tous les humains périrent noyés, excepté Deucalion et Pyrrha, bien à l'abri dans leur arche. Ils abordèrent un sommet des montagnes de Thessalie et, quand les eaux se furent retirées de la terre, Zeus leur donna un ordre bien étrange : qu'ils jettent par-dessus leurs épaules les os de leur mère. Deucalion réfléchit et, astucieux comme son père, il comprit vite de quoi il s'agissait : les « os de leur mère », c'étaient des pierres, c'est-à-dire les « os » de la Terre (Gaia*), que les Grecs considéraient comme la mère des mortels et des dieux. Les deux époux firent alors ce qui leur était demandé, et des pierres jetées par Deucalion naquirent des hommes, de celles jetées par Pyrrha, des femmes. Une nouvelle humanité allait peupler la Terre !

Bien que fils de Titan, Prométhée lui-même n'était pas immortel : intermédiaire entre les humains et les dieux, il devait un jour mourir. Or le Centaure* Chiron qui, lui, bénéficiait de l'immortalité, fut grièvement blessé par une flèche. Il souffrait

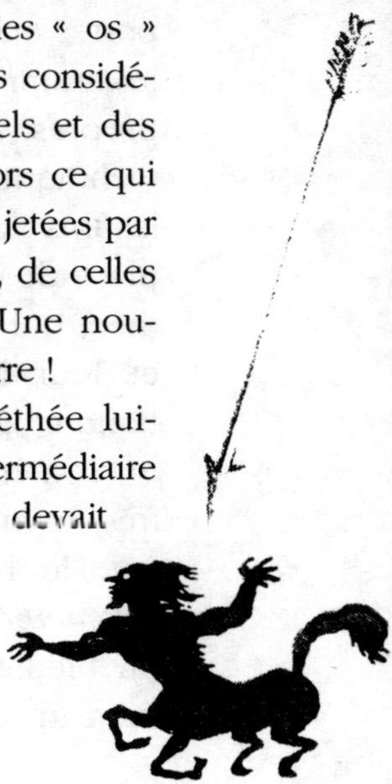

tant de sa blessure, qui était inguérissable, qu'il désirait mourir. Il proposa donc son immortalité à tout mortel qui en serait digne. Prométhée accepta l'échange. Chiron mourut et le père de Deucalion devint immortel.

La légende de Prométhée, qui aida les hommes contre les dieux, illustre les nouveaux rapports que les Grecs établirent entre les humains et les divinités : certes les dieux sont bien supérieurs aux hommes par leur puissance et leur immortalité, mais ils ne doivent pas se comporter en tyrans autoritaires ni empêcher les hommes de manifester leurs qualités propres, leur intelligence et leur habileté technique. Dieux et hommes ont besoin les uns des autres. Mieux vaut respecter la place de chacun et se réconcilier ! Prométhée, qui avait donné le feu aux hommes et leur avait appris à s'en servir, fut honoré par eux comme patron des artisans.

Prométhée, personnage mythologique très populaire, est, au ve siècle avant notre ère, le héros de la tragédie d'Eschyle *Prométhée enchaîné*. Mais la légende du bienfaiteur de l'humanité a continué, bien après l'Antiquité, à inspirer artistes

Prométhée

et écrivains : les poètes anglais Byron et Shelley, au XIXe siècle, ont écrit des *Prométhée,* le romancier français. André Gide, en 1899, s'est amusé à écrire une parodie, *Prométhée mal enchaîné,* et le musicien Gabriel Fauré a composé un opéra sur le même sujet (1900).

Psyché

Une jolie histoire que celle de cette princesse ! On dirait un conte de fées... Psyché, fille de roi, avait deux sœurs. Les trois jeunes filles étaient ravissantes, mais Psyché était la plus belle. D'une beauté si rare chez les mortelles qu'on la comparait à Aphrodite*, la déesse de l'amour. Curieusement, ses deux sœurs trouvèrent des maris, tandis qu'elle restait fille. Il faut dire que les jeunes gens, tout prêts à l'admirer, ne se décidaient pas à l'épouser, car ils avaient peur de sa beauté plus qu'humaine. Était-ce une vengeance d'Aphrodite ? Peut-être. Quand elle était jalouse, la déesse pouvait être redoutable. Les parents de Psyché, désespérés, interrogèrent l'oracle : comment trouver un mari à leur fille ? La réponse fut terrible : il fallait parer la jeune fille comme pour ses noces, et l'abandonner sur un rocher solitaire, où un monstre horrible viendrait s'emparer d'elle. Pauvre Psyché, c'était donc là l'époux que lui réservait le destin ? Bien à contrecœur, mais convaincus qu'il fallait obéir aux indications des dieux, les parents agirent comme l'oracle l'avait demandé.

Voilà la charmante Psyché, seule sur son rocher, qui se désole dans sa splendide robe de mariée. Quel aspect aura donc ce monstre épouvantable ? Or, elle se sent soudain soulevée de terre par un vent doux et parfumé, qui, à travers les airs, l'emmène dans un superbe palais, tout d'or et de marbre, entouré d'un jardin aux arbres magnifiques et aux pelouses tendres. Là, épuisée par l'émotion, Psyché s'endort, bercée par le chant des oiseaux et le murmure des fontaines. À son réveil, il n'y a personne, mais devant elle, les portes s'ouvrent d'elles-mêmes, et des voix inconnues, douces et accueillantes, l'invitent à visiter sa nouvelle demeure.

Étrangement, Psyché n'a plus peur. Elle parcourt le palais, accompagnée de ces voix sans corps qui la guident et lui révèlent qu'elles sont à son service. Pour la jeune fille, cette journée est un enchantement. Mais le soir, quand elle se couche, elle sent à son côté une présence. « N'aie pas peur, je suis ton mari », dit, dans l'obscurité, une voix très tendre et très agréable, qui ajoute : « Je veux que tu sois heureuse avec moi, mais il ne faudra pas que tu cherches à me voir, sous peine de me perdre pour toujours... » Charmée par la voix de son époux mystérieux, Psyché accepte des rencontres nocturnes et promet de ne pas rompre cet étrange contrat. D'autant que le fameux « monstre », d'après ce qu'elle en perçoit, n'a pas l'air si affreux que cela !

Quelque temps plus tard, Psyché attend un enfant. Elle est très heureuse, mais se sent un peu seule, dans cet immense palais habité de voix désincarnées et d'un époux invisible. Aussi, une nuit, demande-t-elle à son mari la permission de rendre visite à ses parents. Elle s'inquiète pour eux. Peut-être la croient-ils morte ? Et puis elle voudrait leur annoncer la bonne nouvelle

Psyché

d'une prochaine naissance dans la famille ! Après maintes prières, le mystérieux compagnon de ses nuits l'autorise à partir, mais à une condition : qu'elle ne réponde pas aux questions qu'on lui poserait à son sujet. L'arrivée de Psyché, portée par le vent, est une fête pour la famille. Les sœurs, mariées au loin, viennent en visite et semblent ravies de voir la jeune femme si heureuse. Mais en fait, quand Psyché montre les cadeaux splendides qu'elle a apportés, quand elle parle du palais magique et du bonheur qui est le sien, elles sont saisies d'une violente jalousie. N'est-ce pas là encore l'œuvre d'Aphrodite ? Toujours est-il, qu'à coups de questions perfides, elles réussissent à faire avouer à Psyché qu'elle n'a jamais vu son époux. Alors, elles s'en donnent à cœur joie, lui racontent qu'il doit s'agir d'un être de cauchemar, d'un serpent monstrueux qui va les dévorer, elle et son enfant. À tel point que Psyché sent le doute l'envahir. Elle qui avait une telle confiance dans l'inconnu dont elle partageait la demeure, la voilà qui veut savoir. À son retour au palais, elle se lève au milieu de la nuit, allume une lampe à huile, l'approche de son époux endormi, et découvre... le plus beau jeune homme qu'on puisse imaginer : le monstre abominable, c'est en réalité Éros, l'Amour, le fils d'Aphrodite ! Bouleversée par sa découverte, Psyché frissonne, sa main tremble... et une goutte d'huile brûlante tombe sur l'épaule du dormeur qui s'éveille. Un regard, un geste à peine, et il disparaît pour ne plus revenir. Ne l'avait-il pas avertie ?

Psyché, folle d'amour et de douleur, se met en quête d'Éros à travers la Terre entière. C'est Aphrodite, jalouse de sa beauté, qui a tout manigancé : elle n'a pas accepté que son fils ait pu tomber amoureux d'une mortelle. Et les dieux, parce qu'ils se sentent solidaires de la déesse, refusent d'aider la malheureuse jeune femme dans ses recherches éperdues. Son errance la conduit au palais d'Aphrodite où la cruelle déesse l'enferme. Elle lui fait subir mille tourments et la contraint entre autres à accomplir des tâches dignes des Travaux d'Héraclès*. En une journée, elle doit trier des monceaux de graines, qui montent jusqu'au plafond de la grange. Elle affronte ensuite les moutons « mangeurs d'hommes », dont Aphrodite veut la laine.

Psyché

Enfin, elle descend aux Enfers*, d'où, au prix de mille périls, elle rapporte un flacon d'eau de jouvence appartenant à Perséphone* et que lui a réclamé la terrible déesse de l'amour. Dans chacun de ses travaux forcés, elle est aidée, non par les dieux, qui ne veulent pas en entendre parler, mais par d'humbles éléments de la nature : animaux, plantes, pierres, qui lui donnent de judicieux conseils pour échapper aux pièges mortels que lui tend Aphrodite. Mais en remontant du royaume des morts, Psyché ne peut résister à la curiosité : et si cette eau magique pouvait l'aider à retrouver Éros ? Elle ouvre le flacon et tombe immédiatement dans un profond sommeil, semblable à la mort. Éros, qui, le cœur en peine, assistait de loin aux souffrances de sa bien-aimée, n'y tient plus. Il grimpe sur l'Olympe et va voir Zeus* : il lui demande pardon d'avoir désobéi à sa mère en aimant une mortelle, et réussit à l'amadouer : Psyché n'a-t-elle pas suffisamment souffert ? Puis, habilement, il le supplie d'accorder l'immortalité à Psyché. Ne pourra-t-il pas alors l'épouser selon l'ordre divin ? Zeus se laisse émouvoir, il pardonne et promet d'accueillir

Psyché

Psyché dans l'Olympe. Éros descend chercher Psyché, l'éveille d'un baiser de son sommeil mortel, et l'emmène chez les dieux où, en présence de Zeus, Aphrodite oublie sa colère et accepte le mariage de son fils. Tout est bien qui finit bien. Les aventures de Psyché et d'Éros, c'est un peu la Belle et la Bête, Cendrillon et la Belle au bois dormant. Mais, pour les Anciens, et particulièrement pour l'écrivain latin Apulée qui, au IIe siècle de notre ère, raconte cette légende dans son roman *L'Âne d'or ou Les Métamorphoses,* ce récit avait une signification très profonde. Le mot *psychè,* en grec, veut dire « âme », et le mot *éros* veut dire « amour ». La légende symbolise l'alliance difficile de l'âme humaine et de l'amour, seule véritable condition du bonheur. Bonheur dont certains ont peur (d'où l'image du « monstre cruel »), qui peut troubler l'ordre du monde (d'où le refus des dieux), et qui ne peut s'obtenir qu'à travers des épreuves (d'où les souffrances de Psyché).

La légende de Psyché est le sujet d'une tragédie-ballet de Molière, Corneille, Quinault et Lully. Elle inspira entre autres le peintre David et le sculpteur Rodin.

Romulus

À Albe, ville d'Italie, vivait une belle princesse, Rhéa Silvia, fille du roi Numitor. Elle était vestale, c'est-à-dire prêtresse de la déesse Vesta (nom latin de Hestia*). Comme la déesse qu'elle servait, elle se devait de rester chaste : interdiction était faite aux vestales de se marier et d'avoir des enfants. Bien des malheurs attendaient la jeune fille. D'abord son père fut détrôné par son propre frère Amulius. Ensuite, un jour qu'elle allait à la source du bois sacré chercher de l'eau pour un sacrifice en l'honneur de la déesse, un beau jeune homme réussit à la séduire. Elle tenta bien de résister, mais en vain ! Il faut dire que ce jeune homme était en réalité un dieu, et pas n'importe lequel : c'était Mars (nom latin d'Arès*), le dieu de la guerre. Les conséquences de cette rencontre ne se firent pas attendre : Rhéa Silvia allait être mère. Son oncle, furieux, la jeta en prison. Dans sa cellule, elle donna naissance à des jumeaux : Romulus et Rémus. L'oncle ordonna aussitôt que les enfants soient abandonnés dans la campagne pour être dévorés par les bêtes sauvages. Or, voici

Romulus

qu'une louve, bête sauvage entre toutes, survient. Bien loin de dévorer les jumeaux, la louve, vraisemblablement envoyée par le dieu Mars dont c'était l'animal favori, les recueille et les nourrit.

Devenus grands et forts, les deux frères délivrèrent leur mère, tuèrent Amulius et rendirent le pouvoir à leur grand-père Numitor. Puis ils décidèrent de fonder une nouvelle ville. Malheureusement, une violente querelle éclata entre eux et Romulus tua Rémus. Resté seul, le héros fonda une ville à laquelle il donna son nom : Rome, et dont il fut le premier roi. C'est ainsi que les Romains racontaient la naissance de leur cité, qui allait être à l'origine d'un puissant empire et dont le symbole restera la louve nourricière.

Satyres

Génies des bois et des forêts, des montagnes et des vallées, les Satyres sont, comme les Nymphes* et les Silènes*, des divinités secondaires qui hantent la nature, dont ils incarnent la puissance joyeuse et débridée. Le corps velu, des pieds de bouc, le nez camus et les oreilles en pointe, ils sont d'apparence à demi humaine, à demi animale. Compagnons de Dionysos*, ils font partie du cortège bruyant et festif qui entoure le dieu quand la nature renaît au printemps, ou quand elle donne ses derniers fruits, lors des vendanges en automne. Danses, beuveries et poursuites des Nymphes sont leurs activités habituelles. Certains Satyres, comme Marsyas, sont des musiciens.

Lors des grandes représentations théâtrales en Grèce antique, qui étaient à l'origine consacrées à Dionysos, on jouait, à la suite des trois tragédies que chaque poète devait présenter au public, un drame « satyrique », parodie comique dont le chœur était formé d'acteurs déguisés en Satyres.

Silène

On n'a jamais rien vu de si laid ! Chauve, ventru, le nez écrasé et des oreilles de cheval, Silène, grand buveur et coureur de Nymphes*, est un des plus chers compagnons du dieu Dionysos*, dont il fut le père nourricier quand le dieu fut sorti de la cuisse de Zeus*. Malgré son physique ingrat et ses mœurs légères, Silène, fils de Pan* ou d'Hermès*, était doué d'une grande sagesse. Divinité secondaire, il était initié aux secrets divins de Dionysos. Un jour qu'ayant copieusement bu, il s'était endormi dans la montagne, il fut enlevé par des serviteurs du roi de Phrygie, Midas*. Celui-ci, qui l'avait reconnu, le fit libérer, mais espérait bien lui arracher quelques secrets sur la vie et sur l'avenir. Or, quand Silène se réveilla, assailli

par les questions du roi, il lui donna une réponse bien pessimiste : « Quelle est la meilleure chose pour un mortel ? Eh bien, c'est de ne pas naître. Et s'il est né, c'est de mourir le plus vite possible ! »

De ses nombreuses aventures avec des Nymphes, Silène eut des fils, appelés les Silènes. Tout aussi laids et ivrognes que leur père, les Silènes n'ont pas hérité de ses qualités : grossiers et lâches, ils sont en réalité plus stupides que méchants, et leur préoccupation essentielle est de faire la fête avec les Satyres*, et de poursuivre les Nymphes.

Dans l'Antiquité, on comparait le philosophe Socrate, fort laid mais plein de sagesse, à Silène.

Sisyphe

Roi de Corinthe, Sisyphe était un lointain descendant de Prométhée*. Il fait partie de cette lignée d'hommes rusés et astucieux qui, dans les récits mythologiques, trouvent toujours des moyens de tromper leurs semblables et parfois les dieux. On raconte même qu'il fut le véritable père d'Ulysse*,

Sisyphe

le héros ingénieux par excellence. En effet, quand Anticlée, la future mère d'Ulysse, épousa le roi d'Ithaque, Laërte, Sisyphe fut invité à la noce. Il réussit, grâce à une ruse, à se glisser avant Laërte dans le lit des jeunes mariés.

Sisyphe, dépourvu de tout scrupule quand il s'agissait de ses intérêts, en vint à se jouer du maître des dieux, et il finit par le payer cher. Quand Zeus* enleva la Nymphe* Égine, Sisyphe, qui avait tout vu, dénonça l'auteur du rapt au père de la jeune fille. C'était là un acte d'impiété que Zeus ne pouvait accepter : il foudroya Sisyphe. Peine perdue ! Celui-ci échappa à la foudre. Zeus envoya alors Thanatos, le génie de la mort, avec mission d'entraîner le roi au fin fond des Enfers. Mais, bien loin de se laisser faire, Sisyphe réussit à emprisonner la Mort. Catastrophe ! La Mort n'opérait plus, et sur terre, on risquait bientôt de ne plus avoir de place pour les vivants. Zeus, exaspéré, força Sisyphe à libérer la Mort, qui s'empara de lui.

Mais, avant de mourir, le roi demanda secrètement à sa femme de ne pas lui rendre les honneurs funèbres. Ainsi, en arrivant chez Hadès*, le dieu des morts, Sisyphe avait une bonne raison de demander à revenir sur terre : pour châtier sa femme qui n'avait pas rempli son devoir. Hadès, indigné par l'attitude de cette femme impie, autorisa Sisyphe à retourner chez les vivants, sous le serment qu'il redescendrait aussitôt chez les morts. Sisyphe ne se le fit pas dire deux fois. Il rentra chez lui et, bien loin de punir sa femme, il se cacha dans son palais, lui fit de nombreux enfants et vécut très âgé. Hadès, qui avait fort à faire avec tous ses morts, avait complètement oublié la promesse de Sisyphe. Mais quand celui-ci, qui n'était pas immortel, finit par mourir, les dieux, soucieux de ne pas se faire ridiculiser encore une fois, trouvèrent un bon moyen de fixer définitivement Sisyphe au royaume des morts. Il devait pousser un rocher devant lui en montant le long d'une pente. Sitôt arrivé au sommet, le rocher roulait vers le bas, et Sisyphe repartait, rivé pour l'éternité à une tâche jamais achevée et sans cesse recommencée.

Dans l'Antiquité, le supplice de Sisyphe était l'exemple d'une sanction frappant les mortels qui osent défier les dieux. Au XXe siècle, l'écrivain Albert Camus, dans le *Mythe de Sisyphe,* y voit le symbole de l'absurdité de la condition humaine.

Talos

Sur Talos, le Géant de bronze qui gardait l'île de Crète, on a raconté bien des choses. Les Crétois allèrent même jusqu'à dire qu'il fut le père d'Héphaïstos*, le dieu du feu et de la forge ! Sans doute était-ce là une façon de glorifier leur île que d'en faire la patrie d'un dieu... Mais la tradition la plus répandue présente Talos comme un gigantesque robot de bronze, offert par Zeus* à sa chère Europe*, ou encore construit par Dédale* pour le roi de Crète Minos*, fils de Zeus et d'Europe. Un terrible automate, ce Talos. Chargé de protéger l'île et de faire respecter les lois, il avait le pouvoir de se déplacer à la vitesse des vents en tout lieu du pays. Sa tâche principale était le contrôle des frontières : trois fois par jour, il faisait le tour de l'île et interdisait à quiconque de la quitter sans l'accord du roi. D'une force colossale, il lançait d'énormes rochers sur les navires qui tentaient d'accoster. Malheur aux marins qui abordaient les rivages de Crète sans autorisation ! Si, par miracle, ils échappaient au naufrage, les intrus étaient rattrapés par Talos, qui s'était au préalable plongé dans le feu et les faisait rôtir sur sa carcasse chauffée à blanc. Ce gardien redoutable, qui paraissait indestructible, avait cependant un point faible. Sur sa cheville, un clou de bronze fermait une veine. C'est la terrible

magicienne Médée* qui, lors du voyage des Argonautes*, réussit à faire sauter le clou : le sang s'écoula par le trou, et le robot de bronze s'effondra, blessé à mort.

Tantale

Roi de Phrygie, immensément riche, Tantale avait tout pour devenir un héros valeureux. Fils de Zeus* et de la Nymphe* Plouto, il bénéficiait de la protection de son père, qu'il avait aidé à enlever Ganymède*. Or, dans un accès d'orgueil insensé, il commit un crime épouvantable qui le voua à une punition éternelle. Pour manifester sa puissance, il invita les Immortels à un grand banquet et leur offrit à manger... son propre fils Pélops, qu'il avait fait tuer et cuire comme un gibier. Les dieux, horrifiés par cet horrible sacrilège, ressuscitèrent Pélops et précipitèrent son père dans les Enfers, où il fut condamné à un terrible supplice : bien que plongé à mi-corps dans l'eau, il ne pouvait jamais boire, car le liquide échappait à sa bouche. Au-dessus de sa tête, une branche lui offrait les plus beaux fruits, mais se mettait hors de sa portée dès qu'il tendait la main pour les saisir. Affamé et assoiffé pour l'éternité, Tantale paya ainsi son forfait. Mais il ne fut pas seul à payer : sa descendance ne put échapper à la vindicte des dieux. Sa fille Niobé* vit ses enfants tués par les flèches d'Apollon* et d'Artémis*, et son fils Pélops donna naissance aux frères ennemis Atrée* et Thyeste, dont les fils Agamemnon*, Ménélas* et Égisthe allaient vivre la sombre tragédie des Atrides.

Thésée

Fils du roi d'Athènes Égée, Thésée devint le héros de la cité et ses aventures appartiennent à l'histoire légendaire de l'Attique, la région qui entoure Athènes. Sa naissance, déjà, laissait entrevoir un destin exceptionnel. Son père, malgré deux mariages successifs, n'avait toujours pas d'enfant et s'inquiétait à l'idée de devoir laisser son trône à ses cinquante neveux qui désiraient se partager le royaume. Il alla à Delphes consulter l'oracle et obtint une réponse fort énigmatique : l'oracle lui disait de ne pas déboucher l'« outre à vin » avant d'arriver à Athènes. Perplexe, Égée s'arrêta sur le chemin du retour chez son ami Pitthée, roi de Trézène. Celui-ci, interrogé, comprit tout de suite de quoi il s'agissait : ce n'est que dans l'ivresse qu'Égée pourrait avoir un enfant, et l'oracle lui conseillait d'attendre d'être chez lui pour concevoir sa descendance. Mais Pitthée désirait que sa fille Aéthra ait un fils qui puisse hériter du trône d'Athènes. Aussi, sans expliquer à Égée le sens de la prédiction, il l'enivra et lui fit partager le lit d'Aéthra. À la suite de cette nuit d'amour, la jeune fille attendit un enfant, et Égée comprit alors ce que signifiait l'oracle. Mais il devait rentrer à Athènes et, avant de quitter Aéthra, il cacha sous un rocher son épée et ses sandales. Il pria la jeune fille de ne pas révéler sa véritable identité à son fils qui venait de naître, mais lui demanda de l'envoyer à Athènes, dès qu'il serait assez grand pour déplacer le rocher, chausser les sandales et ceindre l'épée.

Thésée passa ses premières années à Trézène et donna très tôt les preuves d'un courage et d'une force exceptionnels. On raconte qu'Héraclès*, venu rendre visite à son grand-père, avait déposé sur un siège sa peau de lion. Tous les enfants du palais s'étaient enfuis, persuadés qu'un véritable fauve était entré dans la pièce. Seul Thésée, alors âgé de sept ans, saisit une épée et se jeta à l'assaut du « monstre ».

Thésée avait à peine seize ans quand il réussit à déplacer le rocher. Sa mère lui révéla le secret de sa naissance, et le jeune homme, chaussé des sandales et portant l'épée de son père, partit pour Athènes. C'était l'époque où Héraclès, retenu auprès d'Omphale, n'était plus là pour combattre monstres et brigands, et ceux-ci infestaient les routes. Mais Thésée ne craignait rien. Bien au contraire, il était impatient de mettre son courage à l'épreuve et de se montrer aussi fort qu'Héraclès. Sur la route entre Trézène et Athènes, le long de l'isthme de Corinthe, il rencontra de bien dangereux personnages et réussit à les vaincre. Entre autres, il débarrassa la région du fameux Procuste, qui mettait à mort les voyageurs en leur faisant essayer un lit qui n'était jamais à leur taille. Si le lit était trop court, il coupait tête et pieds du malheureux. Si le lit était trop long, il écartelait sa victime jusqu'à ce que mort s'ensuive. Aussi, quand Thésée arriva à Athènes, sa réputation de héros l'avait-elle précédé. Égée, qui ne savait pas encore qui il était, voulut recevoir à la Cour ce courageux jeune homme. Le roi d'Athènes était alors marié à la redoutable magicienne Médée*, dont il avait un fils. Celle-ci comprit avant tout le monde qui était Thésée, et, voyant en lui un rival pour son fils, voulut l'empoisonner. Au moment du repas, quand Thésée sortit son épée pour découper la viande, Égée reconnut l'arme, embrassa son fils et le présenta à tous. Puis ayant découvert le projet de Médée, il la répudia et la renvoya du palais avec son fils. Mais sa belle-mère n'était pas la seule à redouter l'arrivée de Thésée. Ses cinquante cousins, sentant que le pouvoir allait définitivement leur échapper, tentèrent de le tuer. Thésée les tailla en pièces jusqu'au dernier !

Égée informa Thésée d'une triste situation : à la suite de la mort d'un de ses fils, tué par des Athéniens, le roi de Crète Minos* exigeait que, chaque année, sept jeunes gens et sept jeunes filles d'Athènes soient livrés en Crète, pour être dévorés par un monstre mi-homme mi-taureau, qu'il gardait dans son palais de Cnossos : le Minotaure*.

Thésée s'indigne : il faut en finir avec cette servitude, qui dure déjà depuis trois ans ! Il décide de faire partie du groupe de jeunes gens destinés au Minotaure. Le départ est proche et dans le port on voit un navire aux sinistres voiles noires qui doit emmener les futures victimes. Thésée promet à son père que, s'il réussit à vaincre le monstre, il fera mettre des voiles blanches au moment du retour. On embarque et le navire s'éloigne de la côte pour rejoindre la lointaine île de Crète.

Arrivés en Crète, les sept jeunes gens et les sept jeunes filles sont amenés devant le Labyrinthe, mystérieuse construction imaginée par Dédale, l'architecte du roi Minos, et qui sert de demeure au Minotaure. Ce Labyrinthe était fait de telle sorte qu'une fois entré, il était impossible d'en sortir, tant le plan des couloirs, des ouvertures et des passages était compliqué. Mais, à la descente du navire, Thésée

Thésée

a croisé le regard d'une belle jeune fille, qui lui fait un signe. Et voilà que, devant la porte du Labyrinthe, la jeune fille est là : c'est Ariane*, la propre fille du roi Minos, qui est tombée amoureuse du héros athénien. Elle entraîne Thésée à l'écart, lui dit qu'elle est prête à l'aider, à condition qu'il l'épouse quand il sortira du Labyrinthe. Thésée promet, et elle lui remet une pelote de fil, dont, dit-elle, elle tiendra une extrémité, et qu'il déroulera tout au long du chemin tortueux à travers salles et couloirs du Labyrinthe. Une fois le monstre vaincu, il lui suffira d'enrouler à nouveau la pelote pour retrouver la sortie. Thésée et ses compagnons sont enfermés dans la demeure du monstre, dont les couloirs immenses renvoient l'écho de mugissements épouvantables. Thésée s'avance, laissant ses compagnons d'infortune près de la porte. Il est sans armes, car les prisonniers ont tous été dépouillés de leurs épées. Déroulant sa pelote, il traverse le Labyrinthe. Les hurlements du monstre se rapprochent. Enfin, dans une sorte de cour intérieure, le héros l'aperçoit. Il est hideux, effroyable, mais le jeune homme ne se laisse pas impressionner, il l'assomme

Thésée

à coups de poing et réussit à le tuer : les Athéniens sont débarrassés du Minotaure ! Grâce au fil d'Ariane, Thésée retrouve ses compagnons et la jeune fille qui l'attend à la porte. Tous s'élancent vers le port, sabordent la flotte crétoise (pour empêcher Minos de les poursuivre), et s'embarquent en direction d'Athènes. Sur le chemin du retour, la première escale est l'île de Naxos, dans les Cyclades. Ariane, qui préfère se reposer sur la terre ferme, descend. Elle s'endort et, à son réveil, aperçoit au loin les voiles du navire athénien qui s'éloigne. Thésée l'a abandonnée ! Pourquoi ? Thésée aimait-il une autre femme ? N'est-ce pas plutôt que Dionysos*, amoureux d'Ariane, a ordonné à Thésée de s'éloigner ? Toujours est-il que le dieu surgit et emmène Ariane, dont il fait son épouse au pays des dieux.

Le voyage de retour s'achève. Thésée, tout à la joie de sa victoire, oublie la promesse faite à son père et ne change pas les voiles. Quand Égée aperçoit de loin les voiles noires du navire qui a emmené son fils, il est saisi par le désespoir, il croit Thésée mort et se jette dans la mer.

C'est depuis ce jour que cette partie orientale de la mer Méditerranée s'appelle la mer Égée...

Thésée succéda alors à son père. Devenu roi d'Athènes, il réorganisa le royaume. C'est lui, dit-on, qui fit d'Athènes la capitale de l'Attique, qui créa la première monnaie, qui mit en place le système politique et social que l'on retrouvera à l'âge classique. C'est lui aussi qui, selon la tradition, institua la fête des Panathénées qui réunissait à Athènes tout le peuple grec. Il aurait aussi rétabli, dans la ville de Corinthe, les Jeux isthmiques, grandes festivités religieuses et sportives en l'honneur de Poséidon*. On raconte que le roi de Thèbes Œdipe*, quand il se creva les yeux en découvrant ses crimes involontaires, trouva asile à Athènes, où il fut accueilli par Thésée. Plus tard, Thésée se soucia de faire ensevelir les corps des Grecs tués lors de l'expédition des Sept contre Thèbes, épisode de la lutte qui opposa les fils d'Œdipe pour lui succéder sur le trône de Thèbes.

Roi juste et bon, Thésée avait une faiblesse : il aimait les femmes et n'hésitait pas à les séduire ni même à les enlever. C'est ainsi qu'il enleva Antiopé, une des Amazones*, ces terribles femmes guerrières qui vivaient sans hommes. Antiopé, tombée amoureuse de son ravisseur, lui donna un fils, Hippolyte. Pour récupérer leur compagne, les Amazones en armes marchèrent sur Athènes et furent vaincues au pied de l'Acropole. La pauvre Antiopé, qui avait pris le parti de Thésée, périt dans le combat. C'est alors que Thésée songea à se marier et épousa Phèdre*, la jeune sœur d'Ariane, qui lui donna deux fils, Acamas et Démophon. Mais Thésée ne s'assagit pas pour autant. Avec son ami Pirithoos, il décida de séduire et d'enlever deux filles de Zeus* : Hélène* de Sparte, encore toute jeune, et Perséphone*, l'épouse d'Hadès*, dieu des Enfers. Le premier enlèvement provoqua la colère des frères d'Hélène, Castor et Pollux, qui, à la tête d'une armée, allèrent récupérer leur sœur que Thésée avait confiée à sa mère dans son palais de Trézène, puis ils chassèrent du trône les fils de Thésée qui assuraient l'intérim pendant que leur père descendait aux Enfers avec Pirithoos pour réaliser son second projet d'enlèvement.

Plutôt que de jouer au séducteur, Thésée aurait mieux fait de rester sagement à gouverner. Vouloir enlever la femme d'Hadès, c'était pure folie ! Le dieu des Enfers, qui avait fort bien compris les intentions des deux compères, n'en laissa rien paraître et les convia à sa table. Mais quand Thésée et Pirithoos voulurent se lever à la fin du repas, impossible ! Ils ne pouvaient quitter leur siège et restèrent ainsi prisonniers des Enfers. Seul Héraclès, qui descendit au royaume des morts pour accomplir le dernier de ses Travaux, parvint à arracher Thésée de son siège. Le malheureux Pirithoos, pour sa part, resta sur le sien pour l'éternité...

Quand Thésée, sitôt échappé du royaume d'Hadès, se précipita à Athènes, il mesura l'étendue du désastre. Il avait perdu son trône, et, chez lui, un drame se nouait. Son épouse Phèdre était tombée amoureuse d'Hippolyte, le fils qu'il avait eu d'Antiopé. Elle avait avoué sa passion au jeune homme, qui l'avait repoussée. Pour se venger, elle raconta à Thésée qu'Hippolyte avait voulu la séduire. Furieux, celui-ci appela sur son fils la colère de Poséidon, qui envoya un dragon à l'attaque du char du jeune homme. Effrayés, les chevaux du char s'emballèrent et Hippolyte périt dans l'accident. Phèdre, désespérée, avoua qu'elle avait menti, et se suicida. Thésée ne tenta pas de reprendre le pouvoir à Athènes. Il alla rejoindre ses fils en exil dans l'île de Scyros, où il mourut en tombant d'une falaise, poussé, disent certains, par le roi Lycomède, jaloux de sa gloire passée.

Acamas et Démophon, les fils de Thésée et de Phèdre, participèrent à la guerre de Troie*, puis reprirent le pouvoir à Athènes où ils surent gouverner avec sagesse.

Thésée est certes un roi légendaire, qui prétendait lui-même être fils de Poséidon. Sa mémoire toutefois fut conservée à Athènes comme celle d'un héros réel de l'histoire de la cité. Lors de la bataille de Marathon, au ve siècle avant Jésus-Christ, on raconte qu'au sein de l'armée grecque qui combattait contre les envahisseurs perses, apparut un gigantesque héros, qui la conduisit à la victoire. C'était Thésée, qui revenait aider son peuple à défendre sa liberté. À la fin des guerres Médiques, l'oracle de Delphes ordonna aux Athéniens d'aller chercher le corps de Thésée à Scyros et de l'enterrer à Athènes. C'est Cimon, le fils de Miltiade, le général vainqueur à Marathon, qui se chargea de l'expédition. À Scyros un aigle lui indiqua le lieu où reposait le corps de Thésée, qui fut ramené à Athènes. Des fêtes magnifiques furent offertes aux Athéniens pour les funérailles du héros. On l'ensevelit dans un superbe tombeau qui devint un lieu d'asile pour les esclaves fugitifs.

Qui était Thésée ? Le héros mythologique, fils d'un dieu et vainqueur du Minotaure ? Ou un personnage réel de la cité d'Athènes, dont les cendres furent révérées comme celles d'un roi véritable ? Sans doute les deux à la fois. N'oublions pas que, pour les Grecs anciens, la différence entre mythe et vérité historique n'avait pas d'importance.

Les aventures de Thésée inspirèrent écrivains, peintres et musiciens à travers les siècles. L'épisode du Labyrinthe et du combat contre le Minotaure a été reproduit des milliers de fois sur des vases et des mosaïques antiques, mais a été aussi sujet d'inspiration pour les artistes les plus modernes, Matisse ou Picasso par exemple. Les tragiques grecs ont mis Thésée en scène, et Euripide, ainsi que le fera Racine vingt siècles plus tard, a choisi Phèdre comme héroïne de tragédie. Au XIXe siècle, l'écrivain américain Nathaniel Hawthorne a raconté les aventures de Thésée dans *Le Minotaure* et, au XXe siècle, André Gide a écrit un *Thésée*.

Thétis

Thétis est une Néréide, c'est-à-dire une fille de Nérée*, un dieu marin très ancien et surnommé le « Vieux de la mer ». De son mariage avec le roi Pélée*, elle eut un fils : Achille*.

Divinité marine, Thétis fut cependant élevée sur l'Olympe par Héra*, l'épouse de Zeus*, à qui elle resta très attachée. C'est Thétis qui, dans son palais du fond des mers, recueillit plus tard le petit Héphaïstos*, fils de Zeus et d'Héra, que ses parents avaient jeté du haut de l'Olympe.

Thétis était d'une remarquable beauté, et Zeus, mari peu fidèle, envisagea de la séduire. Mais il apprit par un oracle que le fils de Thétis serait plus puissant que son père. Zeus, qui avait lui-même détrôné son père, ne voulut pas courir ce risque et décida de la marier au plus vite à un mortel. Il choisit Pélée, roi de Phthie, qui était reconnu par tous pour ses grandes qualités. Mais Thétis n'était pas d'accord pour épouser un mortel, et Pélée eut bien du mal à la conquérir : en tant que déesse marine, elle possédait le pouvoir de se transformer, et elle en usa. Tour à tour oiseau, tigre, lion, arbre, vent, feu, serpent, elle échappait à son futur mari qui voulait l'attraper. Enfin, grâce aux conseils de son vieil ami le Centaure* Chiron, il réussit à s'emparer de la belle, qui reprit sa forme féminine et accepta le mariage. Les noces furent l'occasion d'une grande fête qui réunit tous les dieux, et au cours de laquelle Éris, la Discorde, seule divinité qui n'ait pas été invitée, lança la fameuse pomme d'or qui fut à l'origine de la guerre de Troie*.

Thétis tenta de rendre immortels les enfants qu'elle eut de Pélée, en les plongeant dans le feu. Mais sa méthode n'était pas la bonne ! Les enfants mouraient, et

Thétis

à la septième naissance, celle d'Achille, Pélée se fâcha, arracha l'enfant aux flammes et renvoya sa femme dans son palais sous-marin. Mais avant de partir, elle réussit à tremper le bébé dans le fleuve des Enfers, le Styx, et le rendit ainsi invulnérable, sauf au talon, car c'était par là qu'elle le tenait pour l'immerger. Bien que séparée de son fils, Thétis le protégea toute sa vie et lui vint en aide grâce à ses pouvoirs divins. Mais, malgré tous ses efforts, elle ne put éviter qu'il soit tué à Troie, car tel était le destin d'Achille, et tous, même les dieux, sont soumis au destin dans les récits mythologiques... Après la mort du jeune homme, elle prit soin de son petit-fils Néoptolème*, et malgré leur querelle, elle accorda l'immortalité à Pélée qui resta son époux pour l'éternité.

Thétis est souvent présente dans l'*Iliade,* où elle intervient pour aider son fils dans les combats de la guerre de Troie. Le poète latin Ovide raconte aussi dans les *Métamorphoses* tous les stratagèmes employés par Thétis pour échapper à Pélée avant leur mariage. On doit au peintre Ingres un tableau très impressionnant qui représente Thétis suppliant Zeus d'accorder la vie à Achille.

Tirésias

Tout au long des récits mythologiques, on entend la voix de la destinée. Oracles, devins, prophétesses révèlent aux héros leur destin – heureux ou plus souvent encore malheureux – ou les aident à décider et à agir. Tirésias fut l'un des plus célèbres devins. Par son père il descendait de la race des hommes nés des dents de dragons semées par Cadmos*, le fondateur de Thèbes, et sa mère était une Nymphe*, compagne d'Athéna*. Les prophéties de Tirésias jouent un rôle important dans les légendes thébaines, et notamment celles d'Œdipe* et de sa descendance.

D'où Tirésias tirait-il son pouvoir de prédire l'avenir ? Deux légendes différentes courent à ce sujet. Selon la première, un jour qu'Athéna se baignait dans une source avec ses compagnes, Tirésias, qui chassait dans les environs, aperçut la déesse nue. La chaste Athéna ne put tolérer ce regard et aveugla le jeune homme. Mais émue par les plaintes de la Nymphe, mère de Tirésias, elle accorda au fils le don de seconde vue : aveuglé sur le présent, Tirésias pouvait voir l'avenir.

L'autre légende raconte une bien étrange aventure. Sur un chemin de montagne, le jeune Tirésias voit un jour deux serpents s'accoupler. Il veut les séparer, blesse la femelle, et voici, ô surprise, qu'il est immédiatement transformé en femme ! Sept ans plus tard, au même endroit, une nouvelle rencontre des serpents accouplés et de Tirésias : à nouveau, il cherche à les séparer, et... retrouve soudain son sexe d'origine.

Sa double expérience acquit au jeune homme la célébrité, et un jour que Zeus* et Héra* se disputaient pour savoir qui de l'homme ou de la femme éprouvait le plus de plaisir dans l'amour, on vint le chercher pour témoigner. Tirésias n'hésite pas une seconde et révèle que la femme ressent une jouissance neuf fois plus intense que celle de l'homme. Héra est folle de rage : elle ne supporte pas que le secret du plaisir féminin soit dévoilé. Pour punir Tirésias, elle le prive de la vue, mais Zeus, ravi d'avoir ainsi compris un des grands mystères des femmes, lui confère le pouvoir de divination.

Tirésias

Après sa mort, Tirésias eut le privilège, accordé par le maître des dieux, de conserver ses dons. Pour le consulter, Ulysse*, sur les conseils de Circé, évoqua les âmes des morts. Et de la bouche du devin qui n'était plus qu'une ombre, il apprit comment, seul et misérable, il rentrerait à Ithaque et se vengerait des prétendants qui occupaient son palais.

Tirésias est à l'origine d'une véritable dynastie : sa fille Mantô et son petit-fils Mopsos devinrent à leur tour de grands experts dans l'art de la divination.

Le personnage de Tirésias est présent dans l'*Odyssée* d'Homère et dans les tragédies de Sophocle et d'Euripide qui rappellent le cycle thébain (*Œdipe roi* et *Les Phéniciennes*). Le poète latin Ovide raconte sa transformation en femme dans les *Métamorphoses*. Mais les mésaventures du célèbre devin gardent à travers les siècles leur force d'inspiration puisqu'en 1917 le grand poète Guillaume Apollinaire écrivit un « drame surréaliste » intitulé *Les Mamelles de Tirésias*...

Titans (les)

Ce sont des dieux très anciens, qui régnèrent sur l'univers avant la prise du pouvoir par Zeus*. Gaia*, la déesse Terre, avait eu d'Ouranos, le Ciel, de très nombreux enfants, dont les douze Titans : six d'entre eux étaient des divinités masculines (Océanos, Coios, Crios, Hypérion, Japet, Cronos), et les six autres des divinités féminines (Théia, Rhéa, Thémis, Mnémosyne, Phœbé, Téthys), qu'on appelait Titanides. De taille gigantesque, les Titans et les Titanides représentaient les forces de la nature. Ouranos, redoutant que ces enfants qu'il concevait avec Gaia ne prissent un jour le pouvoir, l'obligeait à les garder dans son sein, c'est-à-dire au centre de la Terre. Mais le plus jeune des Titans, Cronos, qui était plein d'ambition, parvint, avec l'aide de Gaia elle-même, à se libérer et à libérer ses frères et sœurs. Il mutila son père avec une faucille de silex et devint à son tour maître du monde. Avec sa sœur Rhéa, il engendra les six premiers Olympiens, dont Zeus* qui, à son tour, détrônera son père.

Les autres Titans, qui partageaient le pouvoir avec Cronos, s'unirent entre eux et eurent une nombreuse descendance. Entre autres, Océanos et Téthys, divinités marines, eurent pour enfants les trois mille fleuves, les trois mille Nymphes* des sources qu'on appelait les Océanides, et Métis, déesse de la sagesse qui fut la première épouse de Zeus. Hypérion, dieu des hauteurs du ciel, et Théia, la Divine, donnèrent naissance à Hélios (le Soleil), Séléné (la Lune) et Éos (l'Aurore). Le Titan Japet, lui, épousa une Nymphe et de cette union naquirent Prométhée*, Épiméthée et Atlas. Quand Zeus arracha le pouvoir à son père Cronos et voulut régner avec ses frères et sœurs, les Olympiens, une lutte acharnée l'opposa aux Titans, qui prirent parti pour leur frère contre ses fils. Le combat entre Olympiens et Titans dura dix ans et Zeus, qui reçut l'aide des autres enfants de Gaia et d'Ouranos, les Cyclopes et les Hécatonchires aux cent bras, l'emporta. Cependant le Titan Océanos et les Titanides refusèrent de se mêler au conflit et, parmi les enfants de Titans, certains, comme Hélios et Prométhée, rejoignirent le camp de Zeus.

À ceux qui l'avaient ainsi aidé, le nouveau maître des dieux laissa une place dans le monde divin. Tous les autres furent précipités au fin fond du monde souterrain où, pour l'éternité, ils restent enfermés derrière des portes de bronze gardées par trois Hécatonchires. À Atlas fut appliqué un régime spécial : sa punition consiste à porter sur ses épaules la voûte céleste !

À l'égard des Titanides, qui s'étaient toutes tenues à l'écart du conflit, Zeus n'éprouva aucune rancune. Bien au contraire. Il séduisit deux d'entre elles. De Thémis, déesse de la justice, il fit sa seconde épouse. Même répudiée, elle demeura dans l'Olympe comme conseillère des dieux. Et avec Mnémosyne, déesse de la mémoire, il engendra les neuf Muses*.

Représentant les anciennes divinités remplacées par les Olympiens, les Titans, bien que considérés comme vaincus et écartés du pouvoir divin, conservaient aux yeux des Grecs un grand prestige : on les honorait pour leur courage et leur ingéniosité, un peu comme des ancêtres disparus, dont la mémoire demeure encore vivante.

Troie (Guerre de)

Dans l'Antiquité très ancienne, Troie était une ville d'Asie Mineure (en Turquie actuelle) qu'on appelait aussi Ilion, du nom de son fondateur Ilos. La guerre qui, durant dix ans, opposa les Troyens et les Grecs sous les murs de la ville de Troie est un épisode important de la mythologie grecque. Le récit de cette guerre appartient à l'histoire légendaire des hommes, mais les dieux y sont sans cesse présents. Un grand nombre de rois et de princes grecs participèrent à cette guerre, et toutes les cités gardaient la mémoire d'un ancêtre légendaire qui aurait combattu autour des remparts de Troie.

Pourquoi cette guerre ? Pourquoi les Grecs ont-ils traversé la mer sur leurs navires pour aller se battre devant cette ville lointaine ? Parce que, dit la légende, Pâris*, fils du roi de Troie Priam*, avait enlevé la belle Hélène*, la femme du roi de Sparte Ménélas*. Mais bien des épisodes antérieurs avaient préparé cet enlèvement. Lors du banquet des noces de Thétis* et de Pélée*, Éris, déesse de la discorde, seule divinité qui n'ait pas été invitée, lança une pomme d'or sur laquelle était inscrit « À la plus belle ». Chacune des grandes déesses présentes, Héra*, Aphrodite* et Athéna*, considéra que la pomme devait lui revenir. La discorde avait réussi à gâcher la fête, et le ciel retentit de la dispute des trois déesses (d'où l'expression « pomme de discorde »). Zeus, désireux de garder la paix dans l'Olympe, décida que l'arbitre serait un mortel : il choisit Pâris, le fils du roi Priam. Or, à sa naissance, un oracle avait prédit que Pâris provoquerait la ruine de sa patrie. Nul ne pensait plus à cette funeste prédiction, mais le destin suivait son cours... Hermès* emmena les trois rivales sur le mont Ida, qui s'élevait derrière la ville de Troie, et où le jeune homme gardait ses troupeaux. Entre les trois déesses, Pâris n'hésita pas. Il choisit Aphrodite, la déesse de l'amour, qui en échange lui promit qu'il séduirait la plus belle femme du monde. Cette femme, c'était Hélène, et Pâris, venu en visiteur à Sparte, l'enleva et l'emmena à Troie. Ménélas, le cœur en peine, fit appel à tous les princes et rois de la Grèce pour qu'ils l'aident à reprendre sa femme. La plupart d'entre eux, qui avaient été autrefois prétendants à la main d'Hélène, avaient prêté serment d'aider celui qui deviendrait son époux si on portait atteinte à son mariage. Ils répondirent donc à l'appel de Ménélas.

Les Grecs décident d'abord d'envoyer une ambassade à Troie, mais celle-ci rentre bredouille. Ménélas, en compagnie d'Ulysse*, le roi d'Ithaque, part alors à Delphes consulter l'oracle : peut-on tenter une expédition militaire ? L'oracle répond favorablement. Mais il faut convaincre le jeune Achille* de participer à l'expédition, car sa présence est la condition du succès. Ulysse se charge de lui faire quitter la Cour du roi de Scyros, où sa mère, craignant pour sa vie, l'avait caché. Tous les chefs de la Grèce se réunissent à Aulis avec leurs armées et leurs navires. Il y a là le sage Nestor*, roi de Pylos, Ulysse, les deux Ajax*, Philoctète*, à qui Héraclès* avait légué ses armes en mourant, Achille, Ménélas, son frère Agamemnon* qui est roi de Mycènes et d'Argos, et bien d'autres encore... Par un vote, on choisit le chef suprême de toutes les armées et Agamemnon est désigné.

Or voici qu'au moment d'embarquer, le vent tomba. Comment partir à Troie, sans un souffle d'air pour gonfler les voiles ?

Troie (Guerre de)

Le devin de l'armée grecque, Calchas, expliqua alors que la déesse Artémis* manifestait ainsi sa colère contre Agamemnon et Ménélas. Le devin ajouta que seul le sacrifice de la fille d'Agamemnon, Iphigénie*, pourrait apaiser la déesse et rétablir le vent nécessaire au voyage. Malgré son désespoir, le chef des armées grecques dut se soumettre à la volonté d'Artémis. Sous prétexte de marier Iphigénie à Achille, il la fit venir à Aulis, et, devant tous les Grecs assemblés, le sacrifice eut lieu. Au moment où le couteau du prêtre s'abattait sur la victime, la déesse, dit-on, substitua une biche à la jeune fille, sans que personne s'en rendît compte.

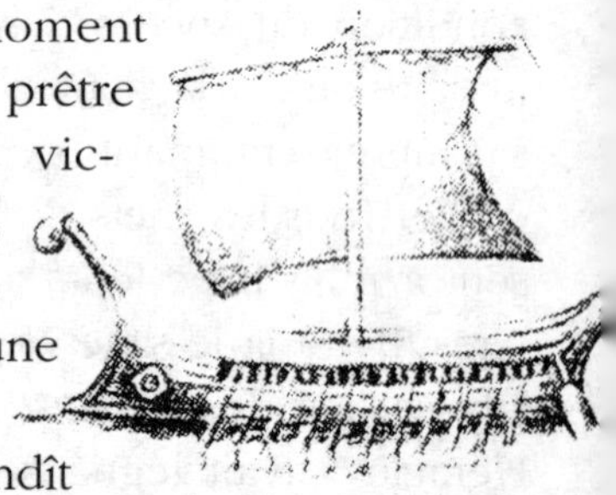

Le vent se leva enfin, et l'expédition quitta les rivages de la Grèce pour aborder la côte d'Asie Mineure, près de Troie. Le voyage fut long et difficile. Lors d'une escale, le héros Philoctète fut mordu par un serpent et sa plaie s'infecta tellement, que ses compagnons, désespérant de la soigner, l'abandonnèrent sur l'île de Lemnos. Quand la flotte arriva en vue de Troie, Ménélas, encore soucieux d'éviter la guerre, provoqua Pâris en duel et proposa qu'Hélène appartienne au vainqueur. Le combat s'engage, Pâris est blessé, et Aphrodite, craignant pour la vie de son protégé, l'enveloppe d'une nuée qui le soustrait aux coups de son adversaire. Les Grecs cependant, considérant que Ménélas est vainqueur, exigent que les Troyens rendent Hélène à son époux. Les Troyens refusent et, entre les deux armées face à face, la tension monte. Une flèche part du camp troyen et blesse Ménélas. De part et d'autre, c'est la ruée. La bataille s'engage et, dans les deux camps, blessés et morts s'effondrent. La guerre de Troie a commencé. Elle va durer dix ans.

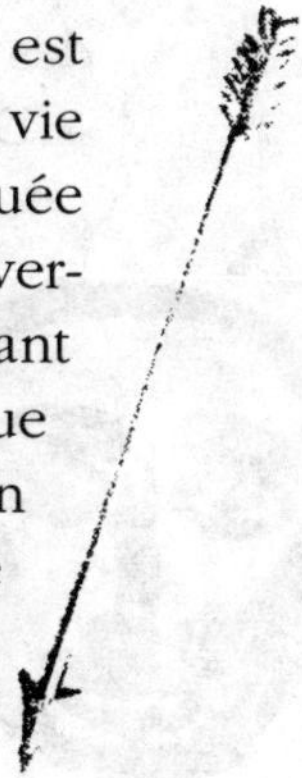

La guerre de Troie, c'est l'affrontement des hommes sur les champs de bataille, mais c'est aussi l'affrontement des dieux, qui choisissent leur camp et n'hésitent pas à aider directement les mortels dans leurs combats. Du côté des Troyens, il y a Aphrodite, bien sûr, et Arès*, le dieu de la guerre. Du côté des Grecs, il y a Héra et

Athéna, qui n'ont pas pardonné son choix à Pâris, il y a Poséidon*, Thétis, la mère d'Achille, Héphaïstos*, l'époux trompé d'Aphrodite. Zeus* reste arbitre et Apollon*, après avoir hésité à se mêler des affaires des hommes, finira par aider les Grecs.

Durant neuf années, l'armée grecque fait le siège de Troie et campe sous ses murs, sans réussir à prendre la ville. Des détachements partent en expéditions dans les pays voisins, et en ramènent vivres, armes et prisonniers. C'est ainsi que, lors d'une de ces razzias, Agamemnon enlève la fille d'un prêtre d'Apollon.

Le dieu exige qu'il la rende à son père. Agamemnon se soumet, mais, en tant que chef des armées, il ordonne à Achille de lui donner en échange sa propre captive, Briséis. Achille est furieux, car il est tombé amoureux de sa belle prisonnière, et décide qu'il cessera de combattre. Il se retire sous sa tente, refusant de participer aux combats, alors même que la situation devient très difficile pour les Grecs, que les Troyens s'apprêtent à incendier leur flotte. C'est sur la querelle entre les deux hommes et la colère d'Achille que commence l'*Iliade,* le long poème d'Homère qui raconte la dixième et dernière année de la guerre de Troie.

Il faudra que son ami Patrocle* soit tué par Hector*, fils du roi de Troie, pour qu'Achille retourne au combat. Grâce au héros, la chance semble être à nouveau du côté des Grecs, qui multiplient les victoires. Avec la mort d'Hector, tué par Achille, le roi Priam perd le plus valeureux de ses guerriers. Il viendra lui-même supplier le héros grec de lui rendre le corps de son fils, qu'il obtiendra contre rançon. Sous les coups d'Achille, les adversaires succombent. Il tuera entre autres Penthésilée, la reine des Amazones* venue aider les Troyens, et tombera fou amoureux d'elle à l'instant même où elle rendra le dernier soupir. Mais, au cours d'une bataille, une flèche tirée par Pâris atteint Achille au talon, seul endroit vulnérable de son corps. Ainsi périt le plus valeureux des héros grecs.

Après la mort d'Hector et celle d'Achille, le siège de Troie se poursuit. La ville ne se rend toujours pas, et les Grecs s'inquiètent. On envoie Ulysse chercher Philoctète dans l'île où il a été

abandonné, car on a besoin de ses armes, les fameuses armes qu'Héraclès lui avait laissées. Et c'est Philoctète, enfin guéri, qui blessera à mort Pâris, le responsable de cette guerre sanglante. On va aussi chercher Néoptolème*, fils d'Achille, dont l'oracle dit qu'il doit prendre la place de son père.

Mais durant ce temps, à l'intérieur de la ville, les deux fils survivants de Priam, Déiphobe et Hélénos, se disputent la main de leur belle-sœur Hélène, restée veuve depuis la mort de Pâris. Déiphobe l'obtient, et Hélénos, furieux, décide de cesser de combattre et quitte la ville. Les Grecs s'emparent de lui : Hélénos est un prisonnier très intéressant. En effet, comme sa sœur Cassandre*, il a le don de prédire l'avenir. C'est lui qui va révéler aux Grecs ce qu'ils doivent faire pour prendre Troie. Il faut d'abord qu'ils s'emparent de la statue protectrice de Troie, le Palladion. Ulysse, déguisé en mendiant, s'introduit dans la ville et réussit à voler la statue. Hélène, dit-on, l'aurait reconnu, mais ne l'aurait pas dénoncé et l'aurait même aidé dans son entreprise. Les Grecs doivent ensuite aller chercher dans leur pays les os de Pélops, le grand-père d'Agamemnon et de Ménélas, afin de les enterrer dans le sol troyen. Enfin, Hélénos donne aux Grecs l'idée de construire en bois un cheval géant, dans lequel se cacheront des guerriers en armes. On construit le cheval. Mais comment l'introduire dans la ville ? C'est Ulysse le rusé qui conçoit la machination : les Grecs font semblant d'embarquer, comme s'ils désespéraient de la victoire, et abandonnent sur le rivage

Troie (Guerre de)

ce gigantesque cheval de bois. Un guerrier grec se laisse capturer par les Troyens et, sous la menace, fait mine d'avouer un prétendu secret : ce cheval est une offrande à Athéna et garantit la victoire aux Grecs qui attendent dans leurs navires que la ville tombe d'elle-même. Mais, ajoute le prisonnier, si les Troyens réussissent à faire entrer le cheval à l'intérieur de leurs remparts, c'est eux que la déesse protégera et c'est à eux qu'elle accordera la victoire.

En entendant cette étrange révélation, les chefs troyens n'ont plus qu'une idée : s'emparer du cheval et, en dépit de son poids et de sa taille, le faire entrer dans la ville pour s'assurer de la victoire. Et malgré les prophéties de Cassandre, que nul ne veut jamais entendre, malgré le refus du grand prêtre Laocoon*, qu'un serpent monstrueux, envoyé par Apollon, fera taire, les Troyens confiants introduisent en grande pompe le cheval dans la ville. Dans la nuit qui suit, les guerriers grecs cachés dans les flancs de la statue sortent, tuent les soldats troyens qui montaient la garde et vont ouvrir les portes à leurs compagnons qui, dans l'ombre et le silence, avaient débarqué et se tenaient sous les murs de la ville endormie. La violence alors se déchaîne : la population est massacrée, les incendies font rage. Le vieux Priam et son fils Déiphobe sont tués, Ménélas s'apprête à transpercer Hélène de son épée, mais ému par sa beauté, il lui pardonne. Seuls, le Troyen Énée, son fils Ascagne et son père Anchise réussiront à s'échapper. Après cette nuit de cauchemar, il ne reste de Troie que des ruines fumantes et les Grecs se partagent les prisonnières. Cassandre est choisie par Agamemnon, qui tombera amoureux d'elle, Andromaque*, la veuve d'Hector, est donnée à Néoptolème, et la vieille reine Hécube* échoit à Ulysse.

Ainsi s'achève la guerre de Troie, où mortels et immortels ont joué leur rôle. Mais pour les survivants, les épreuves ne sont pas terminées. Le retour des héros grecs dans leur patrie sera difficile ou tragique. Ces « retours » feront l'objet de nombreux récits mythologiques, dont le plus célèbre est l'*Odyssée* d'Homère, qui raconte le retour d'Ulysse. La guerre de Troie tient une place importante dans la mythologie et la littérature grecques. Mais c'est aussi un épisode essentiel de l'histoire légendaire des Romains. Le héros troyen Énée, qu'une émigration aventureuse conduira en Italie, serait, dit-on, l'ancêtre du fondateur mythique de Rome, Romulus*.

Ulysse

Très aimé par les uns, détesté par les autres, Ulysse, le courageux, le débrouillard, « l'homme aux mille ruses », comme l'appelle Homère, est le plus célèbre héros de la mythologie. Prononcé « Ulysse » en latin, son nom grec est Odysseus, ce qui signifie « celui qui subit la haine ». Sa vie le montre en effet en butte à la haine de certains dieux et de certains mortels, mais Ulysse, par son courage, son esprit ingénieux et sa piété envers les dieux qui le protégeaient, réussit toujours à déjouer les pièges d'un destin hostile.

Le père d'Ulysse était Laërte, roi d'Ithaque, et c'est dans cette petite île de la mer Ionienne qu'il grandit. On dit parfois que Laërte n'était pas son véritable père, et que sa mère

Anticlée l'avait conçu de Sisyphe*, le plus tricheur et le plus rusé de tous les mortels, le jour même de ses noces avec le roi d'Ithaque. Quoi qu'il en soit, le jeune Ulysse fut élevé par Laërte, qu'il considéra toujours comme son père et qui lui laissa le trône quand il eut atteint l'âge d'homme.

Devenu roi, Ulysse songea à se marier. Comme tous les héros de cette période, il désirait épouser la belle Hélène*, fille du roi de Sparte Tyndare, et se joignit aux nombreux prétendants. Il comprit très vite qu'il n'était pas suffisamment riche et puissant pour obtenir la main d'Hélène, mais il donna à Tyndare l'excellent conseil de faire jurer à tous les prétendants une fidélité absolue envers celui qui serait choisi. C'est le fameux serment qui engagea tous les rois et chefs grecs dans la guerre de Troie*. En récompense de cette idée géniale, qui évitait les affrontements entre prétendants rivaux et unissait autour de Sparte toutes les cités grecques, Tyndare donna à Ulysse la main de Pénélope, la ravissante cousine d'Hélène. De sa charmante épouse, Ulysse aura un fils unique, Télémaque.

Télémaque était encore un tout jeune enfant quand, à la suite de l'enlèvement d'Hélène par Pâris*, prince troyen, éclata la guerre de Troie. Ulysse fit d'abord la sourde oreille. Il n'avait nulle envie de participer à un conflit et considérait qu'il n'était pas lié par le serment de Tyndare. Quand Ménélas* et son cousin Palamède vinrent le chercher pour qu'il se joigne à l'armée grecque, il fit semblant d'être devenu fou et se mit à labourer en semant du sel. Mais Palamède, homme avisé et lui-même fort ingénieux, déjoua sa ruse. Ulysse dut s'engager, et il le fit alors sans réticence, mettant tout son courage et toute son intelligence au service de la cause grecque.

Il se rend en ambassade à Troie pour réclamer Hélène, se charge de nouer des alliances, réussit à convaincre Achille* de se lancer dans la guerre, imagine un stratagème pour faire venir Iphigénie* à Aulis, enfin conduit douze vaisseaux vers Troie. Durant le siège de la ville, qui dure dix ans, il déploie un courage extraordinaire, tout en sachant faire preuve d'une grande prudence, ce qui l'oppose parfois à Achille, partisan de la seule bravoure et des actions d'éclat. Il participe au conseil des chefs, et sait convaincre les autres quand il y a une décision à prendre. Lorsque Achille et Agamemnon* se querelleront, ce qui mettra en danger l'armée grecque tout entière, c'est encore Ulysse qui, grâce à ses talents oratoires, réussira à les réconcilier. C'est lui qui, après la mort d'Achille, va chercher Philoctète* qui possède les armes d'Héraclès* nécessaires à la victoire des Grecs. Mais Ulysse « aux mille ruses » se charge aussi des missions moins avouables. C'est lui qui organise les trahisons et qui, avec son compagnon Diomède, pratique l'espionnage. Lors de l'épisode final, qui donne la victoire aux Grecs, Ulysse commande le détachement enfermé dans le cheval de bois et il est le premier à s'élancer dans la ville de Troie.

Mais, après la victoire des Grecs, les aventures d'Ulysse se poursuivent : il mettra dix ans pour retrouver Ithaque, sa patrie. Ce long périple, raconté par Homère dans un poème intitulé l'*Odyssée* (mot tiré du nom grec d'Ulysse), conduit le héros à travers la Méditerranée et peut-être même au-delà, puisque certains pensent qu'il serait allé jusqu'en Islande !

Ulysse, avec ses vaisseaux, quitta le rivage de Troie en même temps que les navires d'Agamemnon. Mais, très vite, une tempête sépara les deux flottes. Ulysse et ses compagnons furent repoussés par les vents sur le rivage de Thrace, au pays des Kikones, qui les prirent pour des envahisseurs et qu'ils durent massacrer pour se défendre. Seul un prêtre d'Apollon* fut épargné et, pour remercier Ulysse d'avoir eu la vie sauve, il lui offrit des jarres de vin doux, qui devaient lui être fort utiles plus tard.

Puis, prenant la direction du sud, les navires arrivèrent en vue du cap Malia, à l'extrême sud du Péloponnèse. Le vent du Nord, Borée, se mit à souffler avec violence et les repoussa au large, loin de l'île de Cythère. Deux jours plus tard, ils débarquèrent dans un étrange pays, le pays des Lotophages (vraisemblablement l'île de Djerba, en Tunisie). Les marins envoyés en reconnaissance ne revenant pas, Ulysse s'inquiéta et partit à leur recherche. Or, loin d'être mal en point, ils semblaient néanmoins décidés à rester, tant les habitants avaient été accueillants.

On leur avait fait goûter d'un fruit merveilleux, qui constituait la nourriture habituelle de ce pays : le jujube, variété de lotus, en grec, *lotos* (« lotophage » signifie « mangeur de *lotos* »). Ce fruit procurait un tel plaisir qu'il agissait comme une sorte de drogue et que les Grecs n'avaient plus du tout envie de partir. Ulysse dut embarquer de force son équipage ! Repartant vers le nord, on fit escale dans une petite île où ne vivaient que des chèvres au pâturage. Bonne occasion pour les navigateurs, qui purent ainsi faire provision de lait, de fromage et de viande. Mais, toute proche, ils aperçurent une autre île, d'où montaient des fumées : y avait-il des hommes qui pourraient leur indiquer la route à suivre ?

Avec douze de ses compagnons, Ulysse débarqua sur l'île inconnue, portant les jarres de vin comme cadeaux à offrir à ceux qu'ils rencontreraient. L'île semblait en friche : nulle trace de culture, seuls quelques chèvres et quelques moutons qui paissaient. Ils grimpèrent un chemin en pente et découvrirent une caverne dans laquelle ils entrèrent. Ils y trouvèrent du lait et du fromage : sans doute était-ce l'abri de quelque berger... Ses compagnons voulaient se servir et partir, mais Ulysse désirait attendre pour en savoir plus. Le propriétaire de la grotte arriva vers le soir, avec ses moutons qu'il fit entrer à l'abri. C'était bien un berger, mais quel berger ! Un véritable géant, et qui n'avait qu'un seul œil ! C'était Polyphème le Cyclope (ce mot signifie en grec « œil rond »), fils de Poséidon*. Non seulement il était monstrueux d'aspect, mais il était anthropophage, et, découvrant les étrangers dans grotte, il commença par en dévorer deux. Ulysse ne se laissa pas impressionner : il offrit du vin au Cyclope, qui n'en avait jamais bu et trouva cela bon. Le monstre demanda alors son nom à Ulysse, et celui-ci lui répondit : « Je m'appelle Personne. » Polyphème lui dit qu'en échange de ce breuvage délicieux il lui ferait la grâce de le dévorer en dernier. Puis il avala encore quelques coupes et s'endormit.

Ulysse prit alors un pieu énorme et en tailla l'extrémité en pointe effilée, qu'il fit chauffer au foyer. Puis, avec l'aide de ses compagnons, il creva l'œil de Polyphème.

Celui-ci hurla et appela à son secours les autres Cyclopes qui habitaient l'île. Mais quand ils lui demandèrent qui l'attaquait ainsi, il répondit : « C'est personne ! » et les autres, le jugeant fou, ne prirent pas la peine de se déranger. La ruse d'Ulysse avait fonctionné ! Mais ce n'était pas tout d'avoir aveuglé le Cyclope, encore fallait-il sortir de la grotte que le monstre avait fermée avec une grosse pierre. Les Grecs durent attendre le lendemain matin et, sur les conseils d'Ulysse, chacun s'attacha sous le ventre d'un mouton. Quand le Cyclope fit sortir ses bêtes, il leur passa bien la main sur le dos, pour vérifier que les maudits étrangers ne s'échapperaient pas. Mais, comme Ulysse l'avait prévu, il était trop stupide pour penser à tâter le ventre des bêtes.

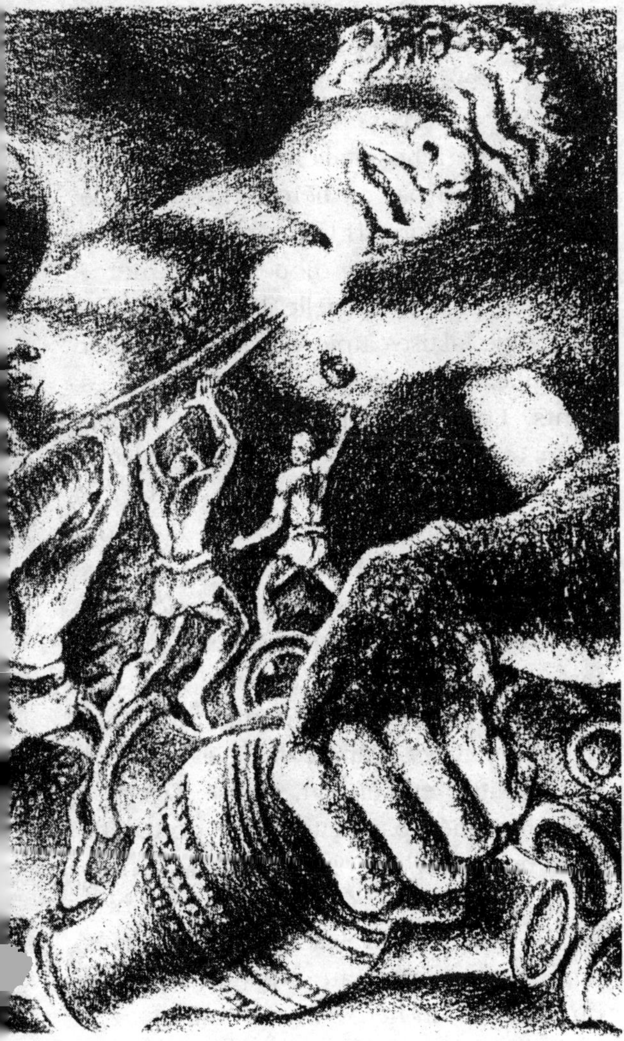

Sous une pluie de pierres lancées par les Cyclopes, qui avaient enfin compris qu'on s'était joué d'eux, Ulysse et ses compagnons s'éloignèrent rapidement de cette île inhospitalière. Mais Poséidon ne pardonna pas au héros d'avoir mutilé son fils, et désormais Ulysse devra compter avec la haine du dieu de la mer ! À l'horizon, une nouvelle île apparaît. Entourée de falaises à pic, elle semble flotter sur les eaux : c'est l'île d'Éole, le dieu des vents. Éole fait bon accueil aux voyageurs, et offre à Ulysse une outre où sont emprisonnés tous les vents, sauf une brise légère qui souffle en direction d'Ithaque. Surtout, qu'il n'ouvre pas l'outre : les vents se déchaîneraient en tous sens et la tempête rejetterait les navires en pleine mer, ce serait le naufrage garanti ! On arrive enfin au large d'Ithaque, Ulysse aperçoit de loin le sol de sa patrie et s'endort, apaisé. Les marins, intrigués par cette outre dont leur chef ne se sépare pas, s'imaginent qu'il s'agit d'un trésor. Ce serait une bonne chose que d'avoir les poches remplies d'or en rentrant au pays ! Profitant du sommeil du héros, ils ouvrent l'outre...

Ulysse

et c'est la catastrophe ! Quand Ulysse se réveille, on est à nouveau en pleine mer et les navires, ballottés par les flots, menacent de sombrer. Un coup de vent, et les voici rejetés sur la côte de l'île d'Éole. Mais cette fois-ci, le dieu n'est pas content ! Il déclare à Ulysse qu'il ne peut plus rien pour lui : si les autres dieux sont à ce point contre lui, qu'il se débrouille tout seul !

Naviguant au hasard, les voyageurs arrivent au pays des Lestrygons (sans doute la Sardaigne). Escale maudite : un des marins est dévoré par le roi, et les autres, poursuivis par la population qui leur jette des pierres, tentent de rembarquer, mais en vain. Seul Ulysse, avec une embarcation et quelques hommes d'équipage, réussit à échapper au massacre, et à rejoindre le large. Remontant vers le nord, les voyageurs accostent l'île d'Aea, au sud de l'Italie. Ulysse envoie la moitié de ses compagnons en reconnaissance. Après quelques heures, il voit apparaître l'un d'eux, complètement affolé. Où sont les autres ? Que se passe-t-il ? Le marin explique qu'il a réussi à s'échapper, mais que ses compagnons ont subi les sortilèges d'une femme qui, après les avoir bien reçus et nourris, les a transformés en animaux : lions, chiens, porcs... Ulysse comprend : ils sont arrivés chez la magicienne Circé, une terrible divinité qui détient des pouvoirs redoutables ! Sur le rivage, il s'interroge : comment délivrer les malheureux ? Et voici que survient le dieu Hermès*, qui lui indique une plante qui lui permettra, non seulement d'éviter les sortilèges de Circé, mais de la séduire et d'exiger la libération des marins prisonniers. Fort de cette protection, Ulysse affronte la magicienne, qui se soumet à ses ordres et rend à ses prisonniers leur forme humaine. Circé peut être une femme charmante. Ulysse passe avec elle une année délicieuse et la quitte en lui laissant un fils, Télégonos. Le jour du départ, Circé lui donne un conseil pour connaître son avenir, pour savoir quand prendront fin ses malheurs, qu'il descende aux Enfers consulter le devin Tirésias* Bien que mort, celui-ci avait conservé son don de prophétie.

Voici le héros au légendaire pays des Cimmériens, où se trouvait la porte du royaume des morts. Il descend chez Hadès*, dieu des morts, et rencontre ses anciens

Ulysse

compagnons, héros tombés à la guerre de Troie. Tirésias lui apprend qu'il reviendra dans sa patrie seul, sur un navire étranger, et qu'il aura à vaincre les prétendants qui tentent en son absence d'obtenir la main de Pénélope. Le désir de rentrer tenaille Ulysse, il repart au plus tôt.

Le navire doit longer l'île des Sirènes, monstres mi-femmes mi-oiseaux, qui, de leurs voix enchanteresses, entraînent les marins au fond des mers. Mais Ulysse a plus d'une ruse dans son sac : il distribue à ses compagnons de la cire à mettre dans leurs oreilles et lui-même demande qu'on l'attache au mât : il est curieux d'entendre ces chants magiques, mais il sait qu'il risque d'y céder. Ainsi équipés, les voyageurs passent. Les Sirènes, furieuses de voir des proies leur échapper, se jettent à la mer et, par dépit, se laissent noyer.

Il reste à affronter des Roches Errantes, dangereux écueils flottants, et surtout Charybde et Scylla, deux monstres effroyables situés de chaque côté d'un détroit. Charybde, trois fois par jour, avalait une grande quantité d'eau de mer,

et tout ce qui y flottait, navires compris. Puis elle recrachait violemment l'eau absorbée. Scylla était affreuse à voir : sur son corps de femme avaient poussé six têtes de chiens féroces ! Dès qu'un bateau passait à proximité, les chiens ouvraient leurs gueules et dévoraient les passagers.

Il faut passer. Ulysse tente la manœuvre et réussit, mais six de ses compagnons sont happés par les gueules monstrueuses. Le navire échappe aux terribles remous de Charybde, et se retrouve en eaux calmes, non loin de l'île du Soleil (peut-être la Sicile) où Hélios fait paître ses bœufs. De beaux bœufs, gras et blancs, quelle tentation pour des marins affamés ! Ulysse interdit qu'on y touche, mais ses compagnons passent outre, tuent quelques bêtes et s'offrent un copieux repas. Or, le Soleil voit tout, il se fâche et demande réparation à Zeus*. Quand le navire repart, un orage éclate et la foudre envoyée par le maître des dieux touche l'embarcation, qui sombre corps et biens. Seul Ulysse, qui avait refusé de participer au festin, réchappe du naufrage. Accroché à un mât, il est bien mal en point, et voilà que le courant l'entraîne vers la gueule de Charybde ! Il va être avalé, quand il s'agrippe au tronc d'un olivier qui poussait entre deux rochers. Sain et sauf, il attrape une épave recrachée par le monstre et, durant neuf jours, va errer en navigateur solitaire au gré des vagues et des courants. Les flots le jettent sur l'île de Calypso (la côte marocaine du détroit de Gibraltar). Fille du géant Atlas, Calypso est une Nymphe* charmante. À ce bord extrême de la Méditerranée, loin des regards, elle mène une vie paisible en compagnie d'autres Nymphes, ses servantes. Elle habite une grotte profonde, entourée d'un jardin magnifique, où coulent des sources claires. Un paradis pour le pauvre naufragé ! Mais Calypso s'éprend d'Ulysse, et ne veut plus le laisser partir... Plusieurs années, le héros restera auprès de Calypso, mais plus le temps passe, plus il est envahi par la nostalgie, ce mal du retour. Il passe des heures sur le rivage, songe à Ithaque, à son épouse, à son fils...

Tant qu'il était sur mer, la déesse Athéna*, qui l'avait si bien conseillé et protégé pendant le siège de Troie, ne pouvait pas grand-chose pour lui. La mer, c'est le domaine de Poséidon, et on sait que le dieu de la mer ne portait pas le héros dans son cœur. Mais maintenant qu'Ulysse est à terre et prisonnier de l'amour de Calypso, Athéna se décide à agir. Elle va voir Zeus, et le supplie d'intervenir auprès de Calypso pour qu'elle laisse partir Ulysse. Zeus est attendri par le chagrin du héros. Et peut-il refuser quelque chose à sa fille bien-aimée ? Non. Il envoie Hermès, le dieu messager, auprès de la Nymphe. Celle-ci, à regret, consent à se séparer d'Ulysse. Ellc lui donne même du bois pour qu'il construise un radeau, et lui indique le moyen de se diriger en suivant les astres. Laissant la Nymphe en pleurs sur le rivage, Ulysse reprend la mer, sous le regard courroucé de Poséidon. À nouveau, le héros est à sa merci. Une violente tempête réduit le radeau à quelques planches éparses et c'est accroché à l'une d'elles qu'Ulysse échoue sur l'île des Phéaciens (sans doute Corfou).

Épuisé, le héros s'endort dans un buisson de lauriers-roses, à l'embouchure d'une rivière. Il est réveillé par des chants et des rires. Des jeunes filles sont descendues à la rivière pour laver du linge. Quand Ulysse apparaît, hirsute, tout sali d'écume, elles s'effraient et courent s'abriter derrière des rochers. Une seule, la plus belle, reste à découvert et s'avance vers le héros : c'est Nausicaa, la fille d'Alcinoos, le roi des Phéaciens. Elle n'a pas peur, écoute le compliment que lui fait l'inconnu et lui propose de venir au palais où ses parents l'accueilleront. Elle se moque de ses compagnes effarouchées et leur ordonne de donner des vêtements au malheureux naufragé. Puis elle repart vers la ville, indiquant au héros le chemin qu'il doit suivre, en marchant à une certaine distance, car une fille de roi ne doit pas être vue en compagnie d'un inconnu.

Nausicaa est fière et courageuse, elle a comme ses parents un grand sens de l'hospitalité. Mais, surtout, Athéna, apparue en songe durant le sommeil de la jeune fille, lui avait dit la veille qu'elle devrait aider le naufragé inconnu qu'elle trouverait au bord de la rivière... Car la protectrice du héros est de nouveau présente et, jusqu'à la fin de son périple, elle va l'aider de ses conseils clairvoyants.

Le roi Alcinoos et son épouse réservent à Ulysse un accueil chaleureux. Au cours d'un grand banquet offert en son honneur, le héros leur révèle son identité et leur raconte ses aventures. Que faire pour l'aider ? Le roi et la reine lui proposent d'abord de rester chez les Phéaciens et même d'épouser Nausicaa, qui n'est pas insensible au charme du grand voyageur. Mais Ulysse n'a qu'un désir : rentrer à Ithaque, retrouver sa chère Pénélope et son fils bien-aimé. Un bras de mer sépare l'île des Phéaciens de sa patrie. On met à sa disposition un navire chargé de présents somptueux, étoffes, meubles, bijoux. Ulysse salue ses hôtes et s'embarque. Le voyage est court, et enfin, après dix ans de guerre et dix ans d'errance, le héros rentre chez lui.

Poséidon n'a pas eu le temps de lui jouer un mauvais tour. Mais il est furieux, le dieu de la mer, de voir Ulysse lui échapper. Sa vengeance va frapper les malheureux Phéaciens : le navire qui a transporté

Ulysse sera transformé en pierre, et le port de l'île sera fermé par une barrière de montagnes.

Débarqué à Ithaque, le héros ne se rend pas directement au palais. Il rencontre en chemin un jeune berger. C'est Athéna, qui bientôt se fait reconnaître et lui explique la situation : on le croit mort et des princes des contrées voisines, prétendants à la main de Pénélope, se sont installés dans sa maison, où ils passent leurs journées à festoyer. Pénélope résiste, mais parce qu'ils lui font peur et qu'elle craint pour la vie de son fils, elle fait semblant de tolérer leur présence. Elle leur fait croire qu'elle choisira un nouvel époux dès qu'elle aura fini de tisser un voile qui doit servir de linceul à Laërte, son beau-père, quand celui-ci mourra. Mais chaque nuit, à l'insu de tous, elle défait le travail de tissage accompli dans la journée. Si bien qu'elle repousse sans cesse le moment fatal où elle devra choisir. Car elle ne pense qu'à un seul homme : son cher époux disparu. Ulysse est très ému, il veut courir au palais trucider les prétendants, mais la fille de Zeus lui conseille la prudence. Prudent, Ulysse sait l'être.

C'est même une de ses grandes qualités. Athéna l'aide d'abord à camoufler dans une grotte les trésors offerts par Alcinoos, puis lui conseille alors d'aller chez Eumée, le vieux porcher du palais qui a servi son père et l'a connu tout petit. Qu'il attende là le retour de son fils Télémaque parti à sa recherche. Elle va le ramener à Ithaque, et ils pourront tous deux établir un plan pour évincer les prétendants. Mais les gens du pays ne risquent-ils pas de reconnaître Ulysse ? Certes, et pour éviter les indiscrétions, la déesse transforme le héros en vieux mendiant. La peau flétrie, les cheveux sales, vêtu de haillons, Ulysse est méconnaissable !

Il est reçu par Eumée, qui ne se doute pas un instant que son roi est de retour, et se plaint de la situation créée par les prétendants. Télémaque arrive. Lui non plus n'imagine pas une seconde qu'il a son père devant lui. Il envoie Eumée prévenir sa mère qu'il est rentré de son long voyage, et durant l'absence du porcher, Athéna, véritable fée, rend d'un coup de baguette d'or son apparence à Ulysse : Télémaque reconnaît son père. L'entretien entre le père et le fils est émouvant, mais il faut parer au plus pressé : se débarrasser des prétendants. Un plan est établi. Télémaque ne doit parler à sa mère que de l'arrivée d'un pauvre naufragé qui aurait peut-être des nouvelles d'Ulysse. Et, le lendemain, le héros se présentera au palais déguisé en mendiant. Athéna saura bien leur inspirer en temps voulu ce qu'il faudra faire...

Quand Ulysse arrive dans sa demeure, nul ne le reconnaît. Excepté Argos, son chien, qui n'était qu'un jeune chiot au moment de son départ mais que les années ont rendu vieux et malade. Tout joyeux, il se lève, se précipite sur son maître en jappant... et tombe raide mort. Il avait attendu Ulysse pour mourir. Les prétendants, occupés à festoyer dans la grande salle du palais, se moquent de ce pauvre mendiant pouilleux. Ulysse réussit à garder son calme, mais quand un autre mendiant, habitué à manger les restes des prétendants, joint ses insultes aux leurs, il ne peut se contenir, et abat le misérable d'un coup de poing ! Enfin Pénélope, prévenue de l'arrivée de l'étranger, demande à le voir. Elle ne le reconnaît pas, mais prise de pitié, elle lui fait donner à manger et lui propose de prendre un bain, comme c'était l'habitude lorsqu'on accueillait un voyageur.

C'est Euryclée, une vieille femme, qui s'occupe du bain du héros. Elle avait autrefois été la nourrice d'Ulysse, et quand elle aperçoit, sur le genou du mendiant, une cicatrice qui ressemble en tout point à celle que son maître avait d'une blessure qu'il avait reçue tout petit, elle fond en larmes. Elle l'a reconnu ! C'est Ulysse, son roi, qui est enfin revenu ! Mais le héros lui impose silence et lui fait promettre de ne rien révéler, si elle veut qu'il débarrasse la cité de ces maudits prétendants. Folle de joie, Euryclée jure de garder le secret.

Le héros rejoint la reine. Elle pourrait le reconnaître, mais Athéna jette comme un voile sur ses yeux. Elle le presse de questions : a-t-il des nouvelles de son époux ? L'a-t-il vu ? Comment se porte t-il ? Est-il sur le chemin du retour ? Ulysse, avec son habileté coutumière et en dépit de son émotion, lui raconte une histoire inventée de toutes pièces. Mais il l'assure qu'Ulysse est proche, qu'il sera bientôt là. Alors Pénélope parle des prétendants, dévoile la ruse du travail de tissage sans cesse défait, mais avoue à son hôte qu'elle est sur le point de céder. Non qu'elle ait oublié son cher Ulysse, mais ces prétendants qui occupent la maison ruinent le pays tout entier, en menant grande vie, en prélevant des impôts sur les habitants. Et puis elle a peur pour son fils. Elle sait qu'il est courageux et fier, mais, face à ces véritables envahisseurs, il ne peut rien faire, et risque même sa vie. Elle pense donc organiser un concours et accorder sa main au gagnant.

Ulysse saisit l'occasion : cette idée de concours est excellente. Que Pénélope propose donc un concours de tir à l'arc, et qu'elle demande aux prétendants de s'essayer tour à tour avec l'arc d'Ulysse lui-même. Cet arc, Ulysse sait bien qu'il est le seul à pouvoir l'utiliser, tant la corde est tendue, tant il faut de la force pour tirer une flèche ! La décision est prise, et chacun va dormir en attendant le lendemain. Le héros n'accepte pas la grande et belle chambre qu'on lui a préparée. Tant qu'il n'a pas dévoilé son identité, il veut rester le mendiant étranger, qui va dormir dans la cour, enroulé dans une couverture.

Le concours commence. Il s'agit de faire passer une flèche entre des fers de hache posés côte à côte. Mais encore faut-il réussir à bander l'arc d'Ulysse, seule arme admise par Pénélope. L'un après l'autre, les prétendants essaient de tendre la corde. Ceux dont ce n'est pas encore le tour se moquent de ceux qui échouent, mais peu à peu, ce n'est plus de moquerie, mais de rage qu'il s'agit. Ils s'arrachent l'arme des mains, poussent de véritables rugissements, lancent l'arc à terre, le reprennent. En vain. Le mendiant étranger est là, dans un coin de la salle. Il se lève et ramasse l'arc, sous les quolibets et les insultes. Mais c'est tout de suite le silence, puis des clameurs d'effroi. L'étranger a réussi à bander l'arc, sans le moindre effort. Les serviteurs hurlent de joie : leur roi est de retour, lui seul pouvait accomplir cet exploit ! Télémaque surgit, fait fermer les portes de la salle, et c'est alors que commence le massacre des prétendants... Pas un n'en réchappera. La vengeance d'Ulysse est totale !

Pénélope ne peut pas le croire. Il ressemble bien à Ulysse, ce vaillant héros, mais elle a eu si peur pendant toutes ces années ! Elle ne veut surtout pas se tromper. Ulysse alors lui rappelle un secret qu'ils sont seuls à connaître : leur lit de noces, qu'il a construit lui-même, a pour montant un tronc d'olivier dont les racines sont encore en plein sol... Pénélope n'hésite plus et, après vingt ans de séparation, elle tombe dans les bras de son époux retrouvé.

Cependant, dès le lendemain, les parents et alliés des prétendants débarquent sur l'île, en armes, et demandent réparation. Ulysse est allé rendre visite à son vieux père, Laërte, quand on le prévient qu'une armée est en marche contre lui. Qu'à cela ne tienne ! Le vaillant héros de la guerre de Troie, le vainqueur des prétendants, n'hésite pas un instant. Et pour Télémaque, ce sera le baptême du feu. Le père, le fils et même le vieux Laërte, entourés de quelques serviteurs, engagent le combat ! Une fureur divine les anime, les autres tombent sous leurs coups. Tous y seraient restés si Athéna n'était intervenue. La fille de Zeus juge que cela suffit : trop de combats, trop de sang. Il faut laisser fuir les ennemis, terrorisés par la violence

de leurs adversaires... et par la voix de la déesse. Il est temps d'ouvrir une ère de paix. Ulysse n'a plus qu'à obéir à Athéna, sa divine compagne d'armes et de ruse. C'est ce qu'il fait, la joie au cœur.

L'histoire d'Ulysse était le récit mythologique le plus connu, le plus raconté, le plus écouté de l'Antiquité. Homère a fait d'Ulysse un des principaux acteurs de l'*Iliade*, poème sur la guerre de Troie, et surtout le personnage central de l'*Odyssée,* qui commence ainsi : *Raconte-moi, ô Muse, la longue errance de l'homme aux mille ruses...*

Le récit de cette longue errance est un écho légendaire des voyages par mer des anciens Grecs. On dit même que le texte de l'*Odyssée* aurait été composé à partir de récits de marins, grecs et phéniciens, qui signalaient les dangers que l'on pouvait rencontrer au cours des navigations. Mais dans la légende d'Ulysse, on peut voir aussi – comme le faisaient les Anciens – une image de la condition des mortels qui, malgré les obstacles venus des dieux, des hommes ou des éléments naturels, réussissaient à vivre pleinement et librement.

Les aventures d'Ulysse, riches en épisodes variés, ont inspiré écrivains, peintres et sculpteurs depuis l'Antiquité. Au xxe siècle, le roman de James Joyce, *Ulysse,* est comme un écho, à travers le temps, de l'*Odyssée* d'Homère.

Zeus

Maître du Ciel, Zeus est le souverain des dieux. Son nom, qui vient d'une très ancienne racine indo-européenne, signifie « Ciel lumineux ». On retrouve cette racine dans le nom latin de Zeus, Jupiter (c'est-à-dire « père du jour »). Zeus règne sur les dieux et les hommes, sur la Terre et le Ciel. Détenteur de la foudre, qu'il brandit pour manifester sa colère, il règle les saisons et les jours et commande au tonnerre, aux nuages et aux pluies. Mais Zeus n'a pas toujours été ce dieu souverain, et sa naissance lui réservait un tout autre destin...

Il était fils du Titan* Cronos qui avait épousé sa sœur Rhéa. Cronos s'était rendu maître de l'univers en détrônant son propre père, Ouranos, et craignait fort que ses enfants n'agissent de même. Aussi mit-il au point une solution radicale pour éviter d'être renversé à son tour : il avalait ses enfants dès leur naissance ! Il avait ainsi dévoré Hestia*, Déméter*, Héra*, Hadès* et Poséidon*. Quand Rhéa attendit son sixième enfant, elle en eut assez et décida de le garder : c'était Zeus. Elle partit accoucher en Crète, sur le mont Ida, et confia le bébé à sa propre mère Gaia*. Puis elle donna à Cronos une pierre enveloppée de langes, que le père avala sans sourciller, comme s'il se fût agi du nouveau-né promis. Dans les montagnes crétoises, le jeune Zeus reçut le lait de la chèvre Amalthée, tendre nourrice très dévouée, qu'il n'oubliera jamais. Il fut élevé parmi des Nymphes* et protégé par les Curètes, gardiens infatigables qui rendaient un culte à Rhéa et dont les danses guerrières, accompagnées du fracas des armes, couvraient les cris du jeune dieu que son père ne devait surtout pas entendre. Zeus grandissait. Et plus il grandissait, plus il songeait à se venger de ce père indigne, dont sa mère lui avait raconté les agissements. Devenu jeune homme, il épousa Métis, déesse de la ruse et de la sagesse, qui composa une drogue qu'elle fit boire à Cronos. À peine celui-ci l'eut-il avalée qu'il fut saisi de vomissements violents... et recracha la pierre emmaillotée, puis tous les enfants qu'il avait autrefois dévorés. Zeus n'était plus seul. Avec l'aide de ses frères et sœurs, il réussit à détrôner son père et prit le pouvoir. Ainsi succéda à Cronos une nouvelle génération de dieux. Ils choisirent comme séjour une montagne de Grèce dont le sommet se perdait dans les nuages : le mont Olympe. On appela ces nouveaux dieux les Olympiens.

Zeus

Mais le règne des Olympiens ne s'établit pas sans mal. Les Titans, frères de Cronos, se révoltèrent contre les nouveaux dieux. Installés sur une montagne qui faisait face à l'Olympe, ils engagèrent contre Zeus une guerre qui dura dix ans. Au cours de ces violents affrontements, les Olympiens reçurent l'aide d'anciennes et monstrueuses divinités, de la même génération que les Titans. Zeus, en effet, sur les conseils de sa grand-mère Gaia, avait délivré les monstres qu'elle avait engendrés avec Ouranos, et

que leur père avait enfermés dans les profondeurs de la Terre : les trois Cyclopes et les trois Hécatonchires, dont le nom signifie en grec « aux cent bras ». Leur attaque fut décisive : utilisant comme armes de gigantesques rochers, ils détruisirent le repaire des Titans qui, s'avouant vaincus, furent enchaînés et précipités à leur tour au plus profond de la Terre.

Après la victoire, eut lieu le partage du monde entre les fils de Cronos. Zeus s'octroie le pouvoir suprême et choisit le royaume du ciel. Poséidon devient maître des mers et Hadès reçoit le royaume souterrain où il va régner sur les puissances infernales. Avec les Olympiens, un nouvel ordre s'établit dans l'univers, fait d'équilibre, de justice et d'harmonie. C'est Zeus qui en est le garant et le maître.

La vie du dieu souverain n'a rien d'austère. Ses aventures amoureuses sont innombrables ! Zeus commence par avaler (eh oui !) sa première épouse Métis. De cette étrange union naîtra Athéna*, qui jaillit tout armée de la tête de son père. Il épouse ensuite sa tante Thémis, déesse de la justice, qu'il répudie pour sa sœur Héra, dont il fait sa compagne officielle dans l'Olympe, et dont il aura quatre enfants, Hébé*, déesse de l'éternelle jeunesse, Héphaïstos*, dieu contrefait et boiteux de la forge, Ilithye, déesse qui préside aux accouchements, et Arès*, le bouillant dieu de la guerre. Mais cela ne suffit pas au maître du monde. Il lui faut engendrer des dieux et des héros, ces hommes exceptionnels dont la mythologie raconte les exploits. Malgré la jalousie dévorante d'Héra, qui ne réussit jamais à s'assurer de la fidélité de son divin époux, Zeus s'unit donc aussi bien aux déesses qu'aux mortelles, qu'il séduit par les moyens les plus extravagants, et dont il aura de multiples enfants. Les dieux Apollon*, Artémis* et Dionysos*, les Muses*, les héros Héraclès* et Persée*, la belle Hélène* de Troie sont quelques-uns des enfants de Zeus.

Mais le bel ordre olympien ne convenait pas à tout le monde. Gaia, qui avait pourtant aidé son petit-fils à prendre le pouvoir, lui reprochait d'en avoir définitivement écarté ses propres enfants, Titans enchaînés et autres divinités chthoniennes, monstres divers nés de son union avec Ouranos. Aussi lança-t-elle

Zeus

contre l'Olympe les Géants, créatures colossales réputées invincibles, qui attaquèrent à coups de rochers et d'arbres la demeure divine. Ainsi commence la Gigantomachie, ou combat des Géants. Autour de Zeus, ses frères, sœurs et enfants organisent la riposte. Le combat est acharné, et Zeus parvient à confisquer l'herbe magique qui, dit-on, assurait l'invulnérabilité aux Géants. Gaia s'acharne : au secours des Géants, elle envoie deux colosses redoutables nés de ses amours avec Poséidon. Ceux-ci commencent par bouleverser l'ordre de l'univers : ils comblent les mers et entassent les montagnes les unes sur les autres. Pour affirmer leur puissance, ils font prisonnier Arès, le dieu de la guerre. Puis ils s'emparent d'Héra et d'Artémis, qu'ils prétendent vouloir épouser. C'en est trop. Leur prétention stupide exaspère les dieux. Apollon les transperce de ses flèches et Zeus avec sa foudre les expédie au fin fond des Enfers. Mais les Géants ne sont toujours pas vaincus et les combats continuent. Selon l'oracle, que les dieux vont consulter, seul le fils d'une mortelle pourra mener les Olympiens à la victoire. Ce mortel existe : c'est Héraclès,

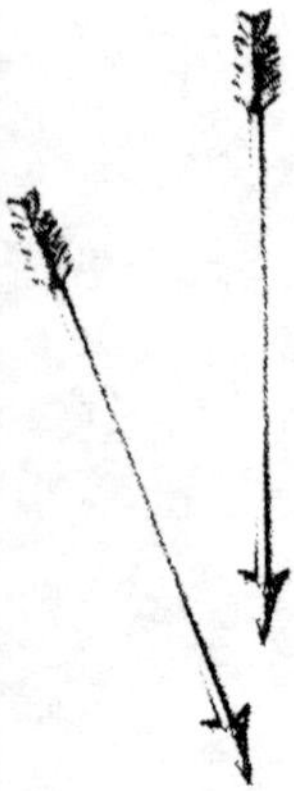

fils de Zeus et d'Alcmène. Son intervention dans la Gigantomachie provoque la défaite des Géants. Gaia est furieuse. Voilà ses enfants mis hors de combat. Elle imagine alors de lancer contre les Olympiens le plus monstrueux de ses rejetons, Typhon, gigantesque créature dotée de cent têtes. Sa seule vue suffit à terroriser les dieux, qui s'enfuient en Égypte. Mais Zeus reste ferme et s'attaque au monstre. Typhon est d'abord vainqueur : il réussit à paralyser son adversaire en coupant les tendons de ses muscles qu'il emporte dans son antre. Mais le dieu Hermès*, avec l'aide du dieu Pan*, dérobe ces tendons et les rattache au corps de son père. Zeus, triomphant, lance alors la foudre. Typhon, aveuglé, fuit. Il rejoint la Sicile où Zeus le poursuit et l'emprisonne sous une montagne volcanique, l'Etna, dont les éruptions étaient expliquées dans l'Antiquité par les accès de colère du monstre. Avec la Gigantomachie, Zeus et les Olympiens se sont définitivement rendus maîtres des forces sauvages de la nature. Les divinités chthoniennes ne seront plus désormais que des divinités secondaires que les dieux olympiens sauront utiliser en les contrôlant.

Zeus

Maître de l'ordre naturel, Zeus est aussi l'arbitre de l'ordre humain. Dans les récits mythologiques qui racontent l'histoire des hommes, c'est lui qui préside aux destinées humaines, qui fonde l'organisation des familles et des cités, qui dispense la paix et la justice. C'est lui aussi qui marque les limites entre les mortels et les dieux, qui punit l'orgueil de certains humains et qui purifie les criminels. Mais pour les Anciens, le dieu souverain n'a pas pouvoir sur tout. Plus forts que lui sont la Fatalité et le Destin. Zeus tient dans sa main une balance où est pesé le sort de chacun (bonheur/malheur, vie/mort) et doit faire en sorte que le destin prévu s'accomplisse : ainsi, lors de la guerre de Troie*, il devra laisser mourir Hector* puis Achille*, parce que telles étaient leurs destinées.

Représenté dans l'Antiquité sous les traits d'un homme en pleine force de l'âge, à l'air bon, noble et majestueux, Zeus faisait l'objet d'un culte dans tout le monde gréco-romain, et particulièrement dans les grands sanctuaires de Dodone et d'Olympie. On racontait qu'à Dodone, le sanctuaire avait été créé à la demande d'une colombe noire à voix humaine, venue d'Égypte. Un chêne sacré y était planté et, dans le bruissement de ses feuilles au souffle du vent, on croyait entendre la voix du dieu, que des prêtres étaient chargés d'interpréter pour les fidèles venus consulter l'oracle. Zeus y était honoré surtout comme maître des pluies et on associait à son culte celui d'une très ancienne divinité, fille d'Ouranos et de Gaia, Dioné, déesse de la terre fécondée par la pluie. À Olympie, gigantesque sanctuaire panhellénique (où se rendaient des fidèles venus de tout le monde grec), les plus beaux temples et les plus belles fêtes étaient consacrés à Zeus. Et particulièrement, tous les quatre ans, se déroulaient des cérémonies fastueuses qui duraient une semaine au cours de laquelle avaient lieu les célèbres Jeux olympiques.

LES AMOURS DE ZEUS

Il faudrait un livre entier pour parler de toutes les femmes, mortelles et immortelles qui, consentantes ou non, s'unirent à Zeus.

Pour un dieu puissant qui gouvernait le monde, aimer des femmes et les féconder, c'était affirmer son pouvoir et aussi l'assurer. Les nombreux enfants de Zeus, qu'ils fussent des dieux ou des héros, l'aidèrent dans la lutte qu'il ne cessa de mener contre les anciens dieux, ces divinités chthoniennes, apparemment soumises à l'ordre olympien, mais qui ne laissaient pas passer une occasion de mettre en cause la souveraineté du nouveau maître de l'univers.

Dans cette liste, fort incomplète, vous trouverez, cités par ordre alphabétique, les noms des plus célèbres parmi les femmes aimées de Zeus, ainsi que ceux des enfants qu'elles donnèrent au maître des dieux :

1. Parmi les divinités :

- Callisto (nymphe)............. Arcas (héros)
- Déméter (déesse)............... Perséphone (déesse)
- Égine (nymphe)............... Éaque (héros)
- Héra (déesse)............. Héphaïstos, Arès, Ilithye, Hébé (dieux)
- Léto (déesse)... Apollon, Artémis (dieux)

- Maia (nymphe)................ Hermès (dieu)
- Métis (déesse)................ Athéna (déesse)
- Mnémosyne (déesse)... Muses (divinités)
- Plouto (nymphe)........... Tantale (mortel)
- Taygète (nymphe).... Lacédémon (héros)
- Thémis (déesse).......... Moires (divinités)

Trois de ces divinités furent les épouses légitimes de Zeus. Est-ce un sort si enviable ? L'une, Métis, fut avalée par son cher époux, la deuxième, Thémis, fut répudiée, et la troisième, Héra, fut sans cesse trompée et souffrit d'une terrible jalousie.

2. Parmi les mortelles :

- Alcmène.......... Héraclès (héros divinisé)
- Danaé.............................. Persée (héros)
- Europe.................. Minos, Rhadamante, Sarpédon (mortels)
- Io.................................. Épaphos (héros)
- Léda................... Pollux (héros divinisé), Hélène (mortelle)
- Sémélé......................... Dionysos (dieu)

et les autres...

INDEX MYTHOLOGIQUE

ACAMAS, fils de Phèdre et de Thésée.

ACASTE, cousin de Jason, qui accueillit Pélée en exil.

ACHÉLOOS, dieu-fleuve marié à la Nymphe Melpomène, père des Sirènes.

ACHILLE.

ACRISIOS, grand-père de Persée.

ACTÉON, jeune homme puni par Artémis pour sa curiosité.

ADMÈTE, mari d'Alceste.

ADONIS, jeune homme aimé d'Aphrodite.

ADRASTE, roi d'Argos, qui s'allia à Polynice, frère d'Antigone, lors de l'expédition des Sept contre Thèbes.

AÉROPÉ, femme d'Atrée.

AÉSON, père de Jason.

AÉTHRA, mère de Thésée.

AGAMEMNON.

AGAVÉ, fille de Cadmos, mère du roi Penthée.

AGÉNOR, père d'Europe.

AJAX.

ALCESTE.

ALCIDE, nom donné à Héraclès à sa naissance.

ALCINOOS, roi des Phéaciens, qui accueillit Ulysse.

ALCIPPÉ, fille d'Arès.

ALCMÈNE, femme d'Amphitryon et mère d'Héraclès.

ALTHÉE, mère de Méléagre.

AMALTHÉE, chèvre qui servit de nourrice à Zeus.

AMAZONES.

AMPHION, mari de Niobé.

AMPHITRITE, déesse de la mer, épouse de Poséidon.

AMPHITRYON, mari d'Alcmène et père adoptif d'Héraclès.

AMULIUS, grand-oncle de Romulus.

ANCHISE, Troyen aimé d'Aphrodite, père d'Énée.

ANDROGÉE, fils du roi de Crète Minos.

ANDROMAQUE.

ANDROMÈDE, femme de Persée.

ANTÉE, Géant combattu par Héraclès.

ANTICLÉE, mère d'Ulysse.

ANTIGONE.

ANTIGONE II, femme de Pélée.

ANTIOPÉ, sœur de la reine des Amazones, enlevée par Thésée.

APHRODITE.

APOLLON.

ARACHNÉ, jeune fille qui défia Athéna et fut transformée en araignée.

ARCAS, roi d'Arcadie, fils de Callisto et de Zeus.

ARCHILOQUE, fils de Nestor.

ARÉOPAGE, colline d'Arès, où siégeait le tribunal d'Athènes.

ARÈS.

ARÉTÉ, femme d'Alcinoos, roi des Phéaciens, qui recueillit Ulysse.

ARGO, navire sur lequel Jason partit à la conquête de la Toison d'or.

ARGONAUTES.

ARGOS, 1. Constructeur de la nef *Argo* pour Jason. – 2. Gardien de Io. – 3. Ville du Péloponnèse – 4. Chien d'Ulysse.

ARIANE.

ARTÉMIS.

ASCAGNE, fils d'Énée.

ASCLÉPIOS.

ASTYANAX.

ATALANTE, chasseresse aimée par Méléagre.

ATHÉNA.

ATLAS, Géant chargé de porter la voûte du ciel sur ses épaules.

ATRÉE.

ATRIDES, fils d'Atrée. Ce nom donné à Agamemnon et Ménélas désigne souvent l'ensemble de leur famille soumise à la malédiction des dieux.

ATROPOS, l'une des trois Moires.

ATTIS, jeune homme aimé par Cybèle.

AUGIAS, propriétaire des écuries que dut nettoyer Héraclès.

AULIS, port où fut sacrifiée Iphigénie avant le départ des bateaux grecs pour Troie.

BACCHANTES, femmes du cortège de Dionysos.

BACCHUS, nom latin de Dionysos.

BELLÉROPHON.

BRISÉIS, captive aimée d'Achille durant la guerre de Troie.

BUSIRIS, roi d'Égypte tué par Héraclès.

CADMOS.

CADUCÉE, emblème du dieu Hermès, qui devint symbole de la médecine.

CALCHAS, devin de l'armée grecque durant la guerre de Troie.

CALLIOPE, Muse de l'éloquence.

CALLISTO.

CALYDON, ville de Grèce où eut lieu la chasse au sanglier à laquelle participa Méléagre.

CALYPSO, Nymphe amoureuse d'Ulysse.

CASSANDRE.

CASTALIE, nymphe aimée d'Apollon, et qui fut transformée en fontaine.

CASTOR, l'un des Dioscures.

CÉLÉOS, roi d'Éleusis qui recueillit Déméter.

CENTAURES.

CERBÈRE, chien monstrueux qui garde la porte des Enfers, royaume d'Hadès.

CÉRÈS, nom latin de Déméter.

CHAMPS ÉLYSÉES, domaine des Enfers où résidaient ceux qui s'étaient montrés justes et pieux durant leur vie.

CHAOS.

CHARITES (Grâces en latin), compagnes d'Aphrodite.

CHARON, passeur des Enfers, royaume d'Hadès.

CHARYBDE, monstre que dut affronter Ulysse.

CHEVAL DE TROIE, gigantesque cheval de bois, grâce auquel les Grecs réussirent à prendre la ville de Troie.

CHIMÈRE, monstre tué par Bellérophon.

CHIRON, Centaure qui fut chargé de l'éducation de nombreux héros.

CIRCÉ, magicienne chez qui Ulysse demeura un an avant de reprendre son Odyssée.

CLIO, Muse de l'histoire.

CLOTHO, l'une des trois Moires.

CLYTEMNESTRE.

COCALOS, roi de Sicile qui tua Minos.

COIOS, Titan.

COLCHIDE, région du Caucase où Jason alla chercher la Toison d'or.

CORÈ, nom de Perséphone avant qu'elle n'épouse Hadès (Corè signifie en grec la « jeune fille »).

CORONIS, mère d'Asclépios.

CORYBANTES, fils d'Apollon et de Thalie, danseurs du cortège de Cybèle.

CRÉON, frère de la mère et épouse d'Œdipe, Jocaste, et oncle d'Antigone. Un autre Créon est le roi de Corinthe auprès duquel se réfugia Jason.

CRÉÜSE, fille du roi de Corinthe, fiancée à Jason et victime de la jalousie de Médée. Une autre Créüse, princesse d'Athènes, fut aimée d'Apollon.

CRIOS, Titan.

CRONOS, Titan, époux de Rhéa et père de Zeus.

CUPIDON, nom latin d'Éros.

CURÈTES, soldats chargés par Rhéa de camoufler par leurs chants guerriers les pleurs de Zeus nouveau-né.

CYBÈLE.

CYCLOPES, peuples de Géants n'ayant qu'un seul œil au milieu du front. Ulysse affronta l'un d'eux lors de l'Odyssée. On les dit descendants de Gaia.

CYPARISSOS, jeune homme aimé d'Apollon, et qui fut transformé en cyprès.

DANAÉ, mère de Persée.

DANAÏDES.

DANAOS, père des Danaïdes.

DAPHNÉ, Nymphe aimée d'Apollon, et qui fut transformée en laurier.

DÉDALE, architecte du Labyrinthe du roi Minos, et père d'Icare.

DEIMOS, la Terreur, fils d'Aphrodite et d'Arès.

DÉIPHOBE, fils du roi de Troie Priam, épousa Hélène après la mort de Pâris.

DÉJANIRE, sœur de Méléagre et seconde épouse d'Héraclès.

DÉLOS, île où naquirent Apollon et Artémis.

DELPHES, le plus célèbre sanctuaire d'Apollon.

DÉMÉTER.

DÉMOPHON, fils de Phèdre et de Thésée.

DEUCALION, fils de Prométhée.

DIANE, nom latin d'Artémis.

DIOMÈDE, 1. Héros grec, compagnon d'Ulysse pendant la guerre de Troie. – 2. Fils d'Arès et propriétaire des juments monstrueuses que déroba Héraclès.

DIONÉ, ancienne divinité de la pluie, honorée avec Zeus dans le sanctuaire de Dodone.

DIONYSOS.

DIOSCURES.

DODONE, sanctuaire de Zeus en Grèce continentale, célèbre pour ses oracles.

DRYADES, Nymphes des arbres (les Hamadryades mouraient avec les arbres auxquels elles étaient rattachées).

ÉAQUE, père de Pélée. Il devint juge aux Enfers après sa mort.

ÉCHIDA, dragon né de Gaia.

ÉCHO, Nymphe amoureuse de Narcisse.

ÉÉTÈS, père de Médée.

ÉGÉE, père de Thésée. Croyant son fils mort, il se noya dans la mer qui porte son nom.

ÉGINE, Nymphe aimée de Zeus.

ÉGISTHE, fils de Thyeste, amant de Clytemnestre, dont il fut le complice pour assassiner Agamemnon.

ÉLECTRE.

ÉLEUSIS, sanctuaire des grandes déesses, Déméter et Corè.

ÉNÉE, fils d'Aphrodite, héros troyen de la guerre de Troie, ancêtre légendaire du peuple romain.

ENFERS, royaume des morts, dont Hadès est le dieu souverain.

ÉOLE, dieu des vents, qui remit l'outre des vents à Ulysse.

ÉOS, l'Aurore, fille des Titans Hypérion et Théia.

ÉPAPHOS, fils d'Io et de Zeus.

ÉPIDAURE, sanctuaire d'Asclépios.

ÉPIMÉTHÉE, frère de Prométhée.

ÉRATO, Muse de la poésie.

ÉRÈBE, ténèbres souterraines, nées du Chaos primordial.

ÉRICHTHONIOS, premier roi légendaire d'Athènes, né de la Terre fécondée par Héphaïstos poursuivant Athéna.

ÉRINYES.

ÉRIS, la Discorde, compagne d'Arès sur les champs de bataille, elle lança la pomme qui, attribuée par Pâris à Aphrodite, fut à l'origine de la guerre de Troie.

ÉROS, dieu de l'amour, fils d'Aphrodite et d'Arès, mari de Psyché.

ÉRYS, roi de Sicile tué par Héraclès.

ESCULAPE, nom latin d'Asclépios.

ÉTÉOCLE, fils d'Œdipe et de Jocaste, frère d'Antigone.

ÉTHALIDÈS, fils d'Hermès et l'un des Argonautes.

EUMÉE, porcher au service d'Ulysse à Ithaque.

EUMÉNIDES, surnom des Érinyes, qui signifie « bienveillantes ».

EUROPE.

EURYCLÉE, nourrice d'Ulysse.

EURYDICE, femme d'Orphée.

EURYSTHÉE, cousin d'Héraclès, qui ordonna au héros d'accomplir les Douze Travaux.

EUTERPE, Muse de la musique.

FAUNES, nom latin des Satyres.

FAUNUS, nom latin de Pan.

FURIES, nom latin des Érinyes.

GAIA.

GANYMÈDE.

GÉANTS, fils de Gaia, déclarèrent la guerre à Zeus après sa victoire sur les Titans.

GÉRYON, Géant, propriétaire des bœufs que déroba Héraclès lors de l'un de ses Douze Travaux.

GIGANTOMACHIE, combat des dieux et des Géants.

GLAUCOS, père de Bellérophon.

GORGONES, monstrueuses créatures, dont l'une, Méduse, fut tuée par Persée.

GRÉES, sœurs des Gorgones, que Persée interrogea avant d'entreprendre sa mission.

HADÈS.

HARMONIE, fille d'Arès et d'Aphrodite, femme de Cadmos.

HARPYIES, monstres tués par les Argonautes.

HÉBÉ.

HÉCATE, mystérieuse divinité lunaire, déesse de la magie qu'invoque Médée.

HÉCATONCHIRES, Géants aux cent bras, fils de Gaia, aidèrent Zeus dans sa lutte contre les Titans.

HECTOR.

HÉCUBE.

HÉLÈNE.

HÉLÉNOS, fils de Priam, doué comme sa sœur Cassandre du don de prophétie.

HÉLIOS, le Soleil, fils des Titans Hypérion et Théia, père de Phaéton.

HÉMON, fils de Créon, fiancé à Antigone.

HÉPHAÏSTOS.

HÉRA.

HÉRACLÈS.

HÉRACLIDES, surnom donné aux soixante enfants d'Héraclès.

HERMAPHRODITE, né des amours d'Aphrodite et d'Arès, qui devint une créature mi-homme mi-femme.

HERMÈS.

HERMIONE.

HESPÉRIDES, Nymphes, filles d'Atlas, gardent le jardin aux pommes d'or, qu'Héraclès fut chargé de rapporter lors d'un de ses Douze Travaux.

HESTIA.

HEURES, divinités des saisons, qui se chargèrent de l'éducation d'Aphrodite.

HIPPODAMIE, épouse de Pélops, mère d'Atrée et de Thyeste.

HIPPOLYTE, fils de Thésée, dont Phèdre tomba amoureuse.

HIPPOLYTÉ, reine des Amazones, dont Héraclès dut rapporter la ceinture lors d'un de ses Douze Travaux.

HYACINTHE, jeune homme qu'aima Apollon.

HYDRE DE LERNE, monstre que dut tuer Héraclès.

HYGIE, la Santé, fille d'Asclépios.

HYLAS, compagnon d'Héraclès.

HYPERBORÉENS, peuple mythique habitant l'extrême Nord du monde connu, et chez qui se rendirent Apollon et Héraclès.

HYPÉRION, Titan.

ICARE.

IDOMÉNÉE.

ILITHYE, déesse des accouchements, fille de Zeus et d'Héra.

IO.

IOLAOS, neveu d'Héraclès, qui l'aida à combattre l'Hydre de Lerne.

IOLCOS, patrie de Jason (actuelle Volos).

IOLE, princesse thessalienne que voulut épouser Héraclès.

ION, fils d'Apollon et de Créüse, qui donna son nom à la mer Ionienne.

IPHICLÈS, demi-frère d'Héraclès.

IPHIGÉNIE.

IRIS, l'Arc-en-ciel, messagère des dieux qui aida Léto lors de la naissance d'Apollon et d'Artémis.

ISIS, déesse égyptienne, dont les Grecs pensaient qu'elle était Io, princesse aimée de Zeus.

ISMÈNE, fille d'Œdipe et de Jocaste, sœur d'Antigone.

ITHAQUE, île dont Ulysse était le souverain.

IXION, père des Centaures.

JAPET, Titan.

JASON.

JOCASTE, mère et épouse d'Œdipe.

JUNON, nom latin de Héra.

JUPITER, nom latin de Zeus.

LABYRINTHE, édifice aux couloirs inextricables, construit par l'architecte Dédale et où le roi Minos enferma le Minotaure.

LACHÉSIS, une des trois Moires.

LADON, serpent monstrueux qui gardait le jardin des Hespérides et que dut affronter Héraclès.

LAËRTE, père d'Ulysse.

LAïOS, père d'Œdipe, qui le tua sans savoir qui il était.

LAOCOON.

LAOMÉDON, roi de Troie, père de Priam, que Poséidon et Apollon, punis par Zeus, durent servir comme esclaves. Il fut tué par Héraclès.

LAPITHES, peuple légendaire qui combattit les Centaures.

LATONE, nom latin de Léto.

LÉDA.

LÉTO.

LINOS, musicien chargé de l'éducation d'Héraclès.

LION DE NÉMÉE, monstre que tua Héraclès.

LYCOMÈDE, roi de Scyros, meurtrier de Thésée.

LYNCÉE, cousin des Danaïdes et mari de l'aînée, qui l'épargna lors du massacre ordonné par Danaos.

MAIA, Pléiade, mère d'Hermès.

MANTO, célèbre prophétesse, fille du devin Tirésias.

MARS, nom latin d'Arès.

MARSYAS, Satyre mis à mort pour avoir défié Apollon.

MÉDÉE.

MÉDOS, fils de Médée et d'Égée.

MÉDUSE, l'une des trois Gorgones, fut tuée par Persée.

Méléagre.

MELPOMÈNE, Muse de la tragédie.

MEMNON, neveu de Priam tué par Achille.

Ménélas.

MERCURE, nom latin d'Hermès.

MÉTIS, déesse de la sagesse. Elle fut la première épouse de Zeus qui, après l'avoir avalée, donna naissance à Athéna.

Midas.

MINERVE, nom latin d'Athéna.

Minos.

Minotaure.

MNÉMOSYNE, Titanide, divinité de la mémoire, mère des neuf Muses.

Moires.

MOPSOS, devin célèbre, petit-fils de Tirésias.

Muses.

MYCÈNES, cité des Atrides.

MYRMIDONS, soldats de l'armée d'Achille.

MYRRHA, princesse de Chypre, victime d'une vengeance d'Aphrodite.

NAÏADES, Nymphes des sources.

Narcisse.

NAUSICAA, fille du roi des Phéaciens Alcinoos. Elle accueillit Ulysse lors de son arrivée dans l'île des Phéaciens.

NÉLÉE, père du héros Nestor.

NÉMÉSIS, déesse de la vengeance divine, fille de Nyx, la Nuit, elle partage sa fonction avec les Érinyes. C'est elle qui punit Narcisse.

Néoptolème.

NEPTUNE, nom latin de Poséidon.

Nérée.

NÉRÉIDES, Nymphes de la mer, filles de Nérée.

NESSOS, Centaure qui provoqua la mort d'Héraclès avec une tunique empoisonnée.

NESTOR.

NICOSTRATOS, fils de Ménélas et d'Hélène.

NIOBÉ.

NUMITOR, grand-père de Romulus.

NYMPHES.

NYX, la Nuit, née du Chaos primordial.

OCÉANOS, l'un des Titans.

ODYSSÉE, voyage de retour d'Ulysse après la guerre de Troie.

ŒDIPE.

ŒNÉE, père de Méléagre.

OÉNONÉ, Nymphe, première épouse de Pâris.

ŒTA, montagne où Héraclès se suicida sur un bûcher.

OLYMPE, domaine de Zeus et des dieux « olympiens ».

OLYMPIENS, dieux de la génération divine qui succéda à celle des Titans, après la prise du pouvoir par Zeus.

OMPHALE, reine de Lydie, qu'Héraclès servit comme esclave.

ORESTE.

ORION, Géant compagnon d'Artémis, qui le transforma en constellation.

ORPHÉE.

OURANOS, le Ciel, divinité masculine née de Gaia, la Terre. Avec Gaia, il engendra les Titans et se trouve ainsi être l'ancêtre de Zeus et des dieux olympiens.

PALLAS, Géant tué par Athéna.

PAN.

PANACÉE, fille d'Asclépios.

PANATHÉNÉES, fêtes en l'honneur d'Athéna.

PANDORE, créature séduisante et maléfique envoyée aux hommes par les dieux. Elle épousa Épiméthée, le frère de Prométhée.

PÂRIS.

PARQUES, nom latin des Moires.

PASIPHAÉ, femme de Minos, mère du Minotaure, d'Ariane et de Phèdre.

PATROCLE.

PÉGASE, cheval ailé, fils de Méduse et de Poséidon, qui aida Persée et Bellérophon dans leurs aventures.

PÉLÉE.

PÉLIAS, père d'Alceste, fut mis à mort par ses propres filles à l'instigation de Médée.

PÉLION, montagne qui domine la ville d'Iolcos (actuelle Volos) et où vivaient les Centaures.

PÉLOPIA, fille de Thyeste et femme d'Atrée.

PÉLOPS, fils du roi Tantale, qui le tua et le servit à table aux dieux. Ressuscité, il épousa Hippodamie et devint père d'Atrée et Thyeste.

PÉNÉLOPE, cousine d'Hélène et femme d'Ulysse.

PENTHÉE, petit-fils de Cadmos, que Dionysos fit mettre à mort.

PENTHÉSILÉE, reine des Amazones, qui fut tuée par Achille durant la guerre de Troie et inspira un violent amour à son meurtrier.

PERGAME, citadelle de Troie.

PERSÉE.

PERSÉPHONE.

PHAÉTON.

PHÉACIENS, habitants d'une île au sud d'Ithaque, qui accueillirent Ulysse à la fin de son Odyssée.

PHÉBUS, voir PHOIBOS.

PHÈDRE.

PHILOCTÈTE.

PHILYRA, mère du Centaure Chiron.

PHLÉGYAS, fils d'Arès.

PHOBOS, la Crainte, fils d'Aphrodite et d'Arès.

PHŒBÉ, Titanide, divinité ancienne de la lune. Son nom qui signifie « brillante » fut donné en surnom à Artémis.

PHOIBOS, le « Brillant », surnom d'Apollon (en latin Phébus).

PIRITHOOS, roi des Lapithes, qui combattit les Centaures. Ami de Thésée, il partagea ses aventures.

PITTHÉE, roi de Trézène, père d'Aéthra, la mère de Thésée.

PLOUTO, Nymphe, mère de Tantale.

PLUTON, nom latin d'Hadès.

POLLUX, l'un des Dioscures.

POLYBE, roi de Corinthe, père adoptif d'Œdipe.

POLYDECTÈS, roi de Sériphos qui envoya Persée tuer la Gorgone.

POLYMNIE, Muse du mime.

POLYNICE, fils d'Œdipe et de Jocaste, frère d'Étéocle, d'Antigone et d'Ismène.

POLYPHÈME, Cyclope qui dévora les compagnons d'Ulysse et fut aveuglé par ce dernier.

POLYXO, Nymphe qui tua Hélène.

PONTOS, le Flot marin, est fils de Gaia et père de Nérée.

POSÉIDON.

PRIAM.

PROCUSTE, brigand que tua Thésée en lui faisant subir le supplice auquel il soumettait les voyageurs.

PROMÉTHÉE.

PROSERPINE, nom latin de Perséphone.

PROTÉE, fils des Titans Océanos et Téthys, surnommé le « Vieux de la mer ».

PSYCHÉ.

PYLADE, cousin et fidèle ami d'Oreste.

PYRRHA, femme de Cadmos.

PYRRHOS, le « Roux », surnom de Néoptolème.

PYTHIE, prêtresse d'Apollon à Delphes, chargée de rendre les oracles du dieu.

PYTHON, serpent monstrueux, fils de Gaia et gardien du sanctuaire de Delphes. Il fut tué par Apollon.

RHÉA SILVIA, vestale, mère de Romulus.

RHADAMANTE, frère de Minos, l'un des trois juges des Enfers.

RHÉA, Titanide, épouse de Cronos et mère de Zeus.

RHODOS, fille de Poséidon et d'Amphitrite, déesse de l'île de Rhodes.

ROMULUS.

SARPÉDON, frère de Minos et de Rhadamante.

SATURNE, nom latin de Cronos.

SATYRES.

SCYLLA, monstre que dut affronter Ulysse.

SCYTHÈS, fils d'Héraclès, ancêtre du peuple scythe.

SÉLÉNÉ, la Lune, fille des Titans Hypérion et Théia, sœur d'Éos et d'Hélios.

SÉMÉLÉ, fille de Cadmos, mère de Dionysos.

SEPT CONTRE THÈBES, expédition menée par Polynice contre son frère Étéocle, roi de Thèbes.

SILÈNE.

SIRÈNES, créatures malfaisantes dont la voix mélodieuse menait les navigateurs au naufrage et auxquelles Ulysse réussit à échapper. On les dit filles de la Muse Melpomène.

SISYPHE.

IMPRIMÉ EN FRANCE PAR BRODARD ET TAUPIN
Usine de La Flèche, 72200.
Dépôt légal Imp. : 1800U-5 – Edit : 1162.
32-10-1525-03-8 – ISBN : 2-01-321525-8.
Loi n° 49-956 du 16 juillet 1949 sur les publications destinées à la jeunesse.
Dépôt : septembre 1998.

Index des illustrateurs

THYRSE, emblème de Dionysos.

TIRÉSIAS.

TISAMENOS, fils d'Oreste et d'Hermione.

TITANS.

TITYOS, Géant qui tenta de violenter Léto.

TOISON D'OR, dépouille sacrée d'un bélier sacrifié à Zeus et que Jason et ses compagnons durent conquérir lors de l'expédition des Argonautes.

TRIPTOLÈME, prince d'Éleusis, à qui Déméter enseigna les secrets de la culture du blé.

TRITON, divinité marine, fils de Poséidon et d'Amphitrite, que combattit Dionysos.

TROIE (GUERRE DE).

TYNDARE, roi de Sparte, époux de Léda, père de Clytemnestre et de Castor.

TYPHON, serpent monstrueux au souffle enflammé. Fils de Gaia, il s'opposa à Zeus et fut exilé en Sicile, sous l'Etna.

ULYSSE.

URANIE, Muse de l'astronomie.

VÉNUS, nom latin d'Aphrodite.

VESTA, nom latin d'Hestia.

VESTALE, prêtresse de Vesta (Hestia chez les Grecs).

VULCAIN, nom latin d'Héphaïstos.

ZEUS.

SOLYMES, peuple d'Asie Mineure vaincu par Bellérophon.

SPHINX, monstre que dut affronter Œdipe.

STROPHIOS, oncle d'Oreste et père de Pylade.

STYX, fleuve des Enfers.

SYRINX, Nymphe aimée de Pan.

TALOS.

TANTALE.

TARTARE, lieu des Enfers où, après leur mort, étaient enfermés les criminels qui, comme Sisyphe, Tantale ou les Danaïdes, y subissaient d'éternels supplices.

TAYGÈTE, Nymphe aimée de Zeus. Son nom est celui d'une montagne du Péloponnèse.

TÉLAMON, frère de Pélée.

TÉLÉGONOS, roi égyptien qui épousa Io.

TÉLÉMAQUE, fils d'Ulysse.

TERPSYCHORE, Muse de la danse.

TÉTHYS, Titanide, épouse du Titan Océanos.

THALIE, Muse de la comédie.

THANATOS, génie de la mort.

THÈBES, ville grecque fondée par Cadmos, et dont Œdipe fut roi.

THÉIA, Titanide.

THÉMIS, déesse de la justice, Titanide qui fut la seconde épouse de Zeus.

THERSANDROS, fils de Polynice, qui reprendra le pouvoir à Thèbes.

THÉSÉE.

THESSALOS, fils de Jason et de Médée.

THESTIOS, père de Léda.

THÉTIS.

THYESTE, frère ennemi d'Atrée.

THYONÉ, nom pris par Sémélé, la mère de Dionysos, quand elle devint immortelle.